인생 2막을 바꾸는 4050 행복한 성공 가이드
자기경영자

행복한 성공, 이 책으로 쟁취하세요.

40대 초반, 회사에서 받은 징계 앞에서 나는 갈피를 잡지 못했습니다. 좌절과 실패 속에서 "나는 인생을 잘 살고 있는 걸까?"라는 질문 하나가 모든 것을 바꿨습니다.

당신도 지금 인생을 바꿀 수 있습니다. 이 책은 그 질문 이후 '자기경영'을 실천하며 경험한 진짜 변화의 기록입니다.

이 책을 활용하는 법: 8 STEP의 여정

이 책은 단순히 읽는 책이 아닙니다. 당신이 직접 실천하고 변화를 만드는 실천형 워크북(Action-Book)입니다. 총 8개의 STEP으로 구성되어 있습니다. 빠르면 8일, 천천히 읽어도 괜찮습니다. 중요한 것은 속도가 아니라 방향과 실행입니다.

START NOW – 8개의 STEP

나의 성공을 다시 정의하고(Success Target), 비전을 손으로 쓰고(Think Big), 긍정의 마인드로(Act Positive), 열정을 다하라(Real Passion). 어제의 나를 이기기 위해 학습하고(Train Yourself), 관계를 자산으로 만들고(Network with People), 작은 습관으로 하루를 경영하고(Organize Your Day), 실행으로 증명하라(Walk the Talk).

읽지 말고, 쓰십시오. 반복적으로 행동하세요.

각 장의 끝에는 자기경영 워크시트가 있습니다. 반드시 손으로 쓰세요. 쓰는 행위는 당신의 뇌에 변화를 각인시키는 가장 강력한 방법입니다. 반복하고, 행동하십시오. 이 책은 한 번 읽고 덮는 책이 아닙니다. 반복해서 읽고 쓰며, 독서를 '행동'으로 바꾸는 과정입니다. 8개 STEP을 완료한 당신의 기록은 인생에서 가장 값진 보물이 될 것입니다.

지금 시작하십시오. START NOW. 지식은 행동으로 옮겨질 때만 힘을 가집니다. 쓰고, 실행하는 사람만이 인생을 바꿉니다.

자, 이제 이 책과 함께 당신의 인생 2막을 향한 위대한 첫걸음을 시작하세요.

추천사 1

'즉시, 반드시, 될 때까지' 정신으로 좌절을
행복한 성공으로 바꾼 기록

이 책의 저자님과의 인연은 단순한 기업 협력을 넘어섭니다. 총각네 야채가게가 리어카 한 대로 시작해 연매출 400억대 브랜드로 도약하는 과정에서, 2005년 LG전자와의 전략적 제휴는 저희의 급성장에 결정적인 불을 지핀 사건이었습니다. 저자님은 바로 그 의미 있는 협업의 중심에 계셨으며, 이 제휴는 단순한 파트너십이 아닌 저희의 성장을 가속화하는 중요한 전환점이었습니다. 당시 LG전자 판매 직원들이 저희 매장에서 즐거움과 열정 마케팅을 배우는 현장 체험 프로그램의 장본인으로 저자님을 만났습니다.

하지만 저자님은 공식적인 만남에 만족하지 않고, 새벽 3시, 모두가 잠든 시간에 직접 가락시장으로 저를 찾아왔습니다. 그는 추위 속에서 땀 흘리며 일하는 저희의 치열한 현장을 지켜봤고, "꿈을 이루기 위해 열정을 다하자"는 저희의 뜨거운 열정 DNA를 자신의 삶에 이식하고자 했습니다.

총각네가 수많은 실패와 좌절 속에서도 일어설 수 있었던 힘은 "될 때까지 해보자"는 끈기였고, 이것이 바로 '즉시, 반드시, 될 때까지'라는 구호로 굳어졌습니다. 제가 인터뷰에서 "이 구호는 남 탓, 환경 탓하지 않고 나 자신이 변하면 세상도 바뀐다는 나의 인생 태도"라고 강조했듯이, 저자님은 이 핵심 가치를 정확히 이해하고 자신의 삶에 적용했습니다.

'징계'라는 쓰디쓴 좌절 앞에서 그는 환경을 원망하는 대신, 새벽 시장에서 배운 정신으로 자신의 삶을 경영하는 혁명을 시작했습니다. 50대 후반의 나이에 석사, 박사에 도전하며 '즉시, 반드시, 될 때까지' 학습과 실천을 멈추지 않은 것이 바로 그 증거입니다.

이 책은 가장 낮은 곳에서 얻은 열정의 불꽃을 최고의 지성으로 승화시킨 한 사람의 치열하고 감동적인 자기 혁명 기록입니다. 당신의 잠재력을 폭발시키고, 실행력을 100% 가동시키고 싶다면, 이 책을 강력 추천합니다.

이영석 (전 총각네 야채가게 대표)

추천사 2

2005년, LG전자 마케팅 전략 지원실에서 정호선 파트장과 함께 한국 영업본부의 전략을 고민하며 일한 경험이 있습니다. 그는 탁월한 기획력과 실행력을 갖춘 리더였고 사람을 존중하며 팀을 긍정적으로 이끄는 동료였습니다.

이 책, 자기 경영자를 읽으며 정호선 박사의 지난 삶을 떠올렸습니다. 작가는 수많은 어려움에도 좌절하지 않고 행복한 아버지 학교와 성공스쿨 강의를 통해 다시 배우고 배운 것을 삶 속에서 성실하게 실천하며 자신을 변화시켜 나갔습니다. 그 과정에서 보여준 꾸준함과 진정성 덕분에 책을 읽는 내내 감동을 주었습니다.

퇴직 후에도 정호선 박사는 배우고 성장하려는 열정을 멈추지 않았습니다. 늦은 나이에 박사 과정에 도전하여 학문적 토대를 다지고 AI와 자기 경영을 결합하여 인생 2막을 살아가는 이들에게 길잡이가 될 지혜를 전하고 있습니다. 그 결실이 바로 이 책 자기 경영자입니다.

이 책은 단순한 자기계발서가 아니라 길을 잃은 이들에게는 다시 나아갈 방향을 알려 주는 나침반이 되고 새로운 출발을 준비하는 이들에게는 행동할 힘과 자신감을 심어 주는 책입니다.

삶을 더 깊이 성찰하고 더 나은 내일을 꿈꾸는 모든 이들에게 큰 울림과 따뜻한 격려를 전해줄 이 책을 자신 있게 추천합니다.

이상규 (전 LG전자 사장·한국영업 본부장)

추천사 · 3

"이 책은 '행복하기에 성공한다'는 명제를, 저자의 삶과 현장 노하우, 그리고 손에 잡히는 실행도구로 증명한 가장 실천적인 자기경영 안내서입니다"

왜 이 책인가!

현장성, 실천성, 통합성, 시대성—이 네 단어가 이 책의 가치를 압축합니다. LG전자에서 34년간 마케팅, 영업 전략과 매장 육성을 책임졌던 저자는 중년에 맞닥뜨린 위기를 전환점으로 삼아, "행복을 토대로 한 성공"이라는 관점을 자신의 커리어와 가정, 관계, 재정으로 확장해 낸 과정을 거침없이 공개합니다. 무엇보다 이 책은 읽는 순간 바로 움직이게 만드는 구조를 갖추고 있습니다. 각 장마다 배치된 '자기 경영 워크시트'와 'AI 꿀팁(프롬프트 예시)'는 독자가 책장을 덮기 전 곧바로 오늘의 계획을 적고 실행하도록 설계되어 있습니다.

책의 뼈대: START NOW, 8단계 실행 모델

저자는 START NOW라는 8단계 모델을 통해 '목적지 설정 → 내면 다지기 → 성장 가속화 → 시스템 구축 → 실행'으로 이어지는 전 과정을 한 지도로 묶어 제시합니다.

Success Target: 남이 아닌 '나만의 성공' 정의
Think Big: 꿈과 비전의 그릇 키우기
Act Positive: 태도 전환과 자기선언
Real Passion: 지속 가능한 열정과 몰입
Train Yourself: 평생학습, 멘토링, 독서 전략
Network with People: 관계를 자산으로 설계
Organize your day: 시간, 습관의 시스템화
Walk the Talk: 실행으로 증명하기

각 단계는 사례 - 개념 - 도구(워크시트/AI 활용)의 삼중 구조로, 읽기만 하는 자기계발서를 넘어 "적고, 설계하고, 실행하는 실습서"가 되게 합니다.

저자에 대하여: '해피매지션'이 증명한 행복 기반 성취의 길
저자는 40대 중반 조직의 위기와 개인적 좌절을 겪으며 "성공해서 행복해지는 것이 아니라, 행복하기 때문에 성공한다"는 결론에 닿습니다. 그 후 56세 석사, 58세 박사과정 도전을 거쳐 정년과 함께 컨설팅학 박사 학위를 취득했습니다. 이 책의 추천사를 쓰는 필자(지도교수)가 2023년부터 2024년

까지 그의 박사 논문을 지도하는 동안, 저자는 참으로 치열하게 노력하는 모습을 보여주었습니다. 특히 현업을 이어가면서도 학문적 성취를 이루기 위해 논문을 어떻게 쓰고 준비해야 하는지 후배들에게 귀감이 되는 모범적인 자세를 확인할 수 있었습니다. 저자는 현장에서 길어 올린 스토리(예: '총각네 야채가게'와의 협업으로 매장 활력도를 끌어올린 혁신 실험 등)를 통해 '행복 경영 컨설턴트'로의 제2막을 열었습니다. '해피매지션'이라는 닉네임처럼, 그는 마술을 소통의 도구로 확장하며 관계를 자산으로 바꾸는 법을 보여줍니다. 이 모든 궤적이 책의 문장 곳곳에 따뜻한 인간미와 실행력으로 녹아 있습니다.

이 책을 특별하게 만드는 다섯 가지 미덕

1. **정의의 전복:** '행복한 성공'이라는 역방향 정의 – 행복이 토대, 성공이 결과라는 관점 전환.
2. **전 생애, 전 영역 통합:** 개인(건강, 학습) – 가정 – 일터 – 관계 – 재정을 하나의 경영 프레임으로 연결.
3. **실습 중심 설계:** 장별 워크시트로 생각을 글과 계획으로 고정 – 독자를 '행동하는 사람'으로 전환.
4. **AI 시대의 동반자:** 장마다 AI 프롬프트 예시를 수록하여, 발상 – 기획 – 실행의 속도를 높임.
5. **현장 스토리의 설득력:** 매장 혁신, 글로벌 영업, 중년의 재도전 등 '이미 해 본 사람'의 문장이 주는 신뢰.

누구에게 추천하는가!

4050 이후 커리어 리디자인이 필요한 분: 경력의 2막을 배움, 관계, 건강, 재정으로 재배치하고 싶은 분.

팀 리더, 매장/영업 관리자: 열정의 시스템화와 숫자 너머의 고객경험을 설계하고 싶은 분.

실행형 자기계발을 원하는 모든 독자: 오늘부터 쓸 수 있는 워크시트와 AI 활용법이 필요한 분.

마치는 말

이 책은 화려한 이론의 나열이 아니라, 벼랑 끝에서 다시 그린 인생의 지도와 그것을 누구나 따라 할 수 있는 설계도로 바꿔 놓은 결과물입니다. 행복을 삶의 중심으로 되돌려 놓고, 그 행복을 가정 – 일터 – 관계 – 재정으로 확장하려는 모든 이들에게 저는 기꺼이 이 책을 권합니다. 오늘, 당신의 '행복한 성공'은 이 한 권에서 출발할 수 있습니다.

이형용 (한성대학교 교수. 미래융합사회과학대학장)

추천사 4

자기 경영도 못하면서 무엇을 경영하겠는가?
이 질문은 우리 모두에게 던져야 할 근본적인 화두입니다. 회사를, 조직을, 혹은 가족을 이끌기 전에 먼저 나 자신을 경영할 줄 알아야 합니다. 진정한 자기 경영은 화려한 목표가 아니라 매일의 루틴과 습관 속에서 피어납니다.

사람 속에서 살아가는 우리는 '관계'로 존재하며, 좋은 관계를 맺는 것이 곧 자기 경영의 시작입니다. 이 책 《자기 경영자》는 자신의 내면을 다듬고, 타인과의 관계를 성숙하게 경영하며, 습관으로 성장하는 길을 보여줍니다.

평생학습으로 스스로를 단련하고 관계 속에서 자신을 발견하며 작은 실천으로 하루를 경영할 수 있다면 그가 바로 진정한 자기 경영자입니다. 행복한 성공은 거창한 결과가 아니라 '오늘 나를 잘 경영한 하루'에서 시작됩니다.
그런 삶을 살아온 저자의 경험과 지혜가 담겨있는 이 책이 따뜻한 안내서가 되길 바랍니다.

이태성 ('인생, 언제나 인간관계' 저자, 대전세종충청 카네기 인재개발원 원장)

저자 소개

해피매지션 정호선

34년간 LG전자에서 마케팅과 영업 전략, 거래선 매장 육성 업무를 담당하며 세계 각지를 누빈 실무 전문가. 현실에 안주하지 않는 열정으로 56세에 석사, 58세에 박사 과정에 도전하여 정년퇴직과 함께 컨설팅학 박사학위를 취득했다. 배움과 도전을 멈추지 않는 '행복한 자기 경영자'의 삶을 몸소 실천하고 있다.

40대 중반, 회사에서 받은 징계는 그의 삶의 방향을 완전히 바꾼 전환점이 되었다. 절망의 순간, 그는 '행복한 자기 경영'이 진정한 성공의 토대임을 깨달았다. 이후 '총각네 야채가게'에서 배운 꿈과 열정의 힘을 통해 그 깨달음은 더욱 확고해졌다. 그는 이 두 가지 경험을 바탕으로 '꿈을 이루기 위해 열정을 다하자'는 좌우명을 인생의 나침반으로 삼고 살아가고 있다.

그의 깊은 통찰과 실천의 기록은 이미 여섯 권의 책으로 세상에 나왔다. 사람들에게 행복을 전하는 소통의 기술을 담은 『마술의 힘』, 새로운 도전을 꿈꾸는 시니어를 위한 『디지털 시니어의 치앙마이 자유여행』과 『디지털 시니어의 조지아 자유여행』, 가정의 중요성과 관계의 지혜를 담은 『가정 경영자』와 『잔소리 심리학』, 그리고 여행의 감성을 담은 『조지아 5초 포토 에세이』까지. 그의 책들은 자기 경영의 지혜와 따뜻한 인간미가 어우러진 삶의 나침반이 되어준다.

사람에게 즐거움을 전하고자 배운 마술은 단순한 재주를 넘어 따뜻한 소통의 도구가 되었다. '해피매지션(Happy Magician)'이라는 그의 닉네임처럼, 만나는 이들에게 긍정적인 에너지를 전파하고 있다.

그는 '행복경영 컨설턴트'로서 더 많은 사람에게 스스로 삶을 설계하고 경영하는 법을 전파하고 있다. 그의 철학은 행복한 성공은 '행복한 자기 경영'에서 시작하여 '행복한 가정 경영, 일터 경영, 관계 경영, 재정 경영'으로 확장되어 결국 행복한 성공에 이르게 된다는 것이다. 이 책은 저자 자신의 인생 증명서이자, 독자들이 자신만의 '행복한 성공'을 써 내려갈 수 있도록 돕는 실천적 가이드가 될 것이다.

【 차례 】

프롤로그: 마흔, 나는 나를 경영하기로 했다   22

  1. 왜 지금, 4050에게 자기경영이 최고의 생존전략인가   23

  2. 인생의 전환점에서 다시 세운 나의 방향   25

  3. '행복이 먼저, 성공은 그 다음'이라는 게임 체인저   28

Part 1. 목적지를 설정하라

1장. 성공: 나만의 성공을 다시 정의하라 (Success Target)   30

💬 남의 기준이 아닌, 나만의 성공 지도를 그려라 💬

  1. 벼랑 끝에서 다시 그린 내 인생의 지도   31

  2. '총각네 야채가게'에서 배운 꿈과 열정의 진짜 의미   39

  3. 당신의 '행복 방정식'을 다시 써라   44

  4. 행복을 결정짓는 네가지 기준   49

  5. 타인의 성공이 아닌, 나다운 성공을 정의하라   54

  6. 행복한 성공으로 향하는 첫걸음   58

[1장 자기 경영 워크시트: 나만의 성공 정의하기]   62

【 차례 】

Part 2. 내면의 CEO를 깨워라

2장. 비전: 보이지 않는 것을 보는 힘 (Think Big)   68

💬 당신의 비전이 당신의 세계를 결정한다 💬

1. 꿈과 비전이 인생의 엔진이 된다   69
2. 목표가 없는 삶은 GPS 없는 여행이다   73
3. 비전은 글로 써야 현실이 된다   78
4. 미래, 상상하고 준비하는 자의 것이다   88

[2장 자기 경영 워크시트: 인생의 항로 그리기]   90

3장. 긍정: 불황에도 살아남는 사람들의 비밀 (Act Positive)   97

💬 긍정은 재능이 아니라 기술이다 💬

1. 긍정적 사고가 삶을 바꾼다   98
2. 스스로 긍정 자기 선언을 하라   102
3. 당신 안의 잠재력을 인식하고 발휘하라   106
4. 도전을 통해 더 큰 기회를 만들어라   115
5. 생각의 근육, 긍정으로 단련하기   118

[3장 자기 경영 워크시트: 긍정의 스위치 켜기]   126

【 차례 】

Part 3. 성장의 속도를 높여라

4장. 열정: 잠들어 있는 성공 유전자를 깨워라 (Real Passion)　　130

💬 열정은 온도가 아니라 지속성이다 💬

1. 열정은 성공의 불씨다: 지치지 않는 사람들의 비밀　　131
2. 열정의 불꽃을 꺼뜨리지 않는 법　　136
3. 꾸준함이 기적을 만든다　　139
4. 준비된 사람에게 기회는 반드시 온다　　142
[4장 자기 경영 워크시트: 열정 엔진 지속하기]　　145

5장. 학습 : 어제의 나보다 성장하는 무기 (Train Yourself)　　148

💬 하루 1% 성장이 1년 후 37배를 만든다 💬

1. 평생 학습이 최고의 자기 투자다　　149
2. 어제의 나보다 1% 성장했는가: 복리 효과의 마법　　154
3. 효과적인 학습법과 도구를 활용하라　　159
4. 독서는 삶을 변화시키는 가장 확실한 방법이다　　162
5. 좋은 멘토를 찾아 배움을 지속하라　　167
6. 가정을 경영하는 방법을 배우다　　173
7. 행복학교에서 행복을 배우다　　181
8. AI, 배움의 즐거움을 주다: 새시대의 학습 파트너　　186
[5장 자기경영 워크시트: 평생 성장하는 학습자 삶]　　193

【 차례 】

Part 4. 성공의 시스템을 구축하라

6장. 관계: 운과 기회를 끌어당기는 힘 (Network with People)   197

💬 좋은 관계가 결국 행복한 성공의 자산이다 💬

1. 내가 먼저 행복해야 주위 사람도 행복해진다   198
2. 관계는 감정 계좌에 쌓이는 자산이다   203
3. 있을 때 잘하자 – 후회 없는 관계 만들기   210
4. 소통은 인간관계의 핵심이다   214
5. 관계의 황금률: 대접받고 싶은 대로 대접하라   217
6. 나눔과 봉사는 더 큰 행복을 만든다   219
7. 나의 가치를 드러내는 관계의 기술   222
8. 행복경영 컨설턴트로서의 나의 길   227

[6장 자기 경영 워크시트: 관계 자산 관리하기]   228

【 차례 】

7장. 습관: 인생을 자동 조종하는 힘 (Organize your day)   232

💬 성공은 습관의 다른 이름이다 💬

1. 좋은 습관이 성공의 기반을 만든다   233
2. 시간을 관리하면 인생이 바뀐다   240
3. 다양한 취미 생활은 시간 관리가 관건이다   249
4. 걱정을 멈추고 생산적인 생각을 하라   253
5. 건강한 몸과 마음을 만드는 루틴   254

[7장 자기 경영 워크시트: 시간과 습관 구조조정]   257

8장. 실행: 아이디어를 현실로 만드는 유일한 길 (Walk the Talk)   261

💬 생각은 이제 그만, 지금 바로 실행하라 💬

1. 실행하라 – 행동하는 사람이 성공한다   262
2. 퇴직 후 새로운 삶을 계획하라   265
3. 인생 2막을 설계하는 실천 로드맵   270

[8장 자기 경영 워크시트: 첫걸음을 위한 실행 선언]   272

【 차례 】

에필로그: 오늘, 당신이 바로 자기 경영자다.   275

   1. 현재를 즐겨라 – 지금 이 순간이 가장 소중하다   276

   2. 메멘토 모리, 카르페 디엠, 아모르 파티   280

감사의 글   282
참고 문헌   286

프롤로그. 마흔, 나는 나를 경영하기로 했다

"오늘 나를 경영하라. 행복과 성공은 따라온다."

모든 여행에는 첫걸음이 필요하고, 모든 이야기에는 시작이 있다. 이 책은 '성공'이라는 목적지를 향해 정신없이 달리다 길을 잃었던 한 평범한 직장인이 '행복'이라는 나침반을 발견하게 된 이야기이다.

마흔 중반의 어느 날, 예고 없이 찾아온 인생의 위기는 나에게 질문을 던졌다. "나는 지금까지 잘 살아온 걸까?" 이 프롤로그에서는 그 처절했던 질문 앞에서 어떻게 '자기 경영'이라는 새로운 길을 발견하게 되었는지, 그리고 이 책이 여러분의 행복한 성공 여정에서 어떤 지도가 되어줄 것인지를 이야기하고자 한다.

1. 왜 지금, 4050에게 자기경영이 최고의 생존전략인가

큰 좌절 속에서 새로운 길을 찾다

18년간 한 직장에서 근무하며 나름대로 열심히 살아왔다고 생각했다. 하지만 인생은 생각지도 못한 곳에서 방향을 틀기도 한다. 입사 후 열정을 바친 직장, 그 심장부에서 나는 모든 것을 송두리째 흔드는 두 글자를 마주했다. 바로 '징계'였다.

"나는 지금까지 잘 살아온 걸까?"

마흔 중반, 모든 것이 끝났다고 생각했던 절망의 나날이었다. 길을 잃고 헤매던 그때, 마치 운명처럼 '성공 스쿨'이라는 강의를 만났다. 그곳에서 나는 머리를 한 대 얻어맞은 듯한 충격적인 진실과 마주했다. 성공하면 행복해지는 것이 아니었다. 순서가 완전히 틀렸던 것이다.

"행복하기에 성공하는 것이다. 행복 그 자체가 진짜 성공이다."

이 단순한 문장이 오랫동안 내가 믿어왔던 성공의 관념을 단번에 깨뜨렸다. 더 중요한 것은, 이 행복한 성공이 외부의 조건이 아닌 '자기경영'이라는 단단한 토대 위에서만 시작될 수 있다는 사실이었다. 회사에서 전략을 수립하고 실적을 내는 데만 몰두했지, 정작 가장 중요한 '나' 자신을 관리하고 경영해야 한다는 것을 생각하지 못하고 살아왔던 것이다.

내가 '성공 스쿨'에서 경험한 긍정적인 변화를 주변 사람에게 자연스럽게 이야기하게 되었다. 직장 동료들, 후배들과 커피를 마시며 나의 깨달음을 나누었다. 그들의 반응이 예상보다 뜨거웠다.

"팀장님, 요즘 뭔가 달라 보이세요. 더 여유로워 보이고 밝아 보여요."
"저도 그런 강의 한번 들어보고 싶어요." "어떻게 하면 팀장님처럼 변할 수 있을까요?"

이런 반응을 보며 문득 생각했다. '나처럼 인생에서 방향을 잃고 고민하는 사람이 얼마나 많을까? 내 경험이 그들에게 조금이라도 도움이 될 수 있지 않을까?' 그런 마음에서 이 책은 시작되었다.

젊은 날의 자기 계발이 승진과 성취를 향한 오르막길이었다면, 4050 이후의 자기 경영은 행복과 균형을 찾아가는 둘레길과 같다. 이 책은 더 높이 오르는 법이 아닌, 나만의 속도로 멀리, 그리고 즐겁게 걷는 법에 관한 이야기이다

거창한 성공 비법이나 화려한 이론을 전하려는 게 아니다. 그저 한 평범한 직장인이 인생의 위기를 겪으며 찾아낸 소박하지만 확실한 변화의 방법들을 나누고 싶을 뿐이다. 이 책은 한 평범한 직장인이 벼랑 끝에서 발견한 '나를 경영하는 법'에 대한 기록이자, 여러분의 행복한 성공을 위한 구체적인 안내서이다. 성공을 좇다 길을 잃은 모든 이들에게, 행복을 먼저 선택함으로써 진정한 성공에 이르는 새로운 지도를 제시하고자 한다.

2. 인생의 전환점에서 다시 세운 나의 방향

이 책이 특별한 이유

이 책은 성공학 구루들의 화려한 이론서가 아니다. 대신 34년간 현장에서 구르며 체득한 진짜 경험담이 담겨 있다. 나는 여기서 거창한 성공 방식을 늘어놓지 않는다. 대신 내가 직접 부딪히고, 실패하고, 일어서며 터득한 누구나 따라 할 수 있는 현실적인 방법들을 정리했다.

독자 여러분이 이 책을 통해 자신만의 행복을 발견하고, 그것을 꾸준히 실천해 나가는 첫걸음을 내딛기를 바란다. 완벽한 삶의 답을 제시하는 게 아니라, 스스로 답을 찾아가는 과정에서 든든한 동반자가 되고 싶다.

'START NOW' – 8단계 여정으로 떠나는 변화의 여행

이 책은 여러분의 행복한 성공을 체계적으로 돕기 위해 'START NOW'라는 8단계 실행 모델로 구성되어 있다. 각 장은 모델의 한 글자를 맡아, 여러분이 단계적으로 성장하고 마침내 원하는 성공을 현실로 만들도록 안내한다.

Part1: 목적지를 설정하라

1장. 성공: 나만의 성공을 다시 정의하라 (Success Target)

남들이 정해놓은 기준을 버리고, 여러분의 가슴을 뛰게 하는 진정한 성공이 무엇인지 명확히 정의하며 여정을 시작한다.

Part2 : 내면의 CEO를 깨워라

2장. 비전: 보이지 않는 것을 보는 힘 (Think Big)

여러분의 잠재력을 믿고, 원하는 미래의 모습을 '비전'으로 최대한 크게 그리는 방법을 소개한다.

3장. 긍정: 불황에도 살아남는 사람들의 비밀 (Act Positive)

'할 수 있다'라는 긍정의 믿음으로 실패와 좌절 앞에서 다시 나아갈 힘을 얻는 법을 다룬다.

Part3 : 성장의 속도를 높여라

4장. 열정: 잠들어 있는 성공 유전자를 깨워라 (Real Passion)

평범한 노력을 비범한 결과로 만드는 몰입의 힘과, 지치지 않고 열정을 유지하는 방법을 제시한다.

5장. 학습: 어제의 나보다 성장하는 무기 (Train Yourself)

평생 배우는 자세가 왜 중요한지, 그리고 어떻게 배움을 즐기며 성장할 수 있는지에 대한 경험을 나눈다.

Part4 : 성공의 시스템을 구축하라

6장. 관계: 운과 기회를 끌어당기는 힘 (Network with People)

결국 행복은 좋은 관계에서 온다는 믿음으로, 소중한 사람과 신뢰를 쌓고 함께 성장하는 법을 알아본다.

7장. 습관: 인생을 자동 조종하는 힘 (Organize your day)

인생을 바꾸는 작은 습관의 힘을 바탕으로 시간 관리와 좋은 실행 습관을 만드는 구체적인 방법을 설명한다.

8장. 실행: 아이디어를 현실로 만드는 유일한 길 (Walk the Talk)

이 책의 모든 여정을 마무리하며, 생각에 머무르지 않고 행동으로 꿈을 현실로 만드는 최종 단계를 이야기한다.

각 장의 마지막에 실제 적용할 수 있는 '자기 경영 워크시트'를 포함하여 책을 읽는 것에서 그치지 않고 바로 실천할 수 있도록 구성했다. 책만 읽어서는 안 되고 워크시트에 자기가 직접 글로 써가면서 실천 계획을 세우고 실행하기 바란다.

나아가, 워크시트를 작성하며 막막함을 느끼실 독자분들을 위해, 구체적인 실행을 돕고자 각 장마다 〈AI 꿀팁〉 코너를 마련했다. 이 코너에는 AI에게 바로 질문할 수 있도록 내가 직접 다듬어놓은 (AI 프롬프트 예시)를 함께 담았다. 복잡하게 고민할 필요 없이 예시 문구를 조금만 수정하여 ChatGPT와 같은 AI에게 질문하면, 여러분만을 위한 맞춤 아이디어를 얻고 실천 계획을 세우는 데 큰 도움을 받을 수 있을 것이다. AI를 여러분의 든든한 개인 코치로 삼아 아이디어를 현실로 만드는 실행력을 극대화하시길 바란다.

3. '행복이 먼저, 성공은 그 다음'이라는 게임 체인저

백만장자들의 공통된 비밀

행복한 성공에 대한 고민이 깊어질 무렵, 토머스 J. 스탠리의 『백만장자 마인드』라는 책에서 흥미로운 조사 결과를 발견했다. 미국 백만장자 733명에게 성공 요인을 물었더니, 공동 1위로 나온 대답이 '자기 관리가 철저하다'와 '모든 사람에게 정직하다'였다.

이 결과는 내게 큰 충격을 주었다. 높은 IQ나 명문대 출신, 부모의 재력, 특별한 사업 수완 같은 것들이 아니었다. 이것은 훨씬 기본적이고 누구나 할 수 있는 것들이었다.

특히 '자기 관리가 철저하다'라는 부분이 내가 고민하던 '자기 경영'과 정확히 일치했다. 자기 경영은 단순히 시간과 목표 관리에 그치지 않는다. 자신의 감정, 태도, 습관, 건강, 인간관계까지 스스로 책임지고 이끌어 나가는 총체적인 삶의 기술이다.

성공한 사람의 진짜 비밀

결국 백만장자들은 단순히 운이 좋았던 게 아니다. 그들은 자기 자신을 하나의 기업처럼 경영했기에 성공할 수 있었다. 환경이 어렵다고 탓하기보다는 스스로를 변화시켰고, 외부 상황에 휘둘리기보다는 주도적으로 삶을 설계했다.

이것이야말로 '행복한 성공'의 핵심이라고 확신한다. 남이 정해준 성공의 기준을 쫓아가느라 정작 자신은 불행해지는 삶이 아니라, 자신만의 기준으로 삶을 경영해 나가는 것 말이다.

행복한 자기 경영자가 되는 길

이 책에서는 '행복한 자기 경영'을 통해 어떻게 하면 더 주체적이고 의미 있는 인생을 만들어갈 수 있는지를 이야기한다. 그리고 그 과정에서 행복과 성공을 동시에 얻는 방법을 구체적으로 제시한다.

나는 이 책을 읽는 여러분이 남들이 정해 놓은 성공의 틀에 자신을 맞추는 삶이 아니라, 자신만의 '행복한 성공'을 이루기를 진심으로 바란다. 성공을 위해 달려가느라 정작 자신은 불행한 삶이 아니라, 매 순간을 소중하게 채워가며 삶의 진정한 주인이 되는 '행복한 자기 경영자'가 되는 것.

이것이 내가 이 책을 통해 전하고 싶은 가장 중요한 메시지다.

함께 떠나는 변화의 여정

부디 이 책이 여러분의 하루를 더 의미 있게 만드는 데 작은 도움이 되기를 바란다. 그리고 이 책을 덮은 후 여러분의 삶이 조금 더 행복해지고, 스스로 삶의 주인이 되는 길을 당당히 걸어가기를 진심으로 기원한다.

완벽한 해답을 제시하는 책은 아니다. 하지만 여러분이 자신만의 답을 찾아가는 여정에서 든든한 동반자가 될 수 있다면, 그것만으로도 이 책을 쓴 보람이 있을 것이다. 또한 이 책은 내가 미처 말로 다 전하지 못한, 아버지로서 두 아들에게 꼭 해주고 싶은 말이기도 하다.

이제, 함께 행복한 자기 경영자의 길을 걸어보자. 여러분의 인생 후반전이 지금까지와는 다른 차원의 행복과 성공으로 가득 찬 시간이 되기를 간절히 바란다.

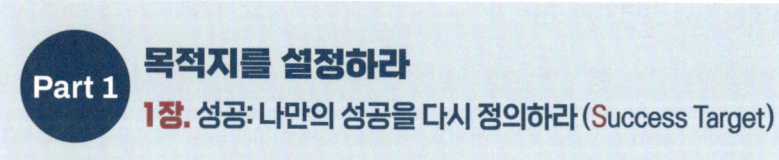

Part 1 목적지를 설정하라
1장. 성공: 나만의 성공을 다시 정의하라 (Success Target)

"남의 기준이 아닌, 나만의 성공 지도를 그려라"

우리는 태어나면서부터 세상이 정해놓은 성공의 기준을 향해 달려가도록 배운다. 더 좋은 학교, 더 좋은 직장, 더 높은 지위. 하지만 그 경주의 끝에서 문득 깨닫게 된다. 이것이 정말 내가 원했던 성공인가?

이 장에서는 내 인생을 송두리째 흔들었던 '실패'라는 값진 선물을 통해, 남들이 아닌 나만의 성공을 어떻게 정의하게 되었는지를 이야기한다. 벼랑 끝에서 다시 그린 인생의 지도를 펼쳐 보이며, 여러분 또한 자신만의 성공 사전을 새롭게 써 내려갈 용기를 얻게 될 것이다.

1. 벼랑 끝에서 다시 그린 내 인생의 지도

아버지의 부재, 인생을 뒤바꾼 그 봄날

중학교 3학년 어느 봄날, 첫 교시 종이 울리자마자 담임 선생님이 나를 조용히 불렀다. "호선아, 잠깐 이리 와보렴. 집에 어서 가봐야겠다. 아버지께서 위독하시다고 하는구나." 청천벽력 같은 소식이었다. 그날, 마흔둘의 젊은 나이로 아버지는 세상을 떠나셨다. 내 인생은 그 순간부터 완전히 다른 궤도에 들어섰다.

당시 아버지는 대기업 제약회사에서 실력 있는 팀장이셨다. 실적이 부진한 지역을 맡아 성과를 내는 것이 특기셨기에 지방 근무가 잦았다. 우리 가족은 아버지를 따라 대전, 광주 등 여러 도시를 옮겨 다니며 2년씩 살았다. 누나가 고등학생이 되면서부터는 온 가족이 함께 이사하기 어려워졌고, 부산으로 발령받은 아버지는 한 달에 한 번 집에 오는 '주말 아빠'가 되었다.

아버지가 오시는 날은 우리 네 남매에 명절처럼 기다려지는 날이었다. 양손 가득 든 종합선물세트와 두둑한 용돈은 평소 아버지의 빈자리를 달래주는 달콤한 위로였다. 하지만 그 소중한 시간은 그리 오래가지 못했다.

오랜만에 부산에서 올라온 아버지의 얼굴이 눈에 띄게 노랗게 변해 있었다. 어머니가 걱정하며 물을 때마다 "위가 좀 안 좋아 약 먹고 있어"라고 하셨다. 하지만 병세는 악화됐고, 종합병원 정밀검사 결과는 '간암'이었다. 평생 제약회사에서 일한 아버지가 자신의 병을 제대로 알아보지 못해 치료 시기를 놓쳤다는 사실이 너무도 안타까웠다. 급성 간암 진단 후 불과 3개월 만에 아버지는 그렇게 갑작스럽게 우리 곁을 떠나셨다.

절망 속에서 피어난 대학의 꿈

아버지의 마지막 유언은 장남인 나를 공업고등학교에 보내라는 것이었다. 혼자 네 남매를 키워야 할 어머니의 부담을 덜어주기 위해, 큰아들이라도 빨리 취업해 집안에 힘이 되기를 바라셨던 것이다.

하루아침에 가장이 된 어머니는 계란 장사를 시작했다. 도매상에서 떼 온 계란을 아파트 집집마다 찾아다니며 팔고, 옷과 자석 팔찌 등 돈이 될 만한 건 무엇이든 팔아가며 우리를 악착같이 키워냈다.

나는 그런 어머니께 힘이 되고 싶었다. 장남으로서 내가 할 수 있는 유일한 길은 공부 뿐이라고 생각했다. 공업고등학교에서도 이론 과목만큼은 늘 1등을 놓치지 않았다. 3학년 1학기가 끝나고 친구들이 하나 둘 취업을 나가던 여름, 나보다 성적이 좋지 않던 친구들이 대학 진학을 준비하는 모습을 보게 되었다. 그 순간 내 마음 한편에 새로운 꿈이 움텄다. '나도 대학에 가고 싶다.'

지금 생각하면 참 철없는 생각이었지만, 나는 어머니께 조심스럽게 대학에 가고 싶다고 말했다. 당장 먹고살 걱정이 앞서는 상황에서 아들의 학비를 감당하는 것이 얼마나 큰 부담이었을까. 하지만 어머니는 내 꿈을 묵묵히 지원해 주셨다.

첫 도전에서는 실패했지만, 재수 끝에 나는 그토록 바라던 유명 공과대학 기계과에 합격했다. 대학에서는 8학기 중 3학기는 반액, 5학기는 전액 장학금을 받을 만큼 공부에만 매달렸다. 그것만이 내 꿈을 믿어준 어머니의 짐을 조금이라도 덜어드릴 방법이라 믿었기 때문이다.

내성적인 나를 깨뜨린 영업의 선택

대학 졸업 후, 나는 주변의 예상을 깨고 영업 부서에 지원했다. 공업고등학교와 공과대학을 나온 사람이라면 연구소나 공장에서 제품을 설계하는 것이 당연한 수순이었다. 실제로 대부분의 대학 동기가 그 길을 선택했다. 하지만 나는 다른 길을 택했다.

나는 원래 극도로 내성적인 성격이었다. 만약 정해진 길을 따라 연구원이 되었다면, 하루 종일 컴퓨터 앞에서 도면만 들여다보는 삶을 살았을 것이다. 안정적이고 편한 길이었겠지만, 나는 그 삶을 살고 싶지 않았다. 그런 세상은 너무 답답하고 좁을 것 같다고 느꼈다. 책상에만 앉아 있기보다는 더 많은 사람을 만나고 더 넓은 세상을 경험하고 싶었다. 그래서 영업 부서를 택했다. 익숙한 길 대신 나 자신과 정면으로 부딪쳐보는 길을 선택한 것이다. 그 길을 선택한 것은 아버지, 작은아버지, 외삼촌들이 약국 영업 일을 하신 것도 영향을 주었다.

'성격을 바꾸기 힘들다면, 일을 통해 나를 바꿔보자'라고 생각한 나는 대부분의 입사 동기와 달리 첫 업무를 본사 사무직이 아닌 현장 영업을 희망했다. 그곳에서 수많은 사람과 직접 만나며 소통하고 싶었다. 하지만 결심과 현실은 하늘과 땅 차이였다.

처음에는 정말 모든 것이 두려움 그 자체였다. 거래처에 전화 걸기 전에는 심장이 터질 듯 뛰어 스무 번도 넘게 심호흡해야 했고, 사무실을 나서기 전에는 무슨 말을 할지 대본처럼 적어놓고 달달 외워야만 했다.

첫 현장 방문은 지금 생각해도 얼굴이 화끈거린다. 잔뜩 긴장한 채로 찾아간 대리점에서, 나는 외워간 제품 설명만 횡설수설 늘어놓았다. 사장님이 퉁명스럽게 물었다. "그래서, 그 제품의 특장점이 뭔가요?" 그 간단한 질문에 머릿속이 하얘졌다. 나는 대답 대신 식은땀만 흘리며 카탈로그만 멀뚱히 넘기고 있었다. 결국 사장님은 "제품 공부를 더 해야겠네요"라며 퉁명스럽게 말했다.

원하는 주문을 받아오지 못한 채 사무실로 돌아오는 길, 귀까지 빨갛게 달아오른 얼굴을 들 수가 없었다. '역시 나는 안 되는 건가', '당장이라도 그만두고 싶다'라는 생각이 굴뚝같았다. 하지만 그때마다 스스로에게 다짐했다. "지금 포기하면 평생 이렇게 살 거야. 여기서 도망치면 아무것도 바꿀 수 없어."

다음 날부터 나는 선배들의 뒤를 쫓아다니며 그들이 거래선과 어떻게 대화하는지 몰래 수첩에 받아 적었다. 하지만 어깨너머로 배운 대화법을 막상 실전에서 써먹으려니 입이 떨어지지 않았다. 수없이 머릿속으로 되뇌었던 말이 뒤죽박죽 엉키기 일쑤였고, 어떤 날은 거래처 문 앞에서 한 시간을 서성이다 발길을 돌리기도 했다.

'역시 나는 영업과 맞지 않는 사람인가'라는 패배감이 목구멍까지 차오를 때마다, '여기서 무너지면 평생 아무것도 바꿀 수 없다'라는 생각으로 억지로라도 다음 날 출근길에 올랐다. 한번은 한 달 실적을 채우지 못해 거래선 퇴근 시간에 찾아가 사정한 적도 있었다.

어설픈 선배 흉내 내기를 수십 번 반복하고, 주말에 거래선에 가서 영업을 돕는 일이 많아지고 나서야 아주 조금씩 나만의 영업 방식이 무엇인지 어렴풋이 깨닫게 되었다. 34년 천직이 된 영업은 타고난 재능이 아니라, 그 무수한 도망치고 싶었던 순간들과 맞바꾼 결과물이었다.

처음의 막연했던 결심은 시간이 지나면서 나를 완전히 다른 사람으로 만들었다. 어느새 내성적인 성격에서 벗어나 사람들과 어울리는 것을 즐기는 사람으로 바뀌어 있었다. 돌이켜보면, 그때의 선택이 내 인생에서 가장 잘한 결정 중 하나였다. 만약 편한 길을 갔다면 지금의 나는 없었을 것이다. 도전은 나를 성장시켰고, 내가 경험할 수 있는 세상의 크기를 무한히 넓혀주었다.

좌절의 끝에서 발견한 새로운 기회

잘나갈 것만 같던 내 인생에도 큰 위기가 찾아왔다. 40대 중반, 내가 팀장으로 있던 영업 조직에서 큰 금전 사고가 터졌다. 그 부서는 구조적 문제가 많아 원래부터 사고가 잦은 곳이었다. 내가 그 부서의 팀장이 되고 2개월이 채 되지 않았을 때 금전 사고가 났다. 하지만 부임한 지 얼마 안 되었기에 책임을 피할 수 있었고, 진단팀이 동원되어 원인을 찾고 시스템을 고쳐 문제의 소지를 없앴다고 했다. 하지만, 1년 뒤 더 큰 금전 손실이 발견되면서 나는 모든 책임을 져야 했다.

징계위원회가 열린 임원 회의실의 공기는 유난히 차갑고 무거웠다. '징계'라는 단어가 상사의 입에서 나오는 순간, 귀가 먹먹해지며 주변의 모든 소리가 멀어지는 듯했다. 애써 담담한 척 고개를 끄덕였지만, 뜨거운 무언가가 목구멍으로 치밀어 올랐다. 30대와 40대를 바쳐 쌓아 올린 탑이 한순간에 무너져 내리는 소리가 들리는 것 같았다. '내 모든 것이 끝났구나.' 그 생각 외에는 아무것도 떠오르지 않았다. 잘나간다고 생각했던 내가 하루아침에 찬밥 신세가 된 것 같아 모든 것을 잃은 듯한 깊은 상실감에 빠졌다.

회사는 문제가 많은 그 영업 조직을 계열사로 이관하기로 결정했다. 나는 그 징계로 팀장에서 물러나 그 영업 조직을 계열사로 이관하는 일을 맡아 계열사 건물로 출근하게 되었다.

징계받은 날 이후, 세상과 나 사이에 투명한 벽이 생긴 듯했다. 어제까지 안부를 묻던 선후배들의 전화는 거짓말처럼 끊겼고, 저녁이면 늘 울리던 휴대전화는 차가운 침묵만을 지켰다. 야근과 술자리로 매일 12시경 귀가하다시피 했던 나였기에, 그 침묵이 마치 세상이 내게 내리는 유죄 선고처럼 느껴졌다.

갈 곳을 잃은 나는 매일 저녁 위로를 받기 위해 소주를 잔에 채웠다. 쓴 소주가 목을 타고 넘어갈 때마다 '나는 실패자다'라는 낙인이 온몸으로 퍼져나가는 것 같았다. 아내와 아이들의 얼굴을 마주할 용기조차 나지 않았다. "뭘 위해 그렇게 앞만 보고 달려왔나?" 답 없는 질문만이 늪처럼 나를 잠식했다.

그렇게 며칠 어둠 속을 헤매던 어느 날, 아내가 술상을 가지고 들어와 내 곁에 가만히 앉았다. 한참의 침묵 끝에, 나지막하지만 단단한 목소리로 말했다.

"여보, 당신은 혼자가 아니에요. 우리가 있잖아요. 이럴 때일수록 우리, 같이 힘내요."

아내의 그 담담한 한마디가 벼락처럼 내 마음에 내리꽂혔다. 그 순간 깨달았다. 회사에서의 성공이 내 인생의 전부가 아니라는 것을. 나에게는 지켜야 할 소중한 가족이 있다는 사실을 말이다. 이대로 주저앉아 있을 수는 없었다. 가족을 위해서라도, 그리고 나 자신을 위해서라도 다시 일어서야만 했다.

신기하게도 바닥을 치고 나니 비로소 길이 보이기 시작했다. 이 가장 힘든 시간이 역설적으로 내 인생을 완전히 바꾸는 기회가 된 것이다. 회사 일에만 빠져 사느라 들리지 않았던 아내의 목소리가 들리기 시작했고, 무심했던 아이들과 주변 사람이 눈에 들어왔다.

'이제부터라도 새로운 삶을 살아야겠다'라고 결심했다. 그때 우연히 교육업체 '휴넷'에서 진행하는 '행복한 아버지 학교'와 '성공스쿨' 강의를 알고 수강하게 되었다. 이 강의를 통해 행복한 가정을 만드는 법과 '행복한 성공'의 진정한 의미를 배우며 인생의 새로운 좌표를 설정하게 되었다.

지푸라기라도 잡는 심정으로 시작한 한 달간의 '행복한 아버지 학교' 강의와 7주간의 '성공 스쿨' 강의는 무너진 내 삶의 좌표를 완전히 새로 설정하는 계기가 되었다. 나는 그곳에서 성공이 아니라 '행복한 성공'을, 회사가 아닌 '나 자신'을 경영하는 법을 처음 배우기 시작했다. '행복한 가정 경영자'가 되겠다는 비전이 내 삶의 최우선 순위로 자리 잡은 것도 바로 이 시기였다.

40대 후반, 새로운 도전을 향한 과감한 선택

40대 후반, 익숙함에 안주할 수 있는 나이에 새로운 도전을 선택했다. 한국영업 부서에서 23년간 쌓아온 경험과 노하우는 나에게 안정적인 삶을 보장해 주었다. 그러나 2주간의 이란 출장을 통해 경험한 낯선 문화와 거대한 시장의 가능성은 내 열정을 흔들어 깨웠다. '23년간 쌓은 내 모든 경험을 더 넓은 세상에서 펼쳐보고 싶다'는 강렬한 열망이 생겨났다.

안정적인 길을 포기하고 새로운 세계로 나아가는 것은 쉽지 않은 결정이었다. 특히, 오랜 시간 현장에서 쌓아온 노하우와 달리 유창하지 않은 영어 실력은 넘어야 할 가장 큰 산이었다. 하지만 나는 이 두려움을 외면하지 않고, 오히려 새로운 성장을 위한 도전 과제로 받아들였다. 그렇게 나는 과감하게 해외 영업 부서로의 이동을 선택했다.

그 선택은 나의 삶에 새로운 지평을 열어주었다. LG 브랜드샵이 있는 인도, 이란, 나이지리아 등 20개가 넘는 나라에 30회 이상 출장을 다니며 현지 시장과 사람들을 만났다. 그 과정에서 문화적 차이를 극복하고 소통하는 법을 배웠으며, 다양한 배경을 가진 사람들과의 협업을 통해 시야를 넓힐 수 있었다. 이 경험은 내게 용기와 자신감을 심어주었고, 나이와 상관없이 도전하고 성장할 수 있다는 것을 몸소 경험하게 되었다.

인생 2막을 여는 용기 있는 결정, 그리고 도전

50대 중반, 나는 회사 생활에서 또 한 번의 큰 전환점을 맞이했다. 20여 년간 팀장으로 일하며 쌓아온 경력과 리더십이 한순간에 사라지는 경험을 한 것이다. 회사에서 50대 팀장들을 대상으로 보직 해제 결정을 내렸을 때, 나는 그동안 쌓아온 나의 가치가 무너지는 듯한 충격과 함께 '이제 정말 회사 밖의 삶을 준비해야 하는구나'라는 현실적인 깨달음을 얻었다.

갑작스러운 변화 앞에서 나는 좌절하는 대신, 이를 새로운 기회로 삼기로 결심했다. 오랜 시간 나는 '조직의 정호선'으로 살아왔지만, 이제는 '나 자신 정호선'으로 살아가기 위한 준비가 필요하다고 생각했다. '공부는 때가 있다'는 일반적인 통념을 깨고, 나는 56세의 나이에 용감하게 석사 과정에 도전했다. 늦은 나이에 다시 책상에 앉아 젊은 학생들과 함께 공부하는 것은 쉬운 일이 아니었다. 주경야독하며 회사 업무와 학업을 병행하는 고된 시간이었지만, 나는 배움의 즐거움을 다시금 느끼며 새로운 활력을 얻었다.

배움에 대한 갈증은 여기서 멈추지 않았다. 석사 학위를 취득한 후 58세에는 박사 과정에 도전했다. 주변에서는 '무엇을 위해 그 나이에 또 공부를 하냐'는 우려 섞인 시선도 있었지만, 나는 흔들리지 않았다. 삶은 멈추는 것이 아니라 끊임없이 배우고 성장하는 과정이라는 것을 믿었다. 그리고 마침내 60세, 정년퇴직과 함께 컨설팅학 박사 학위를 취득하는 기쁨을 누렸다.

이 경험은 내게 나이와 상관없이 배우고 도전하는 삶의 중요성을 다시 한번 일깨워주었다. 나는 이 과정을 통해 단순한 학위 이상의 것을 얻었다. 그것은 바로 '어떤 위기 속에서도 나를 경영하며 성장할 수 있다'는 자신감이었다. 이처럼 삶은 우리가 원하는 대로만 흘러가지 않지만, 어떤 상황에서도 배움의 끈을 놓지 않고 앞으로 나아가려는 용기만 있다면, 그 어떤 어려움도 새로운 삶의 문을 여는 열쇠가 될 수 있다.

내 인생 그래프는 이처럼 수많은 오르막과 내리막을 그리며 지금까지 왔다. 하지만 나는 넘어질 때마다 주저앉는 대신, 그것을 발판 삼아 더 높이 오르려 노력했다. 수많은 도전을 거치면서 나는 비로소 나만의 '행복한 성공'이 무엇인지 알게 되었다.

2. '총각네 야채가게'에서 배운 꿈과 열정의 진짜 의미

열정의 현장을 마주하다

　2005년 무렵, 나는 우연히 『총각네 야채가게』라는 책 한 권을 읽었다. 평범한 야채가게의 성공 신화가 무척 인상 깊어, 직접 확인해 보고 싶은 마음에 대치동 은마아파트 앞에 있는 본점으로 찾아갔다. 그곳은 단순한 가게가 아니었다. 당시 평당 매출 전국 1위를 기록하며 화제의 중심에 선 곳 답게, 그야말로 '열정이 살아 숨 쉬는 공간' 그 자체였다.

　직원들은 쩌렁쩌렁한 목소리로 손님을 맞았고, 쉴 새 없이 고객과 대화하며 가게 전체에 활기를 불어넣었다. 마치 시장 한복판에서 벌어지는 작은 축제 같았다. 나는 대체 저 에너지가 어디서 나오는지 궁금해졌다.

　때마침 우리 회사 CEO 역시 총각네 야채가게에 큰 관심을 보이셨다. 책을 읽고 깊은 감명을 받았다며, 총각네 이영석 대표를 직접 만나보고 싶다는 지시를 내렸다. 당시 대리점 혁신팀장이었던 내게 그 역할이 주어졌다. 그렇게 총각네 본점 근처의 한 곰탕집에서 첫 만남이 이루어졌.

　우리 회사에서는 CEO를 포함한 임원 10명이 검은색 승용차 4대에 나눠 타고 약속 장소에 도착했고, 총각네에서는 이 대표와 직원 한 명이 자리했다. 나는 회의록을 작성하며 CEO의 질문에 막힘없이 답하는 이 대표의 모습을 유심히 지켜보았다. 그의 답변에는 자신감과 확고한 철학이 담겨 있었다.

가전 매장에 야채가게를 열다

　식사 후, 우리는 총각네 야채가게 본점으로 향했다. CEO는 직접 장바구니를 들고 장을 보며 매장의 뜨거운 열기를 온몸으로 느꼈다. 그리고 매장을 나서며 한국영업 본부장께 특명을 내렸다.

"두 달의 시간을 주겠습니다. 우리 가전제품 매장에도 이곳과 똑같은 즐거움과 열정이 넘치는 매장으로 만드세요."

현장에서 받은 감동을 즉시 실행으로 옮기려는 CEO의 강력한 의지였다. 하지만 우리에겐 막막한 과제였다. 총각네 야채가게는 10평 남짓한 공간에 손님과 직원이 북적여서 활기가 넘쳤지만, 우리 가전제품 매장은 100평 규모에 직원이 대여섯 명뿐이었다. 고객이 한두 팀 들어와도 매장이 썰렁하고 별 표시가 나지 않을 정도였다.

고민 끝에 TF팀을 꾸려 다양한 시도를 했다. 고객이 들어올 때마다 전 직원이 큰 소리로 인사하는 연습을 시키고, 점주들에게는 젊어 보이도록 염색을 권하고, 직원들의 복장과 신발까지 검은색으로 통일했다. 하지만 이런 변화만으로는 총각네 특유의 활기를 따라가기엔 역부족이었다.

우리는 결국 아무도 생각지 못한 방법을 시도하기로 했다. 바로 가전제품 매장 옆에 총각네 야채가게를 입점시키는 파격적인 전략이었다. 두 개의 매장을 선정해 가전제품이 진열되었던 10평의 공간을 내주었고, 고객들이 야채와 과일을 산 뒤 자연스럽게 가전제품 매장으로 들어올 수 있도록 자동문까지 설치했다. 그렇게 하니 매장에 고객들이 늘어나고, 놀랍게도 총각네 직원들의 활기찬 에너지가 우리 직원들에게도 조금씩 전파되었다. 매장 분위기는 눈에 띄게 밝아지기 시작했다.

정확히 두 달 뒤, 매장을 다시 찾은 CEO는 완전히 달라진 분위기에 만족하며 "수고했다"라는 칭찬을 남겼다. 이 '가전제품 매장과 총각네 야채가게의 만남'은 업계에 큰 화제가 되어 KBS, MBC, SBS 등 여러 방송국에서 취재를 나왔다. 기자들은 내게 왜 이런 독특한 협업을 시도했는지 물었고, 나는 "총각네의 즐거움과 열정을 우리 가전 매장에 그대로 옮겨오고 싶었습니다"라고 답했다.

방송의 힘은 대단했다. TV에 얼굴이 나온 뒤로는 잊고 지냈던 동창에게서 연락이 오고, 여기저기서 기부해달라는 전화가 빗발치기도 했다.

새벽 세 시, 가락시장에서 진짜를 배우다

회사 업무를 넘어, 나는 개인적으로 총각네 열정의 근원이 무엇인지 너무나 알고 싶었다. 그들은 1년 차는 13시간, 2년 차는 15시간, 3년 차는 17시간씩 일하고, 피곤해 쓰러지면 링거를 맞고 와서 다시 일한다고 했다. "총각네 사장 맞선 기념 바나나 1,000원" 같은 재치 있는 가격표까지, 모든 것이 특별했다.

나는 그들의 진짜 모습을 확인하기 위해 매주 월요일 새벽 6시 반, 출근길에 몰래 매장 앞을 지켜보기도 했다. 한겨울에도 그들은 약속처럼 새벽부터 나와 장사를 준비했고, 그 열기는 변함이 없었다.

총각네 직원들은 단순한 판매원이 아니었다. 고객 한 명 한 명을 기억하고 다정하게 말을 건네는, 고객 경험을 설계하는 전문가였다. 목소리는 항상 우렁찼다. "어머니, 어제 사 가신 사과 맛이 어떠셨어요?" "어머니, 오늘 머리 스타일이 바뀌셨네요! 아주 잘 어울리십니다." "이 동태 눈 좀 보세요! 어머니의 간절한 손길을 기다리고 있지 않습니까?"

이런 말 한마디가 고객들을 미소 짓게 만들었다. 물건을 사는 행위 자체가 즐거운 이벤트가 되는 곳. 싱싱한 과일과 야채, 젊은 총각들의 활기찬 응대가 더해지니 주부들이 이곳을 찾지 않을 수 없었.

이렇게 다른 야채가게와는 다른 총각네의 실체가 너무 궁금했다. 결국 나는 이 대표님에게 직접 전화를 걸어 만나고 싶다고 요청했다. 그분은 뜻밖의 시간을 제안했다.

"네, 그럼 토요일 새벽 3시에 가락시장으로 오세요."

의아했지만, 나는 호기심을 안고 새벽 3시 가락시장으로 향했다.

그곳에서 만난 이 대표는 사무실에 앉아 있는 사장이 아니었다. 그는 현장에서 직원들과 함께 땀 흘리며 직접 발로 뛰는 리더였다. 나는 그를 따라다니며 과일 박스를 직접 뒤집어 맛을 보고, 최상의 상품을 고르는 그의 노하우를 지켜보았다.

시장 상인들과 스스럼없이 소통하며 협상하는 그의 모습에서 나는 '진정한 리더는 가장 앞에서 뛰는 사람'이라는 사실을 알게 되었다. 그는 장사꾼이 아니라, 고객에게 최고의 맛과 즐거움이라는 가치를 전하려는 행위 예술가처럼 보였다.

내 삶의 좌우명이 된 꿈과 열정

이 대표님은 오징어 장사를 하는 스승 밑에서 1년간 무보수로 일하며 장사를 배웠다고 했다. 그는 "저는 월급쟁이가 아니라 사장이 될 사람이니 월급을 받을 필요가 없다고 생각했습니다"라고 말했다. 그의 사고방식은 처음부터 남달랐다. 트럭에 바나나를 싣고 장사를 할 때는 원숭이를 데리고 다니며 사람들의 시선을 끌었고, 트럭 장사만으로도 연봉 1억 원을 벌었다고 했다. 맛있는 과일을 파는 재미있는 총각이 오는 날을 고객들이 손꼽아 기다렸기 때문이다.

나는 그와 더 깊은 이야기를 나누고 싶어 휴일인 격주 토요일 새벽마다 그를 찾아갔다. 몇 번의 만남 끝에, 나는 마지막으로 그에게 물었다.

"사장님, 사장님의 꿈은 무엇입니까?"

그분은 1초의 망설임도 없이 대답했다.

"고객들이 마음껏 쉬고 먹고 싶은 과일과 야채를 바로 따서 원두막에서 먹고 쉴 수 있는 테마공원을 만드는 것. 그리고 이런 총각네 매장을 전국에 50개 만드는 것이 제 꿈입니다."

나는 그 대답을 듣는 순간 온몸에 소름이 돋았다. 어떻게 저렇게 자신의 꿈을 확신에 차서 1초의 망설임도 없이 바로 말할 수 있을까? 그날 이후, 총각네 야채가게에서 배운 점들은 내 삶에 깊이 스며들었다. 나는 영업을 단순히 물건을 파는 일이 아닌, 고객과 신뢰를 쌓고 즐거움을 주는 과정으로 여기게 되었다. 그리고 가장 중요한 교훈을 얻었다.

"리더가 꿈을 꾸면, 그 꿈이 조직원에게 전파된다." "한 사람이 꾸면 단지 꿈에 불과하지만, 함께 꾸면 그것이 현실이 된다."

이 경험을 통해 '꿈을 이루기 위해 열정을 다하자'라는 좌우명이 내 마음에 자리 잡았다. 그리고 그 좌우명은 지금도 내 삶을 더욱 가치 있고 의미 있게 해주고 있다. 이 경험으로 단순히 물건을 파는 것을 넘어, 고객에게 즐거움을 선사하고 함께 성장하는 것. 회사의 목표가 아닌 나의 꿈과 성공을 이야기할 수 있는 것. 이것이야말로 내가 새롭게 정의해야 할 '성공'의 모습임을 온몸으로 깨달았다.

3. 당신의 '행복 방정식'을 다시 써라

우리는 왜 행복을 추구하는가?

많은 사람이 좋은 차와 좋은 집, 좋은 옷을 갖고 싶어 하고, 유명 연예인이나 기업가들의 삶을 동경한다. 우리는 이것이 성공이라고 믿고, 그렇게 살면 행복할 것으로 생각한다. 하지만 정말 그럴까. 우리는 상업적 가치에 의해 조종된 착각 속에서 살고 있다. 광고와 미디어는 우리에게 끊임없이 소비를 부추기며, 더 좋은 것을 가져야 행복해질 수 있다고 말한다. 하지만 정작 우리가 행복을 느끼는 순간들은 어떤 물건을 가졌을 때가 아니라, 삶에서 의미 있는 경험을 했을 때다.

예를 들어 TV 프로그램 『나는 자연인이다』를 보면, 도시의 번잡함에서 벗어나 자연 속에서 사는 사람이 등장한다. 그들은 현대 사회에서 누릴 수 있는 편리한 것들을 포기했음에도 불구하고, 한결같이 행복하다고 말한다. 왜일까. 그것은 그들이 남들과 비교하지 않으며 자신만의 삶을 살아가기 때문이다.

행복이란 남들이 정해 놓은 기준을 따라가는 것이 아니라, 나 스스로 정의하는 것에서 시작된다. 남과 비교하며 살아가는 한, 우리는 결코 만족할 수 없다. 우리가 행복을 찾으려면, 먼저 우리 자신의 기준으로 행복을 정의해야 한다.

돈과 행복의 관계 – 돈은 행복의 전부가 아니다

많은 사람이 돈이 많으면 행복할 것으로 생각한다. 하지만 연구 결과들은 돈과 행복이 반드시 비례하지 않는다는 사실을 보여준다. 기존 연구에 따르면 1인당 GDP가 2만 달러 이하일 때는 소득이 증가할수록 행복도 비례해서 증가한다고 한다. 하지만 2만 달러를 넘어가면 소득이 행복에 미치는 영향은 급격히 줄어든다.

한국은 이미 1인당 GDP 3만 7천 달러를 넘었지만, 여전히 돈 때문에 고민하는 사람이 많다. 그 이유는 우리가 돈을 비교의 기준으로 삼기 때문이다. 남보다 더 많은 돈을 벌어야 한다는 강박 속에서 우리는 스스로 불행하다고 느낀다. 하지만 돈이 행복을 결정짓는 절대적인 기준이 아니라는 것을 깨닫는 순간, 우리는 보다 자유로워질 수 있다.

나는 돈이 우리의 삶에서 중요한 요소라고 생각하지만, 그것이 행복의 유일한 조건이 되어서는 안 된다고 믿는다. 돈보다 더 중요한 것들이 있다. 나에게 가장 중요한 것은 건강, 사랑하는 사람과의 관계, 의미 있는 삶을 사는 것이다. 돈이 많으면 경제적 불안을 줄일 수는 있지만, 그것이 곧 행복으로 이어지는 것은 아니다. 매슬로우의 욕구 5단계 이론에서도 최상의 단계는 자아실현 욕구이다. 이는 자신이 되고 싶은 모습이 되는 것을 의미한다.

행복을 잘 누리는 사람들 - 북유럽의 사례

나는 행복을 잘 누리는 나라들에 대해 관심이 많다. 특히 핀란드, 스웨덴, 노르웨이, 덴마크 등 북유럽 국가들은 높은 행복지수로 유명하다. 이들 나라의 사람들은 어떻게 행복을 누리고 있을까. 그들의 삶을 직접 경험하며 배우고 싶다는 마음이 항상 있었다.

1995년 스웨덴 예테보리에 출장 갔을 때 그곳의 거리 풍경이 인상적이었다. 곳곳에 예술 작품이 있었고, 사람들은 여유로워 보였다. 지금 돌이켜보면, 그것은 단순히 환경 때문이 아니라, 그들이 행복한 마음으로 삶을 살아가고 있기 때문이었을 것이다.

이들 나라의 사람이 행복할 수 있는 이유는 무엇일까. 책과 다양한 정보를 통해 확인한 이유는 다음과 같다. 첫째, 그들은 소박한 삶을 즐긴다. 이들은 돈을 많이 벌기 위해 치열하게 경쟁하기보다는, 일과 삶의 균형을 중시하며, 소소한 일상의 즐거움을 찾는다. 화려한 차를 타고 높은 연봉을 받는 것이 행복의 기준이 아니라, 자연 속에서 시간을 보내고, 가족과 함께하는 순간을 소중히 여기는 것이 중요하다고 생각한다.

둘째, 자유와 신뢰가 높다. 사회 구성원 간의 신뢰가 높고, 서로를 존중하는 문화가 형성되어 있다. 정부에 대한 신뢰도가 높고, 개인의 자유를 중요하게 여긴다. 이를 바탕으로 사람들은 스스로의 삶을 설계하며, 사회적 안전망 덕분에 경제적 불안이 적다.

셋째, 자신만의 행복 기준을 가지고 있다. 남들과 비교하기보다는, 자신에게 의미 있는 삶을 살아가는 것을 중요하게 여긴다. 사회적 지위나 재산보다는 자신이 하고 싶은 일을 찾고, 그것을 실천하는 것이 행복의 중요한 요소가 된다.

나는 이러한 북유럽의 행복 방식을 더 깊이 이해하고 싶다. 핀란드에서는 건축가인 알바 알토의 건축물과 인테리어 소품들이 그들의 삶의 질과 가치관을 반영하고 있다는 이야기를 들었다. 핀란드는 디자인 강국인데, 그들의 화폐에 건축가의 얼굴이 새겨져 있다는 점이 흥미롭다. 이는 단순한 경제적 성장보다 문화적·예술적 가치를 더 중요하게 여기는 사회라는 것을 보여준다.

그들의 철학은 물질적 소유보다 삶의 질과 환경을 개선하는 것이 중요하다는 것을 강조한다. 나는 언젠가 아내와 함께 북유럽을 여행하며 그들의 삶을 직접 경험해 보고 싶다. 그곳에서 사람이 어떻게 행복을 실천하는지 배우고, 내 삶에도 적용한다면 더 의미 있는 변화가 있을 것이라 생각한다.

내 삶에서 찾은 행복의 정의

행복에 대한 정의는 사람마다 다르다. 어떤 사람은 부를 통해 행복을 찾고, 어떤 사람은 사랑하는 사람과의 관계에서 행복을 찾는다. 나는 많은 책을 읽고, 다양한 사람들의 행복론을 접하면서 나만의 행복을 정의하게 되었다. 행복학의 대가 중 한 분인 연세대학교 서은국 교수님은 책 『행복의 기원』의 마지막 페이지에서 "행복은 사랑하는 사람과 맛있는 것을 먹는 것"이라고 정의했다.

나도 비슷한 정의를 한다. 그것은 바로 "행복은 사랑하는 아내와 함께 좋은 것을 보면서 맛있는 음식을 먹는 것"이다. 이렇게 정의하고 나서 "어? 이 행복을 왜 캠핑장이나 해외여행을 가서만 느껴야 하지?"라는 생각이 들었다. 그래서 나는 자주 저녁 시간에 아내가 좋아하는 TV 프로그램을 함께 보면서 아내가 만든 맛있는 안주에 술을 마신다. 나는 맥주에 양주를 조금 섞은 술, 아내는 와인을 마신다. 아내와 함께 맛있는 음식을 먹으며 이야기를 나누는 시간, 함께 여행하며 새로운 경험을 하는 순간, 소소한 일상을 공유하며 웃는 그 순간들이 나에게는 가장 큰 행복이다.

얼마 전 나는 아내와 양양으로 여행을 다녀왔다. 주문진 어시장에서 신선한 생선조림에 낮술을 마시며 아내가 말했다. "햐~ 좋다." 나는 그 순간 아내의 얼굴에서 행복을 보았고, 나도 행복했다. 행복은 이렇게 가까운 곳에 있다. 우리는 멀리서 행복을 찾으려 하지만, 행복은 우리가 매일 경험하는 작은 순간들 속에 있다.

　에이브러햄 링컨은 "사람은 행복하기로 마음먹은 만큼 행복하다"라고 말했다. 내가 행복하다고 생각하면 행복해지고, 불행하다고 생각하면 불행해진다. 똑같은 상황에서도 어떤 사람은 불행하다고 느끼고, 어떤 사람은 행복하다고 느낀다. 결국 행복은 우리가 어떤 태도를 가지느냐에 따라 달라지는 것이다.

　물론 말처럼 쉽지는 않지만, 나는 매일 아침 "오늘 하루도 행복할 것이다"라고 다짐한다. 그리고 그 행복을 스스로 만들기 위해 노력한다. 작은 것에도 감사하고, 좋은 점을 보려 하고, 현재를 즐기려 한다. 행복은 기다린다고 오는 것이 아니고, 내가 직접 선택하고 스스로 만들어가는 것이라고 생각하기 때문이다.

4. 행복을 결정짓는 네가지 기준

행복의 조건을 찾다

어떤 책에서 이런 질문을 보았다. "여러분을 아침에 일어나고 싶게 만드는 가장 중요한 요인은 무엇인가?" 이 질문에 대한 한 노인의 대답이 인상적이었다. 그는 "살고 일하고 배우며, 사랑하는 사람과 소중한 순간을 나누기 위해서"라고 말했다. 그의 대답을 들으며 나도 스스로에게 같은 질문을 던져보았다. 나는 아침에 무엇을 위해 눈을 뜨는가. 단순히 하루를 살아가는 것이 아니라, 내 삶을 의미 있게 만드는 요소들이 무엇인지 깊이 생각해 보게 되었다.

행복은 무엇으로 결정될까. 많은 사람이 부, 성공, 명성을 행복의 요소로 꼽지만, 실제로 책을 읽고 경험하면서 내린 결론은 행복의 가장 중요한 요소는 '균형'이라는 점이다. 우리는 일과 가정, 그리고 인간관계 속에서 균형을 유지할 때 가장 큰 행복을 느낀다. 어느 한쪽에 치우치면 행복은 깨진다. 일이 너무 바쁘면 가족과의 관계가 소홀해지고, 관계가 지나치게 얽히면 자기 자신을 돌볼 여유가 없다. 그렇다면 어떻게 하면 삶의 균형을 유지하고, 지속적인 행복을 만들어갈 수 있을까.

가정 – 행복의 첫 번째 조건

행복한 삶의 핵심은 바로 가정에 있다. 나는 행복의 시작이 가족과의 관계 속에서 나온다고 믿는다. 아무리 돈을 많이 벌고, 사회적으로 성공해도 가정이 불행하면 삶 전체가 무너질 수 있다. 나는 40대 후반이 되어서야 가족의 소중함을 더욱 절실히 깨닫게 되었다.

젊었을 때는 일에 몰두하느라 가족과 함께하는 시간을 소홀히 했던 것이 사실이다. 그 당시는 회사에서 인정받고 성과를 내는 것이 가장 중요한 일처럼 여겨졌고, 항상 가족보다 일이 우선이었다. 하지만 시간이 지나면서 내 곁에서 가장 큰 힘이 되어주는 존재가 바로 가족이라는 것을 깨닫게 되었다.

행복한 가정을 만들기 위해 나는 몇 가지 실천을 했다. 아무리 바쁜 일정이 있어도 가족과 함께하는 시간을 우선순위에 두고 지키려고 한다. 또한 배우자와 자녀에게 평소에도 고맙다는 말을 자주 하고, 작은 칭찬이라도 아끼지 않으려고 노력한다. 물론 아직도 많이 부족해서 아내에게 핀잔을 들을 때도 있지만 말이다.

그리고 함께 산책하거나, 저녁을 같이 먹고, 일상을 공유하는 작은 습관들이 가족의 유대감을 더욱 깊게 만들어준다고 믿는다. 나는 아내와 저녁 시간과 주말마다 함께 산책한다. 그 시간은 매우 소중한 대화의 시간이 되고 있다. 함께 산책하기 이전에는 일상적인 대화도 자주 나누지 못했는데, 산책하며 깊이 있는 대화를 하다 보니 우리의 관계도 더 가까워지고 있다고 느낀다.

일 - 의미 있는 성취와 균형

우리는 하루 중 가장 많은 시간을 '일'하는 데 사용한다. 일을 하는 동안 행복을 느끼지 못한다면, 우리 삶에서 행복한 순간은 매우 제한될 수밖에 없다. 나는 직장에서 30년 넘게 근무하면서 일이 단순히 생계를 위한 것이 아니라, 삶의 의미를 찾는 중요한 과정이라는 것을 알게 되었다. 하지만 일과 가정과의 관계에서 중요한 것은 균형이다. 성공을 위해 과도하게 일에 몰입하면 다른 중요한 요소들이 희생될 수 있다.

반대로, 일을 소홀히 하면 삶의 성취감이 떨어지고 경제적 안정도 무너질 수 있다.

나는 일과 행복의 균형을 유지하기 위해 다음과 같은 원칙을 세웠다. 먼저, 단순한 업무 수행이 아니라 내가 하는 일이 사회에 어떤 가치를 줄 수 있는지를 고민하며 일의 의미를 찾았다. 그리고 회사 업무에만 모든 에너지를 쏟지 않고, 개인적인 성장과 가족과의 시간을 확보할 수 있도록 시간을 나누었다. 마지막으로 새로운 배움을 통해 적은 시간 투입에서 성과를 많이 낼 수 있도록 꾸준히 학습하고, 일을 통해 스스로 발전하는 기회를 만들었다.

결국 일은 단순한 생계 수단이 아니라, 삶의 의미와 자아실현을 위한 과정이다. 일을 즐기는 법을 찾고, 적절한 균형을 유지할 때 행복도 함께 따라온다.

관계 – 사람 속에서 행복을 찾다

인간관계는 행복의 가장 큰 요소 중 하나다. 가족을 제외하고도 우리는 친구, 동료, 사회 속에서 다양한 관계를 맺으며 살아간다. 나는 오랫동안 인간관계를 단순히 '필요한 것'으로만 여겼던 적이 있었다. 하지만 시간이 지나면서 진정한 행복은 사람들과의 따뜻한 관계 속에서 만들어진다는 것을 알게 되었다.

좋은 인간관계를 유지하는 방법은 생각보다 간단하다. 가까운 친구, 동료, 가족에게 먼저 연락하고 안부를 묻는 것이 중요하고, 칭찬과 감사의 말을 자주 하는 것이 관계를 더욱 깊게 만들어주며, 상대방의 이야기를 진심으로 듣고 공감하는 태도가 중요하다.

나는 가까운 사람일수록 자주 만나고 연락해야 한다고 생각한다.

고교 동창이나 군대 동기 등에게 먼저 연락하려 노력한다. 여름 휴가나 연말에 시간을 만들어 지방에 있는 친구들을 찾아가 만나는 것도 같은 이유이다. 아무리 가깝다고 생각하는 친구라도 만나거나 연락하지 않으면 가까운 이웃사촌만 못하다.

재정 - 행복을 뒷받침하는 전제 조건

가정, 일, 관계가 행복을 이루는 중요한 기둥이라면, 재정적 안정은 이 모든 것을 든든하게 받쳐주는 땅과 같다. 돈이 행복의 전부는 아니지만, 최소한의 경제적 기반이 없다면 행복을 이야기하기 어려운 것이 현실이다. 돈 걱정 때문에 하고 싶은 일을 포기해야 하고, 가족에게 미안해하며, 인간관계마저 위축되는 경험을 해본 사람이라면 이 말을 이해할 것이다. 재정적 안정은 우리에게 선택의 자유를 주고, 삶의 불안감을 덜어주는 중요한 전제 조건이다.

나 역시 젊었을 때는 재정에 대해 깊이 생각하지 못했다. 매달 월급이 들어오니 막연히 괜찮을 것으로 생각했고, 구체적인 계획 없이 살아왔다. 하지만 40대를 넘어서고 자녀들이 커가면서, 그리고 은퇴라는 현실이 다가오면서 재정 관리의 중요성을 절실히 깨닫게 되었다.

특히 퇴직연금 투자에서 큰 손실을 보았던 경험은 내게 뼈아픈 교훈을 주었다. 잘 모르는 분야에 두려움을 안고 투자한 결과는 참담했고, 그 경험을 통해 '아는 것이 힘'이라는 말을 온몸으로 체감했다.

그 이후 나는 재정에 대해 공부하기 시작했다. 부동산, 주식, 펀드 관련 책을 읽고, 경제 뉴스를 꾸준히 챙겨보며 나만의 투자 원칙을 세우려 노력했다. 물론 아직도 배워야 할 것이 많은 초보 수준이지만, 중요한 것은 재정 문제를 더 이상 외면하지 않고 내 삶의 중요한 일부로 받아들이고 관리하기 시작했다는 점이다.

안정적인 재정은 행복한 가정을 지키는 울타리가 되고, 의미 있는 일을 지속할 수 있는 기반이 되며, 좋은 관계를 유지하는 데 필요한 최소한의 여유를 준다. 따라서 행복한 삶을 위해서는 재정적 건강을 돌보는 노력이 반드시 필요하다.

균형이 행복을 만든다

우리는 가정, 일, 관계, 재정에서 균형을 이룰 때 가장 큰 행복을 느낀다. 가족과 함께하는 시간이 부족하면 관계가 소원해지고, 일에 대한 만족감이 없으면 삶이 무료해진다. 인간관계가 단절되면 우리는 외로움 속에서 고립될 수 있다. 결국 행복은 이 모든 요소가 조화롭게 어우러질 때 비로소 완성된다.

5. 타인의 성공이 아닌, 나다운 성공을 정의하라

성공이란 무엇인가?

우리는 살아가면서 수많은 목표를 세우고 그것을 이루기 위해 노력한다. 그리고 우리는 그것을 '성공'이라고 부른다. 하지만 성공이란 무엇일까. 많은 사람은 성공을 높은 연봉, 명예, 사회적 지위로 정의한다. 하지만 이런 것들이 과연 진정한 성공일까.

하버드대 교수 토머스 J. 드롱은 성공을 측정하는 방법을 바꾸라고 조언한다. 그는 자신의 책 『하버드 졸업생은 마지막 수업에서 만들어진다』에서 성공을 평가할 때, 자신이 얼마나 화려한 경력을 쌓았느냐가 아니라, 타인에게 어떤 영향을 미쳤는지, 주위 사람들의 삶을 얼마나 변화시켰는지를 기준으로 삼아야 한다고 강조한다.

나는 이 말에 깊이 공감한다. 과연 우리는 남들에게 보여주기 위한 성공을 좇고 있는 것은 아닐까. 사회가 정한 기준이 아닌, 자신만의 성공을 정의하고 그것을 실천하는 것이 더 가치 있는 삶이 아닐까.

성공의 새로운 정의 – 기여하는 삶

나는 나만의 성공을 이렇게 정의하고 싶다. "내가 사회에 기여한 것의 총합이, 내가 사회로부터 받은 것의 총합보다 클 때 성공이다." 즉, 성공이란 얼마나 많은 부와 명예를 쌓았느냐가 아니라, 내가 세상에 어떤 긍정적인 영향을 미쳤느냐로 평가되어야 한다고 믿는다.

이러한 성공의 개념은 우리가 흔히 알고 있는 부와 권력을 기준으로 한 성공과는 전혀 다르다. 하지만 이런 정의를 받아들이면 우리는 더 의미 있는 삶을 살 수 있다고 생각한다. 성공은 더 많이 베푸는 것이고,

다른 사람들에게 긍정적인 변화를 만들어내는 것이다.

위대한 철학자 헨리 밀러는 말했다. "성공하고 싶다면 봉사하라. 그것이야말로 우리 인생에서 불변의 법칙이다." 우리는 흔히 성공하면 나눔을 실천한다고 생각하지만, 실제로는 나눔을 실천하는 사람이 성공한다는 것이 진리다. 마크 피셔도 "진정한 부자는 다른 사람들보다 더 많이 베푸는 사람이며, 그렇기 때문에 그는 다른 사람들보다 더 많이 받는다"라고 말했다.

나는 이 말이 단순한 교훈이 아니라, 직접 경험한 사실이라고 확신한다. 내가 회사에서 후배들에게 지식을 나누고, 강의를 하며 많은 사람들에게 배운 것을 전달할 때, 나는 더 성장하고 더 큰 기회를 얻게 되었다. 나 역시 그렇게 살기 위해 애쓰는 과정에 있는 사람일 뿐이다. 결국 성공이란 혼자 이루는 것이 아니라, 다른 사람과 함께 이루어가는 것이다.

하버드 최초의 아시아계 여성 종신교수, 석지영의 성공 이야기

자신만의 성공을 정의하고 그것을 실천한 대표적인 인물이 있다. 바로 하버드대 최초의 아시아계 여성 종신교수인 석지영 교수다. 그녀는 서울에서 태어나 여섯 살 때 미국으로 이민을 갔다. 부모님의 기대 속에서 피아노를 전공했지만, 결국 자신이 원하지 않는 길임을 깨닫고 과감히 법학으로 전향했다. 그리고 예일대에서 영문학과 불문학을 전공한 후 옥스퍼드대에서 박사 학위를 받았다. 이후 하버드 로스쿨을 졸업한 뒤 뉴욕 맨해튼 검찰청에서 검사로 근무하다가 하버드 로스쿨 교수로 임명되었고, 2010년 하버드 최초의 아시아 여성 종신교수가 되었다. 그녀는 그녀가 쓴 책 『내가 보고 싶었던 세계』에서 자신의 성공을 이렇게 정의했다. "나에게 성공이란, 내게 진정한 기쁨을 주는 것을 찾아 그것을 탐구할 수 있는 자유를 획득하는 것". 성공

스토리에서 중요한 것은 단순히 화려한 학력과 직책이 아니다. 나는 그녀가 자신의 성공을 스스로 정의하고, 그것을 이루기 위해 꾸준히 노력했다는 점이 대단하다고 느껴졌다.

우리는 흔히 사회가 정한 길을 따라가며 그것이 성공이라고 착각한다. 하지만 진정한 성공은 자신이 원하는 삶을 정의하고, 그것을 이루기 위해 노력하는 것이다.

나만의 성공 정의하기

우리는 어려서부터 사회가 정해놓은 성공의 기준을 배우며 성장한다. 좋은 대학에 가고, 대기업에 취직하고, 높은 연봉을 받는 것이 성공하는 길이라고 배운다. 그리고 남들보다 더 나아야 한다는 압박 속에서 끊임없이 경쟁한다. 하지만 과연 이런 기준이 모든 사람에게 맞는 기준일까.

앞서 이야기했듯 징계라는 고통스러운 경험은 나를 멈추게 했고, 몇 년에 걸쳐 '성공이란 무엇인가'를 자문했다. 처음에는 그저 '예전의 자리로 돌아가는 것' 같은 단순한 답만 맴돌았다. 하지만 수십 권의 책을 뒤적이고, 수첩이 닳도록 생각을 적어 내려가는 과정을 몇 년간 반복하고 나서야, 비로소 남의 기준이 아닌 나를 위한 나의 성공 모습이 윤곽이 보이기 시작했다.

지금 제시하는 이 정의는 어느 날 번뜩 떠오른 영감이 아니라, 오랜 방황과 고민 끝에 어렵게 찾아낸 나만의 나침반이다.

내가 생각하는 '나의 성공'은 이런 모습이다.

개인적으로는 몸과 마음의 건강 속에서 높은 꿈을 가지고, 그 꿈을 이루기 위해 열정적인 삶을 살아가는 것.

가정적으로는 행복한 아버지로서 나의 가정을 최고의 행복한 가정이 되도록 경영하는 것.

직업적으로는 유통 전문가로서 고객이 행복하고 즐거운 경험을 할 수 있도록 돕는 것.

사회적으로는 불우한 이웃을 돕고, 만나는 사람들에게 즐거움을 주는 것. 이 네 가지 요소를 실천하는 것이 내가 생각하는 성공의 기준이다.

나는 성공을 다음과 같은 네 가지 요소로 나누어 정의하고 싶다.

남과 함께하는 성공 – 개인적인 성취가 아닌 주변 사람들과 함께 이루는 성공이 진정한 성공이다.

도구가 아닌 목적이 있는 성공 – 성공을 돈이나 권력을 얻기 위한 도구로 삼지 말고, 의미 있는 삶을 위한 목적이 있는 성공을 추구해야 한다.

결과가 아닌 과정으로서의 성공 – 성공이란 최종 목적지가 아니라 그것을 이루기 위한 과정 자체가 의미 있어야 한다.

균형 잡힌 삶으로서의 성공 – 가정, 일, 사회, 개인의 균형을 이루며 살아가는 균형 잡힌 삶으로서의 성공이야말로 가장 이상적인 성공이다.

특히 40대와 50대에겐 이 '성공의 정의'가 선택이 아닌 필수라고 생각한다. 전반전의 성공이 '직위'와 '소유'라는 외부의 트로피였다면, 후반전의 성공은 '건강', '관계', '배움', '여가'라는 내면의 만족감으로 채워져야 한다. 통장 잔고가 아닌, 내 삶의 행복 총량을 기준으로 삼을 때, 비로소 우리는 진정한 자기 경영자가 될 수 있을 것이다."

6. 행복한 성공으로 향하는 첫걸음

행복과 성공의 조화

 많은 사람이 성공을 목표로 하지만, 정작 성공과 행복이 조화를 이루는 방법에 대해서는 고민하지 않는다. 진정한 성공은 행복과 함께할 때 완성된다고 생각한다. 그래서 나는 단순히 성취를 이루는 것이 아니라, 삶의 만족도를 높이는 방식을 연구하고 실천하고자 노력해 왔다.

 사회적으로 높은 지위에 오르고, 경제적으로 안정된 삶을 살더라도 만족하지 못하는 사람이 많다. 반면, 크고 화려한 성취가 없어도 행복하게 살아가는 사람도 있다. 무엇이 이 차이를 만들까. 그것은 바로 자신의 내면에서 만족과 의미를 찾는 태도에 있다. 행복한 성공은 외부적인 성취가 아니라, 내면의 충만함과 조화를 이루는 과정에서 비롯된다.

 나는 나만의 성공을 정의하면서, 성공을 단순한 목표 달성이 아니라 삶의 질을 높이는 과정으로 바라보게 되었다. 그래서 하루하루가 행복한 성공의 연속이 될 수 있도록 노력하고 있다. 단기적인 목표를 이루는 데 급급하기보다는, 현재의 순간을 즐기면서도 장기적으로 만족할 수 있는 방향을 찾는 것이 중요하다.

행복한 성공의 시작 - 자기 경영

 행복한 성공을 이루기 위해 가장 먼저 해야 할 일은 자기 자신을 경영하는 것이다. 많은 사람이 생각하듯 단순한 물질적 성공이 진정한 행복을 보장해 주지는 않는다. 진정한 성공이란 자신이 원하는 삶을 설계하고, 그 목표를 향해 지속적으로 발전해 나가는 과정이다. 그리고 이 과정에서 가장 중요한 것은 자기 자신을 잘 이해하고 자신을 경영하는 능력이다.

자기 경영이란 무엇일까. 그것은 자신의 정신적, 감정적, 신체적 상태를 관리하고, 지속적으로 배우고 성장하며, 자신의 가치를 창출하는 것을 의미한다.

나는 자기 경영을 위해 다음과 같은 세 가지 핵심 요소를 실천하고 있다.

첫째는 자기 이해와 자기 사랑이다. 자신을 솔직하게 바라보고, 자신의 강점과 약점을 인정하며 부족한 점을 개선해 나간다.

둘째는 목표 설정과 계획 실천이다. 명확한 목표를 설정하고, 그것을 달성하기 위한 구체적인 계획을 세워 실천한다.

셋째는 지속적인 성장과 학습이다. 성공한 사람들은 끊임없이 배우고 성장하는 자세를 가진다. 독서, 강의, 경험을 통해 새로운 지식을 습득하고, 이를 바탕으로 자신을 발전시킨다.

물론 이 모든 것을 완벽하게 해내고 있지는 못하지만, 자기 경영이 제대로 이루어지면, 우리는 자신의 삶을 스스로 주도하고, 성공과 행복을 스스로 만들어갈 수 있을 것이다.

인생 최고의 순간은 지금이다.

많은 사람이 과거를 후회하거나 미래를 걱정하느라 현재를 제대로 즐기지 못한다. 나는 한때 "좋은 시절은 이미 지나갔다"라고 생각하곤 했다. 하지만 어느 날, 홍명보 감독이 한 말이 내 생각을 바꾸었다. "내 인생 최고의 날은 앞으로 다가올 미래의 날이다." 이 말을 듣고 나는 알 수 있었다. 내 인생은 아직도 발전하고 있으며, 최고의 순간은 지금부터 만들어갈 수 있다는 사실을.

내가 존경하는 김형석 교수님 또한 "65세부터 80세가 인생의 황금기"라고 말했다. 그렇다면 정년퇴직 시점인 나는 이제 막 황금기를 준비하는 시점에 있는 셈이다.

이러한 사고방식은 나에게 큰 변화를 불러왔다. 이제 나는 하루하루를 더 의미 있고 소중하게 살아가려고 노력한다. 과거의 실패와 후회, 그리고 미래의 걱정에서 벗어나 현재의 가능성에 집중한다. 새로운 도전과 배움을 두려워하지 않고 하루하루를 발전하는 기회로 삼으며 살고 있다.

나에게 있어 행복한 성공이란?

나의 행복한 성공은 '행복경영 컨설턴트로서 살아가는 것'이다. 내가 생각하는 행복한 성공의 정의는 "행복한 자기 경영의 토대 아래에서 행복한 가정과 행복한 일터를 만들고, 행복한 관계, 재정 경영을 통해 나와 함께하는 사람들을 행복하도록 돕는 것"이다.

이를 위해 나는 개인적으로 목표를 설정하고 성장하며, 가정을 화목하게 경영하고, 직장에서 의미 있는 성취를 이루고, 사회적으로 긍정적인 관계를 형성하는 삶을 살고자 한다. 궁극적으로, 나의 인생 후반기는 "행복경영 컨설턴트"로서 사람들에게 행복한 성공의 원리를 전파하고, 실천할 수 있도록 돕는 것이 목표다.

나는 행복경영 컨설턴트로서 다음과 같은 목표를 가지고 있다.

첫째, 많은 사람이 자신의 삶을 보다 주체적으로 이끌어갈 수 있도록 자기 경영을 돕는다. 목표 설정, 시간 관리, 기록 관리 등 등의 주제로 강의와 컨설팅을 진행한다.

둘째, 행복한 가정이 개인의 행복에 미치는 영향이 크므로 이를 지원하는 활동을 한다. 부모와 자녀, 배우자 관계에서의 소통과 공감을 돕는 가정 경영 프로그램을 기획한다.

셋째, 조직 내에서 즐겁고 의미 있는 성취를 경험할 수 있도록 돕는다. 리더십, 조직문화, 커뮤니케이션 개선 등을 통해 직장 내 행복 증진을 지원한다.

넷째, 사회적 관계에서 행복을 찾는 방법을 연구하고, 강의와 글을 통해 공유한다. 나눔과 봉사를 통해 보다 많은 사람이 행복한 삶을 살아갈 수 있도록 돕는다.

이것이 바로 내가 주장하는 '행복 경영' 모습의 실체다. 자기 경영은 나 자신에게서 끝나지 않는다. 행복하게 경영되는 '나'라는 기업은 반드시 '행복한 가정', '행복한 일터', '행복한 관계', '행복한 재정'에 영향을 주어 결국 '행복한 성공'에 이르게 할 것이다.

1장 자기 경영 워크시트: 나만의 성공 정의하기

● **인생의 좌표를 재설정하는 시간**

우리는 세상이 정해놓은 성공의 기준을 향해 정신없이 달려왔다. 하지만 이정표가 잘못되었다면, 빨리 달릴수록 목적지에서 멀어질 뿐이다. 잠시 멈춰서, 남이 아닌 '나'의 성공을 위한 지도를 직접 그려보는 시간이다. 이 워크시트는 여러분의 과거 경험 속에서 가장 빛나는 가치를 발견하고, 그것을 바탕으로 흔들리지 않는 '나만의 성공 정의'를 내릴 수 있도록 돕는다.

Step1. 내 인생의 하이라이트 돌아보기

내 인생 그래프에서 가장 행복했던 순간 3가지와 가장 힘들었지만 나를 성장시킨 순간 3가지를 적는다. 그 순간에 여러분은 무엇을 중요하게 생각했고, 무엇을 배웠는지 기록한다. 이는 여러분의 핵심 가치를 찾는 중요한 단서가 된다.

작성 예시: 가장 행복했던 순간 1: 아이가 태어났을 때. 세상 무엇과도 바꿀 수 없는 책임감과 사랑을 느꼈다. (핵심 가치: 가족, 사랑) 가장 힘들었지만 성장한 순간 1: 회사에서 징계 받았을 때. 실패를 통해 나를 돌아보는 성찰의 시간을 가졌고, 진정한 성공의 의미를 고민하게 되었다. (핵심 가치: 성장, 성찰)

● **나의 인생 그래프**

가장 행복했던 순간 1 순간:
_____
_____

그 순간에 중요했던 가치 또는 배운 점:
_____

가장 행복했던 순간 2 순간:
_____
_____

그 순간에 중요했던 가치 또는 배운 점:
_____
_____

가장 행복했던 순간 3 순간:
_____
_____

그 순간에 중요했던 가치 또는 배운 점:
_____
_____

가장 힘들었지만 성장했던 순간 1 순간:
_____
_____

그 순간에 중요했던 가치 또는 배운 점:
_____
_____

가장 힘들었지만 성장했던 순간 2 순간:
_____
_____

그 순간에 중요했던 가치 또는 배운 점:
_____
_____

가장 힘들었지만 성장했던 순간 3 순간:
_____
_____

그 순간에 중요했던 가치 또는 배운 점:
_____
_____

Step2. 현재의 나 들여다보기

지금 여러분의 마음을 움직이는 것은 무엇인가. 무엇이 여러분을 웃게 하고, 무엇이 여러분의 에너지를 빼앗아 가는가. 솔직한 자기 진단은 앞으로 나아갈 방향을 알려준다.

작성 예시

- **나를 웃게 만드는 것**: 가족과 함께 저녁 먹으며 대화하기, 새로운 지식을 배울 때, 다른 사람에게 도움을 주었을 때.
- **내 에너지를 빼앗아 가는 것**: 의미 없는 회의, 타인과의 비교, 해결할 수 없는 일에 대한 걱정.

● **나의 에너지 충전소와 방전소**

요즘 나를 진심으로 웃게 만드는 것 (에너지 충전소):

_____

_____

요즘 내 에너지를 빼앗아가는 것 (에너지 방전소):

_____

_____

Step3. 나만의 성공 선언문 작성하기

이제 세상이 주입한 성공의 기준(돈, 지위, 명예)을 잠시 내려놓고, 오직 여러분의 가슴을 뛰게 하는 '나만의 성공'을 선언할 차례이다. Step 1과 2를 바탕으로, 여러분의 삶을 통해 무엇을 이루고 싶은지 구체적인 문장으로 완성한다.

작성 예시

"나에게 성공이란, (내가 가진 지식과 경험을 나누는 것)을 통해 (다른 사람이 행복한 성공을 이루도록 돕는) 가치를 실현하며 사는 것이다."

● AI 꿀팁

나만의 성공 선언문을 만드는 것이 막막하시다면 ChatGPT 같은 AI에게 이렇게 질문해 보자. Step 1과 Step 2에서 찾은 여러분의 행복했던 순간 및 핵심 가치, 에너지의 원천을 AI에게 알려주면, 세상에 단 하나뿐인 멋진 문장을 선물 받을 수 있다.

AI 프롬프트 예시

"나는 내 인생의 핵심 가치와 나를 움직이게 하는 열정을 바탕으로 '나만의 성공 선언문'을 만들고 싶어.

Step 1 나의 핵심 가치
여기에 Step 1에서 찾은 가치 입력. 예: 성장, 나눔, 가족, 안정

Step 2 나의 에너지 원천
여기에 Step 2에서 찾은 활동 입력. 예: 사람들에게 나의 경험을 가르쳐 줄 때, 새로운 것을 배울 때

이 두 가지를 조합해서, AI에게 '나에게 성공이란, ○○○을 통해 ○○○ 가치를 실현하며 사는 것이다' 형식으로 감동적인 문장을 만들어 줘."라고 입력해서 제안받아 수정하면 된다.

● **나의 성공 선언문**

"나에게 성공이란, _____

(무엇을)을 통해 _____ (어떤)

가치를 실현하며 사는 것이다."

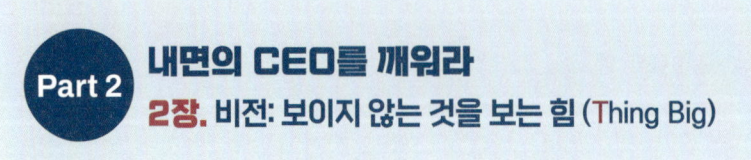

Part 2 내면의 CEO를 깨워라
2장. 비전: 보이지 않는 것을 보는 힘 (Thing Big)

"당신의 비전이 당신의 세계를 결정한다"

목적지 없이 떠나는 배는 항해가 아니라 표류다. 우리 인생도 마찬가지다. 막연히 '잘 살고 싶다'라는 마음만으로는 안개 속을 헤매는 것과 같다.

이 장에서는 뜬구름 같던 꿈을 붙잡아 현실의 땅에 뿌리 내리게 하는 '비전'의 힘에 관해 이야기하고자 한다. 비전이라는 선명한 등대가 어떻게 내 삶의 흔들리지 않는 항로가 되어주었는지, 그리고 거대한 목표를 매일의 작은 실천으로 바꾸어 내는 구체적인 방법을 나의 경험을 통해 나누고자 한다.

1. 꿈과 비전이 인생의 엔진이 된다

꿈과 비전이 삶을 변화시키는 힘

많은 사람이 인생이라는 망망대해에서 방향을 잃고 표류하듯 살아간다. 나침반도, 지도도 없이 그저 하루하루 파도에 몸을 맡긴다. 하지만 분명한 꿈과 비전이라는 등대를 가진 사람은 자신의 항해를 더욱 효율적으로, 그리고 즐겁게 설계할 수 있다.

꿈이란 단순한 희망 사항이 아니라 구체적인 목적지이며, 그곳에 도달하기 위한 항해 지도를 그리는 과정이 바로 비전이다. 같은 하루를 살아도 꿈이 있는 사람의 시간은 밀도가 다르다. 목표를 향해 가는 사람은 매 순간을 의미 있게 활용하고, 때로는 거친 파도와 싸우는 도전의 과정 자체에서 행복을 느낀다.

꿈은 우리 내면에 잠들어 있는 거인을 깨우는 강력한 동기부여 요소가 된다. 같은 일을 하더라도 꿈이 있는 사람은 거기에 더 큰 의미와 가치를 부여할 수 있다. 꿈이 없는 석공은 "나는 돌을 다듬고 있는데, 이 일은 등뼈가 휠 정도로 힘듭니다"라고 말하며 고된 노동에만 집중한다. 하지만 꿈이 있는 석공은 "나는 위대한 성당을 짓고 있습니다"라고 말하며 즐겁게 망치질한다.

꿈은 이처럼 자신의 노동과 삶에 깊은 의미를 불어넣어 우리의 태도와 행동을 바꾸고, 결과적으로 삶의 질을 끌어올리는 원동력이 된다.

꿈의 크기만큼 성장하는 삶

우리가 품는 꿈의 크기는 우리가 성장할 수 있는 범위를 결정한다. 세상에서 가장 웅장하게 하늘을 찌르는 세쿼이아(Redwood) 나무의 씨앗은 겨자씨처럼 작아 손바닥 위에 올려두면 바람에도 날아갈 듯한다. 이 작은 씨앗을 좁고 척박한 화분에 심는다면 아무리 공을 들여도 결국 1m 남짓한 작은 분재로 생을 마감한다. 하지만 이 씨앗이 광활한 숲의 토양에 깊이 뿌리내리고 수백 년의 비바람을 견디면, 기어이 100m가 넘는 거대한 나무가 되어 숲의 왕으로 우뚝 서게 된다.

씨앗의 크기가 나무의 크기를 결정하는 것이 아니다. 어떤 크기의 비전을 땅에 묻고 어떤 크기의 세상을 마음에 품느냐가 우리 잠재력의 한계를 정하는 것이다. 좁은 화분 속의 삶에 안주할 것인지, 아니면 거목이 될 강물 같은 꿈을 꿀 것인지, 그 선택은 오직 우리 자신에게 달려 있다. 우리가 품거나 마음먹은 '꿈의 크기'가 바로 우리 성장의 크기인 것이다.

우리의 삶도 마찬가지다. 특히 무한한 가능성을 지닌 청소년이나 젊은이들에게는 얼마나 큰 꿈을 꾸느냐가 미래를 결정짓는 중요한 열쇠가 된다. 우리는 종종 환경의 한계를 핑계 삼아 자신을 작은 어항 속에 가두곤 한다. 하지만 스스로 설정한 한계를 뛰어넘어 더 넓은 세계로 나아갈 때, 비로소 자기 잠재력을 온전히 발휘하며 꿈의 크기만큼 성장할 수 있다. 현실에 안주하지 말고, 더 큰 목표를 설정하고, 그것을 이루기 위해 끊임없이 도전해야 하는 이유다.

마음먹은 대로 이루어진다

에이브러햄 링컨은 척박한 환경 속에서도 강한 신념으로 꿈을 향해 나아갔다. 어떤 기자가 그에게 교육도 제대로 받지 못한 시골 출신으로 어떻게 변호사를 거쳐 대통령까지 될 수 있었냐고 묻자, 그는 이렇게 답했다. "내가 마음먹은 날, 이미 절반은 이루어진 것입니다."

목표를 확고하게 세우고, 그것을 향해 나아가는 사람은 결국 원하는 바를 이룰 수 있다. '시작이 반'이라는 우리 속담처럼, 목표를 정하고 '해보겠다'라고 마음먹는 그 순간이 목표 달성의 절반을 넘어선 것과 같다.

이는 단순한 정신력의 문제가 아니다. 마음가짐이 행동을 결정하고, 행동이 습관을 만들며, 그 습관이 결국 인생을 바꾼다는 삶의 원리를 보여준다. 꿈을 이루기 위해서는 먼저 자신을 믿고, 확신을 가지고 실천하는 것이 무엇보다 중요하다.

큰 사람이 되는 법

꿈은 크게 가져야 한다. 힐튼 호텔의 창립자 콘라드 힐튼은 "크게 생각하고, 크게 행동하고, 크게 꿈꾸어라"라고 말했다. 그는 5달러짜리 평범한 철 조각의 무한한 가능성을 예로 들었다. 그 철 조각이 말편자가 되면 10.5달러가 되고, 바늘이 되면 3,250달러, 시계의 부속품이 되면 무려 25만 달러로 그 가치가 뛰어오른다.

이것은 비단 철에만 적용되는 이야기가 아니다. 바로 우리, 사람에게도 똑같이 적용된다. 우리의 잠재력 또한 어떻게 다듬고 활용하느냐에 따라 천차만별의 가치를 만들어낸다. 그렇기에 크고 원대한 목표를 설정하는 것이 중요하다. 작은 목표에만 집중하면 우리의 가능성을 충분히 발휘할 수 없다. 더 크고 넓은 시야로 세상을 바라보며, 자신이 될 수 있는 최고의 모습을 그려야 한다. 그러기 위해서는 먼저 자신의 한계를 뛰어넘겠다는 용기 있는 다짐이 필요하다.

비전, 아직 보이지 않는 것을 미리 보는 것

디즈니랜드 개장식 날, 월트 디즈니는 이미 세상을 떠난 후였다. 행사장 연단에 오른 그의 아내에게 사회자가 안타까운 듯 말했다. "디즈니 씨가 이 광경을 직접 볼 수 있었다면 얼마나 좋았을까요?" 그러자 그녀는 미소 지으며 대답했다. "그분은 우리보다 먼저 이 모든 것을 보고 가셨답니다." 디즈니는 이미 오래전부터 머릿속으로 이

거대한 비전을 완성해 두었던 것이다.

비전이란 이처럼 아직 현실이 되지 않은 것을 마음의 눈으로 먼저 보고, 그것을 현실로 만들기 위해 준비하는 과정이다. 위대한 성취를 이룬 사람들은 대부분 보이지 않는 것을 먼저 보고, 그것을 실현하기 위해 행동에 나선 사람이다. 우리가 비전을 가질 때, 비로소 미래를 구체적으로 계획하고 흔들림 없이 나아갈 수 있다.

비전을 수립하고 실천하라

비전을 실현하기 위해서는 명확한 목표 설정과 꾸준한 실천이 반드시 뒤따라야 한다. 앞서도 소개한 하버드 로스쿨 석지영 교수는 그녀의 책 『내가 보고 싶었던 세계』에서 "같은 하버드대 교수라도 행복하지 않은 사람이 있을 것이다. 나를 설레게 하는 것이 무엇인지 찾는 것이 중요하다"라고 말하며, 자신을 가슴 뛰게 하는 비전의 중요성을 강조했다.

우리의 비전은 단순한 꿈이 아니다. 그것은 우리를 매일 아침 침대에서 일으켜 세우고, 가슴을 설레게 하며, 삶을 힘차게 움직이게 하는 강력한 동력이다. 꿈을 이루기 위해서는 먼저 자신의 비전을 명확히 설정하고, 그것을 달성하기 위한 구체적인 목표를 세워야 한다. 그리고 목표를 달성하기 위해 끊임없이 몰입하고 실천해야 한다. 이 과정이 반복될 때, 우리는 보다 의미 있고 행복한 삶을 살아갈 수 있다.

2. 목표가 없는 삶은 GPS 없는 여행이다

내 가게의 경영 철학과 비전

　2017년 아들이 군에 가기 전에 둘만의 추억 여행을 한 적이 있다. 영월 지역 여행을 하며 영월역앞 한 다슬기 해장국을 파는 식당에 들어갔다. 그 집엔 특별히 눈에 띄는 것이 있었다. 식당에 한쪽 벽에 "경영 이념", "사훈", "비전" 3개의 액자가 걸려 있었다. 다슬기 해장국 맛도 일품이었지만 무엇보다 그 가게에 대한 무한한 신뢰를 느꼈던 기억이 난다. 얼마나 확고한 자신의 경영 철학이 있기에 이러한 것을 만들어 액자로 붙여 놓았을까 라는 감탄과 함께 대단하다는 생각을 했었다. 그 액자를 보면서 이심전심으로 사장님의 마음이 느껴졌다. 즉 이 가게를 번성하게 하고 함께 일하는 사람들이 성공하도록 돕고 싶다는 진심을 읽을 수 있었다.

　나는 회사에서 새로운 팀의 팀장을 맡게 되면 꼭 하는 일이 있다. 팀원들과 함께 팀의 비전과 목표, 행동규범을 만드는 일이다. 그 이유는 팀원이 같은 꿈을 꾸고 같은 생각하면서 일했으면 해서였다. 비전은 조직원 모두 함께 만들어야 한다. 비전을 만드는데 본인이 직접 참여해야만 그 비전은 각자의 비전이 되기 때문이다.
　꿈이 있는 사람은 꿈이 없는 사람보다 강하게 동기 부여됨으로써 같은 일을 하더라도 훨씬 효과적이고 즐겁게 일을 한다. 이를 각 매장이나 가게에도 적용할 수 있을 것이다.
　매장의 멤버들이 함께 꿈을 꾸고, 서로의 목표에 대해 이야기하는 것이다. 혼자 꾸면 한낱 꿈에 지나지 않지만 함께 꾸면 현실이 된다는 말과 같이 서로의 꿈을 공유함으로써 서로 그 꿈을 이루는데 도움을 줄 수 있을 것이다. 나는 대리점 혁신팀장 시절에 "각 매장에 비전과 목표를 만들자"라고 외쳤던 기억이 있다. 작은 매장이라도 경영자나 지점장이 생각하는 우리 매장의 꿈과 비전, 경영 철학을 만들 필요가 있다. 왜 우리가 근무하고, 어떻게 근무하고, 어떤 가치를 고객에게 주려고 하는지 고민해 보면 좋겠다.

매장 경영자로서, 판매사원으로서 꿈과 비전을 만들어 보면 좋겠다. 매장의 목표를 달성하고 구성원이 동반 성장을 위해서는 공유된 꿈이 있어야 한다. 그 꿈을 글로 적어보자. 오너나 지점장으로서 내 매장은 어떤 핵심 가치를 가진 매장을 만들고자 하는지, 판매사원으로서 나는 어떤 모습이 되고자 하는지 정의해 보자. 그리고 매장의 가치관을 고객에게 알리는 것이 좋다.

인생이라는 비행기, 목적지가 있는가?

세계적인 동기부여 강사 브라이언 트레이시가 한국에서 강의하며 전한 핵심 메시지 중 하나는 바로 장기 목표의 중요성이었다. 그는 비행기를 예로 들어 설명했다. 그는 "강의를 위해 한국에 오는데, LA에서 인천으로 향하는 비행기에서 기장이 '고도 몇 km, 속도 몇 노트로 비행하여 몇 시 정각에 인천공항에 도착하겠습니다'라고 안내방송을 했다고 한다. 그래서 승객들 모두는 안심하고 여행을 즐겼다고 한다. 하지만 만약 기장이 '지금부터 대충의 속도로 날아서, 대충 아무 데나 내려 드리겠습니다'라고 말했다면, 승객들은 얼마나 불안과 공포에 떨었겠습니까?"라고 말했다.

비행기는 목적지를 향해 날아가는 동안 수시로 항로를 이탈했다가 다시 돌아오기를 반복하며 마침내 최종 목적지에 도착한다. 우리 인생도 마찬가지다. 명확한 비전과 목표가 없다면 그저 바람 부는 대로 떠도는 표류선과 다를 바 없다. 하지만 인생의 목적지를 명확히 설정하고 항해 지도를 그려놓는다면, 중간에 길을 잃고 방황하거나 거친 풍랑을 만나더라도 결국에는 원하는 항구에 닻을 내릴 수 있다.

여러분이라는 비행기는 지금 어디를 향해 날고 있는가? 혹시 목적지도 없이 안개 속에서 헤매고 있지는 않은가?

큰 목표를 작은 단위로 나누는 마법

많은 사람이 성공을 꿈꾸지만, 거대한 목표 앞에서 무엇부터 시작해야 할지 몰라 주저하다가 결국 포기하고 만다. 나 또한 그랬다. 하지만 수많은 책과 강연을 통해 성공한 사람들의 공통점을 발견했다. 그들은 장기적인 비전을 설정하고, 그것을 달성하기 위한 구체적인 단계별 계획을 세워 꾸준히 실천했다. '큰 목표를 이루는 가장 효과적인 방법은, 그것을 작은 단위로 나누고 매일 실천하는 것'이라는 단순한 진리를 몸소 증명해 낸 것이다. 목표를 실현하기 위해서는 거대한 10년짜리 목표를 5년, 1년, 월간, 주간, 그리고 일일 목표로 잘게 쪼개는 과정이 필수적이다.

10년→5년→1년→월간→주간→일일, 계단식 목표 관리법

① 10년 목표: 인생의 나침반 설정

'10년 후 나는 어떤 사람이 되어 있을까?', '내가 진정으로 원하는 삶의 모습은 무엇인가?'를 깊이 성찰하며 인생의 큰 그림을 그린다. 나의 경우 '행복경영 컨설턴트로서 강연과 책을 통해 사람이 행복한 성공을 하도록 돕는 사람'이라는 비전을 세웠다.

② 5년 목표: 중간 기착지 설정

10년 목표라는 최종 목적지에 가기 위한 구체적인 이정표를 세운다. '5년 안에 박사 학위를 마치고, 관련 분야 책을 3권 이상 출간하여 전문가로서 입지를 다진다'처럼 측정할 수 있는 중기 계획을 수립한다.

③ 1년 목표: 실행력의 핵심

장기 목표를 현실로 만들기 위한 가장 중요한 실천 단계다. '올해 안에 박사 논문을 완성한다', '유튜브 채널을 개설하여 정기적으로 콘텐츠를 올린다'와 같이 구체적이고 측정할 수 있는 목표를 설정한다.

④ 월간→주간→일일 목표: 작은 성공의 누적

연간 목표를 달성하기 위해 이번 달, 이번 주, 오늘 집중해야 할 과제를 명확히 한다. '아침 6시에 일어나 하루 계획하기', '1시간 독서하고 핵심 내용 정리하기' 등 매일의 작은 성공 경험이 쌓여 큰 목표를 이루는 단단한 토대가 된다.

목표 달성을 위한 지속적인 관리 시스템

계획을 세우는 것만큼이나 중요한 것이 그것을 꾸준히 관리하고 점검하는 것이다. 2008년, 나는 강규형 저자의 『성공을 바인딩하라』를 통해 '3P 바인더'를 만났다. 이 바인더는 내 인생의 항해일지이자 꿈을 관리하는 개인 전략 사령부와도 같았다. 장기 비전부터 일일 목표까지 체계적으로 정리하고 실행하도록 돕는 이 도구 덕분에, 나는 뜬구름 같던 목표들을 눈에 보이는 현실로 하나씩 바꾸어 나갈 수 있었다.

목표는 한 번 세웠다고 끝나는 것이 아니다. 살아 움직이는 생물처럼 계속해서 점검하고 수정하며 가꾸어 나가야 한다.

● 나만의 목표 관리 시스템 3단계

(1) 주간·월간 목표 점검하기

매주 일요일 저녁 30분은 '미래의 나와 갖는 회의 시간'이다. 지난 한 주의 목표 달성 여부를 점검하고, 실행하지 못한 일은 원인을 찾고 다음 계획에 반영한다.

(2) 시간을 기록하는 습관 들이기

매일 사용한 시간을 기록하고, 주기적으로 피드백을 남긴다. 이 기록들은 목표를 향한 나의 발자취가 되며, 진행 상황을 한눈에 파악하게 해준다.

(3) 목표 공개 선언과 피드백 받기

가족, 친구, 동료에게 나의 목표를 공유하여 일종의 '책임감'을 부여한다. 또한 멘토나 신뢰하는 사람에게 조언을 구하며 더 나은 방향으로 나아간다.

이처럼 장기 목표를 세우고 이를 지속적으로 관리하는 것이야말로 성공을 향한 가장 확실한 전략이다. 매일의 작은 목표를 달성하는 것이 모여 일주일의 성공이 되고, 그것이 쌓여 한 달, 일 년의 목표를 이루게 된다.

3. 비전은 글로 써야 현실이 된다

하버드 졸업생 3%가 증명한 '기록의 힘'

수많은 사람이 가슴속에 저마다의 꿈을 품고 살아가지만, 그 꿈을 현실로 만들어내는 사람은 극소수에 불과하다. 그 차이는 어디에서 올까? 미국 하버드 경영대학원의 유명한 연구가 답을 제시한다.

졸업생들을 대상으로 목표 설정 현황을 조사한 결과, 단 3%만이 명확한 목표를 글로 작성해 가지고 있었다. 13%는 목표는 있었지만 글로 적지는 않았고, 나머지 84%는 구체적인 목표 자체가 없었다. 10년 후, 그들의 삶은 놀라운 차이를 보였다. 목표를 글로 적지 않았던 13%는 목표가 없던 84%보다 평균 2배의 수입을 올렸다. 하지만 가장 놀라운 사실은, 목표를 글로 적었던 단 3%의 졸업생들은 나머지 97%의 사람보다 평균 10배 이상의 수입을 올리고 있었다는 점이다.

단순히 '글로 적었을 뿐'인데 만들어진 이 거대한 차이는 무엇을 의미할까? 목표를 머릿속으로 생각만 하는 것과 글로 적는 행위는 뇌에 전혀 다른 신호를 보낸다. 비전을 글로 적는 순간, 막연했던 희망 사항은 우리의 뇌가 인식할 수 있는 구체적이고 현실적인 목표로 각인되며, 그것을 성취하기 위한 무의식적인 행동까지 이끌어낸다.

아놀드 슈워제네거와 리 아이아코카의 글로 쓴 비전

역사 속 위대한 인물들은 기록의 힘을 몸소 증명했다. 20대 초반, 오스트리아에서 온 무명의 보디빌더였던 아놀드 슈워제네거는 자신의 목표를 종이에 적어 늘 가지고 다녔다.

'할리우드 최고의 영화배우가 되겠다',

'케네디 가문의 여인과 결혼하겠다',

'2005년까지 캘리포니아 주지사가 되겠다'.

당시로서는 허무맹랑하게 들렸던 그의 꿈에 사람들은 비웃음을 보냈다. 하지만 그는 매일 글로 적은 목표를 들여다보며 스스로에게 다짐했고, 하나씩 현실로 만들어 나갔다. 결국 그는 세계적인 영화배우가 되었고, 케네디 가문의 마리아 슈라이버와 결혼했으며, 목표했던 것보다 2년이나 빠른 2003년에 캘리포니아 주지사로 당선되었다.

자동차 산업의 전설, 리 아이아코카 역시 리하이 대학 시절 "나는 35세까지 포드 자동차 회사의 부사장이 되겠다"라는 명확한 목표를 벽에 붙여두고 매일 바라보았다. 1946년 포드에 입사한 그는 자신이 적어둔 목표를 이루기 위해 끊임없이 노력했고, 마침내 36세의 젊은 나이에 포드 자동차의 부사장 자리에 올랐다.

오타니의 만달라트 계획표

일본의 야구 천재 오타니 쇼헤이는 고등학교 1학년 때 자신만의 만다라트 계획표를 작성했다. 그는 메이저리그 진출이라는 큰 꿈을 이루기 위해 구체적인 실행 계획을 세워 시각화하였다. 가운데에는 '프로야구 선수'라는 최종 목표를 두고, 그 목표를 이루는 데 필요한 여덟 가지 세부 항목을 둘러싸도록 구성했다. 그 항목에는 체력, 정신력, 기술, 식습관, 생활 습관, 인간성, 팀워크, 영어와 같은 외국어 학습 등이 포함되었다. 그리고 각 항목마다 다시 세부 실행 과제를 나누어 적어, 일상에서 실천해야 할 행동이 무엇인지 명확하게 했다.

예를 들어 '체력'에는 근력 운동과 유연성 훈련, 몸의 회복 관리가 있었고, '기술'에는 투구 폼 교정, 직구와 변화구 훈련, 제구력 강화가 적혀 있었다. '인간성' 항목에는 감사하는 마음, 겸손한 태도, 타인에 대한 존중이 포함되어 있었다. 그는 단순히 야구 기술에만 집중하지 않고, 인간으로서 성장해야 할 부분까지 계획에 담았던 것이다.

이 만다라트 계획표는 오타니가 매일 점검하고 실행하는 지침이 되었고, 결국 그는 일본 프로야구를 넘어 메이저리그 최고의 투수이자 타자로 성장하는 성과를 이뤄냈다. 그의 사례는 막연한 비전이 아닌, 구체적이고 실행할 수 있는 목표를 어떻게 세워야 하는지를 잘 보여준다. 꿈은 그저 상상하는 것이 아니라 종이에 적고, 세부 과제로 나누어 실행할 때 비로소 현실이 된다는 것을 증명한 것이다.

나의 MBA 1등, SMART 원칙으로 현실이 되다

내 인생에서 '글로 쓴 목표'의 힘을 가장 짜릿하게 체험한 순간은 2007년 운 좋게 교육 대상자로 선발되어 사내 MBA 과정에 참여했을 때였다. 수많은 경쟁자 속에서 최고의 성과를 내기 위해선 단순한 열심만으로는 부족하다는 것을 깨달았다. 나는 입학식 날 집에 돌아오자마자 다짐을 담아 종이에 글을 썼다. 그때 나는 내 목표를 구체적으로 설계하기 위해 SMART 원칙이라는 도구를 꺼내 들었다.

막연했던 '1등 졸업'이라는 목표를 이 원칙에 따라 안방 문에 붙일 종이에 다시 써 내려갔다.

Specific (구체적으로): 그냥 1등이 아니라, '프로젝트 평가 최우수상과 전체 1등 졸업'이라는 명확한 목표를 세웠다.

Measurable (측정할 수 있게): 매월 치러지는 시험에서 '평균 85점 이상'을 유지하고, 매일 수업해서 '반드시 질문을 2회 이상하겠다.'로 정했다.

Achievable (달성할 수 있게): 당시 제 업무량과 주말 수업 일정을 고려했을 때, 매일 4시간 공부는 불가능했다. 대신 '매월 시험 전에 독서실에서 시험 공부한다, 평일 출퇴근길 2시간은 무조건 복습 시간으로 활용한다'라는 현실적인 계획을 세웠다.

Realistic (현실적으로): 바로 1등을 하겠다는 생각 대신, '첫 시험에서는 상위 10% 안에 들고, 점차 순위를 올려 마지막 학기에는 1등을 한다'라는 단계적 목표를 설정했다.

Time-bound (기한을 정해서): 최종 목표는 명확했다. '1년 후 열리는 졸업식 날'까지.

이 목표를 쓴 종이를 매일 볼 수 있도록 바인더 표지 안쪽에, 그리고 안방 문에 붙여두었다.

물론 1년간의 과정은 쉽지 않았다. 격주 주말 수업과 매월 치러지는 시험, 연말에는 낯선 부서로 발령받아 새로운 업무까지 익혀야 했다. 육체적, 정신적 한계에 부딪힐 때마다 이 목표 종이의 글씨를 보며 마음을 다잡았다.

드디어 졸업식 날, MBA 과정에 대한 평가 결과가 발표되었다. 동상, 은상, 금상이 차례로 호명되는 동안 내 이름이 불리지 않아 심장이 철렁 내려앉았다. 하지만 사회자는 마지막으로 대상을 발표하며 내 이름을 불렀다. 나는 프로젝트 최우수상에 이어, 80명의 동기 중 전체 1등인 MBA '대상' 졸업생으로 선정되었다.

매일 아침 방문을 나설 때마다 보았던 이 구체적인 문장들은 제 행동을 지배했고, '자기 경영자'로서의 내 의지를 끊임없이 불태웠다. 결국 나는 1년 후, 내가 종이에 적었던 목표를 현실로 만들어냈다. 이 경험은 내 인생에서 목표 설정과 실천이 얼마나 중요한지를 일깨워주는 이정표가 되었다.

나의 사명과 비전

나는 글로 쓴 내 인생의 사명(Mission)과 비전(Vision)을 가지고 있다. 이것은 내 삶이라는 배가 나아갈 방향을 알려주는 등대와 같다. 독자들의 이해를 돕기 위해 40대 중반에 설정했던 나의 사명과 비전 일부를 공유한다.

① 나의 사명(Mission)

"나의 사명은 유통 전문가로서 사회에 공헌하고, 꿈과 열정을 나누며, 행복한 성공을 전파하는 사람이 되는 것이다. 이를 통해 나와 내 가족, 그리고 올바르고 성실하게 살아가려는 모든 이들이 조금 더 즐겁고 행복해지도록 돕는 삶을 살겠다."

② 나의 비전(Vision)

- 행복한 가정 경영자 (아내에게 존경받는 남편, 아이들이 닮고 싶은 아버지)
- 유통/리테일 전문가, 위대한 조직의 리더
- 꿈과 열정의 전도사, 행복한 성공을 전파하는 사람
- 사회에 봉사하며, 만나는 사람들에게 즐거움을 주는 사람

앞서 이야기했듯, 나는 '행복한 아버지 모임'에 참여하며 나의 비전 중 첫 번째인 '행복한 가정 경영자'를 최우선 순위에 두고, 행복한 가정을 만드는 데 가장 큰 노력을 기울이고 있다.

● 글로 쓴 목표가 기적을 이룬 다른 두 가지 경험

(1) 꿈과 열정의 전도사가 되다

'꿈과 열정의 전도사'라는 비전 역시, 그것을 마음에 품고 주변에 이야기하기 시작하자 놀라운 기회가 찾아왔다. 백화점 영업팀장으로 근무하던 시절, 나는 백화점 유통의 팀장들을 만날 때마다 '총각네 야채가게' 대표님을 만나 얻은 감동과 열정에 대해 자주 이야기했다. 그저 나의 경험을 나눴을 뿐인데, 어느 날 한 백화점의 팀장이 내게 뜻밖의 제안을 했다.

"정 팀장님, 우리 직원들에게 꿈과 열정에 대해 강의 한번 해주시겠습니까?"

직원들에게 동기부여가 필요하다는 그의 말에 나는 한 치의 망설임도 없이 수락했다. 나의 비전이 처음으로 현실이 되는 순간이었기 때문이다. 현대백화점 본점 매장 오픈 전 조회 시간, 50여 명의 직원들 앞에서 나는 '꿈과 열정'이라는 주제로 나의 이야기를 풀어놓았다. 처음에는 어색해하던 직원들의 눈빛이 점점 반짝이기 시작했고, 고개를 끄덕이며 공감하는 모습에 나 또한 가슴이 벅차올랐다. 강의를 마치며 나는 이렇게 말했다.

"여러분은 단순히 물건을 파는 직원이 아닙니다. 고객에게 최고의 경험을 제공하는 전문가입니다. 스스로 꿈을 가지고 열정을 다한다면, 이곳은 단순한 직장이 아니라 여러분의 성장과 성공을 위한 무대가 될 것입니다."

강의가 끝난 후, 몇몇 직원들이 다가와 감사의 인사를 전했다. 그들의 진심 어린 피드백은 나에게 더 큰 확신을 주었다. 이날의 경험은 내가 꿈꾸던 '꿈과 열정의 전도사'로서 내디딘 첫걸음이었고, 이후 나는 더 많은 사람에게 긍정적인 영향을 미치기 위해 기회가 닿는 대로 나의 이야기를 나누게 되었다.

(2) 마술로 사람들에게 즐거움을 주는 사람

내성적인 성격 탓에 늘 관계에 대한 고민이 많았던 내게, 마술은 새로운 세상의 문을 열어주었다. 우연히 조카가 보여준 마술에 매료된 나는 곧바로 인터넷에서 마술 도구를 사서 연습하기 시작했다. 마술은 희귀성이 있고 누구나 신기해하기에, 사람들과의 관계를 여는 최고의 도구가 될 것이라 확신했다.

나는 직장인 마술 동호회에 가입해 실력을 키웠고, 총무를 맡고 있던 고등학교 동창회 송년회에서 마술 공연을 시작했다. 매년 새로운 마술 10여 개를 준비해 선보였고, 10년이 넘게 이어진 덕분에 이제는

50가지가 넘는 마술을 할 수 있게 되었다. 덕분에 밋밋했던 송년회는 동창 가족 모두가 손꼽아 기다리는 특별한 파티가 되었다.

마술을 배우면서 '200명 이상이 모인 큰 무대에서 공연해 보고 싶다'는 새로운 꿈도 생겼다. 그리고 그 꿈은 2011년, 250여 명의 관리자가 모인 회사 관리자 전진대회에서 현실이 되었다. 장기자랑 시간에 마술을 해보지 않겠냐는 제안을 받았을 때, 예전의 나라면 주저했겠지만, 비전을 품고 자신감을 키운 나는 기꺼이 그 기회를 잡았다. 비록 작은 실수도 있었지만, 많은 동료가 내 마술을 즐겨주었고, 그 무대를 통해 나 자신을 확실히 알릴 수 있었다.

마술을 시작한 이후, 나는 온라인 닉네임을 '즐거운 마술사'로 바꾸어 활동했고, 지금도 '해피매지션'이라는 닉네임으로 활동하고 있다. 언제나 남을 즐겁게 하면서 나도 함께 즐거운 사람이 되고 싶다는 나의 비전이 담겨있다. 낯선 사람을 만나는 자리에는 마술 도구를 가져가서 마술을 보여주고, 마술도구를 선물하고 방법을 가르쳐준다. 마술은 내게 단순한 기술이 아니라, 행복과 즐거움을 전파하고 사람들의 마음을 여는 최고의 무기가 되었다.

● 비전보드(보물지도): 목표를 시각화하라

비전을 글로 적는 것에서 한 걸음 더 나아가, 그것을 이미지로 시각화하는 과정은 목표 달성에 강력한 추진력을 더한다. '비전보드' 또는 '보물지도'라고 불리는 이 도구는 내가 이루고 싶은 목표를 이미지와 문장으로 구성하여 한눈에 볼 수 있도록 만든 것이다. 나는 모치즈키 도시타카의 책 『보물지도』를 읽고 나의 보물지도를 만들었다. 예를 들어 '베스트셀러 작가'가 꿈이라면, 보물지도라 이름 붙인 보드판을 사고, 되고 싶은 작가의 멋진 이미지를 찾아 붙이고, 그 옆에

'2025년 베스트셀러 1위 달성!'이라고 적어 붙이는 식이다.

뒤쪽 워크시트에 비전보드(보물지도) 만드는 6단계를 자세히 설명해 놓았다. 꼭 여러분 각자의 비전보드를 만들어보기 바란다. 나 역시 개인, 가족, 일, 사회적 목표 네 가지 영역으로 나누어 보물지도를 만들어 안방 벽에 붙여두고 수시로 본다. 보물지도를 계속해서 바라보면, 온몸의 세포가 그 꿈을 향해 움직이는 듯한 강력한 동기부여를 받게 된다.

● **Vision-map: 목표를 더 구체적으로 세분화하는 도구**

나는 보물지도 외에도 'Vision-map'을 만들어 수시로 보며 목표를 관리하고 있다. 이 도구는 목표를 더욱 구체적으로 세분화하는 장점이 있다. 동그란 원의 정중앙에 내 이름을 쓰고, 그 외곽에 더 큰 원을 그린다. 이 원을 5개의 칸으로 나누어 각각 '건강/정신/자기계발 목표', '가족/가정 목표', '경제적 목표', '일 목표', '사회적 목표'로 구분한다.

그 다음, 그 원 바깥쪽에 다시 더 큰 원을 그려 각각 3개의 작은 선을 긋고 소항목의 제목을 쓴다. 예를 들어 '가족/가정 목표'에는 '함께 여가생활 하기', '행복한 아버지 되기', '가족 간 소통하기'를 적는 것이다. 이렇게 하면 총 15개의 소항목이 생기고, 각 소항목마다 3~5개의 작은 목표를 더 구체적으로 작성한다. Vision-map은 비전 목표를 더욱 세분화하여 실천 가능성을 높이는 효과적인 도구가 되어준다. 뒤 2장 워크시트에 내 Vision-map 양식을 붙여 놓았으니 참고하기 바란다.

● **버킷 리스트: 삶을 채워가는 100가지 꿈의 목록**

비전보드와 비전맵이 삶의 큰 방향성을 제시하는 도구라면, '버킷 리스트'는 그 길을 걸으며 경험하고 싶은 소중한 순간들을 기록하는 구체적인 행동 목록이다. 나는 100가지의 버킷 리스트를 작성하고 매년 수정하며 관리하고 있다.

내 버킷 리스트는 세로로 긴 종이 한 장에 왼쪽 50개, 오른쪽 50개씩 총 100개의 목록으로 구성되어 있다. 각 항목에는 번호, 꿈의 내용, 구분(개인/가족/일/학습/여행 등), 목표 기한, 그리고 달성 여부를 체크하는 칸이 있다. 이미 이룬 꿈은 동그라미로 표시하여 눈에 띄게 하고, 올해 안에 꼭 이루고 싶은 버킷 리스트는 노란색으로 강조하여 목표 달성에 대한 의지를 다진다.

지금까지 나는 100개의 버킷 리스트 중 대략 50개를 달성했다. MBA 1등 졸업, 박사 학위 취득, 1년에 동영상 콘텐츠 50개 제작 등이 그 성과들이다. 앞으로 남은 절반의 목록도 반드시 이루어낼 것이다. 수영 배우기, 동유럽 자동차로 한 달 여행하기, 아내에게 타이 마사지 배워 직접 해주기 등 다소 힘든 항목도 있지만 소소하지만 행복한 경험들을 하나씩 채워 나갈 것이다.

이처럼 버킷 리스트는 단순한 희망 목록이 아니다. 이는 삶의 목표를 구체적으로 시각화하고, 매일매일 열정적으로 살아갈 동기를 부여하는 강력한 도구이다. 여러분도 자신만의 버킷 리스트를 만들어 삶의 페이지를 행복한 경험으로 가득 채워 나가면 좋겠다. 뒤 2장 워크시트에 내 버킷리스트 양식도 붙여 놓았으니 참고하기 바란다.

● 목표 공표의 놀라운 힘

목표를 세우고 글로 적었다면, 이제 마지막 단계는 그것을 주변에 공표하는 것이다. 나는 내 목표를 가족, 친구, 동료들에게 이야기한다. "나는 2025년까지 박사 학위를 취득할 것이다.", "나는 올해 책을 8권 쓸 것이다."

나의 꿈을 다른 사람에게 말하는 순간, 그 꿈은 더 이상 나 혼자만의 것이 아니게 된다. 주변 사람들은 나를 응원하고 때로는 따끔한 피드백을 주기도 한다. 그 과정에서 생기는 약간의 부담감과 책임감이 나 자신을 더 채찍질하게 만든다. 목표를 공표하면 그것을 달성할 확률이 비약적으로 높아진다.

● 목표를 현실로 만드는 방법

목표를 설정하고 선언하는 것만으로는 부족하다. 그것을 현실로 만들기 위해서는 다음과 같은 추가적인 방법이 필요하다.

(1) 목표나 꿈을 글로 적고 구체화한다.

앞서 말한 대로 미국 하버드대 연구에 따르면, 목표를 글로 적은 사람들은 그렇지 않은 사람들보다 10배 높은 성공 확률을 보였다. 목표를 한 문장으로 만들고, 그 문장을 매일 반복해서 글로 쓴다.

(2) 비전보드(보물지도)를 만들어 시각화한다.

목표를 시각적으로 표현하고, 매일 볼 수 있는 곳에 붙여 놓고, 매일 반복해서 본다. 그러면 무의식이 그 목표를 더 인식하게 된다.

(3) 녹음하여 반복적으로 듣는다.

자신의 목표를 녹음한 후 반복해서 들으면, 무의식이 이를 더욱 강하게 받아들인다.

(4) 명령, 선언, 공유의 원리를 활용한다.

마치 군대에서 명령을 내리는 것처럼, 자신에게 매일 다짐하고 강력한 지시를 한다. 내 목표와 선언 글을 강연이나 글을 통해 공유하여 남에게 알리고 선언한다. 이런 방법들을 적용하면 목표와 현실 사이의 시차를 줄일 수 있을 것이다.

4. 미래, 상상하고 준비하는 자의 것이다

미래일기로 미래를 창조하라

　미래는 저절로 다가오는 것이 아니다. 미래를 준비하는 사람만이 원하는 삶을 살아갈 수 있다. 그렇다면, 미래를 가장 효과적으로 준비하는 방법은 무엇일까? 나는 그 답을 미래일기 작성에서 찾았다. 미래일기는 특정 시점에서 자신의 삶이 어떻게 변화했을지를 상상하며 기록하는 것이다.

　개그우먼 조혜련은 자신의 꿈을 이루려는 방법으로 미래일기를 작성했다고 한다. 그녀는 미래일기를 작성하면서 자신의 목표를 구체화하고, 그 목표를 실현하기 위해 노력했다. 그 결과, 일본 영화 주연으로 캐스팅되거나, 중국어로 강연하는 등의 성과를 이루었다. 그녀는 이러한 경험을 바탕으로 『미래일기』라는 책을 출간하여, 자신의 체험과 미래일기 작성법을 독자들에게 공유했다.

　나 역시 과거에 5년, 10년 후 나의 모습을 상상하며 미래일기를 작성한 적이 있다. 당시에는 막연한 희망 속에서 적었지만, 시간이 지나면서 현실이 된 부분이 많았다. 내가 상상한 미래는 결국 나의 현재를 움직이게 하는 강력한 원동력이 되었다.

퇴직 후 삶을 대비하는 철저한 미래 준비

　나의 미래 준비 사례를 소개한다. 나는 퇴직을 앞두고 책이나 유튜브를 보면서 퇴직 이후의 모습을 그렸다. 미래에 어려움을 최소화하기 위해 미리 퇴직 후 어떤 어려움이 있는지 확인하고자 했다.

　일반적으로 퇴직 후 많은 사람이 겪는 어려움은 다음과 같았다.
　① 명함이 사라진다 – 사회적 정체성이 흐려진다.

② 대출이 어려워진다 – 금융기관의 신용 평가가 달라진다.
③ 갈 곳이 없다 – 일터가 사라지며 관계도 축소된다.
④ 고정적인 수입이 끊긴다 – 생활 패턴에 변화가 온다.

나는 이러한 문제를 미리 대비하고 싶었다. 그래서 내가 처한 시기와 상황에서 무엇을 준비해야 할지 알고 싶었다. 나는 책을 읽다가 내 회사와 라이벌 회사에 나와 같은 커리어를 가진 분이 있다는 것을 알게 되었다. 그분은 매장을 육성하는 일의 전문가이고, 경영지도사를 취득하고, 책을 쓴 작가였다. 책에 적혀 있는 이메일 주소로 연락하여 만남을 청했다.

그분을 그분 집 근처인 광화문에서 만나 식사하며 나의 상황을 말씀드리고 내가 무엇을 준비해야 하는지 물었다. 그분은 나에게 컨설팅하고 싶다면 학위를 따라고 했다. 본인이 대기업에서 일한 유통 전문가이고, 경영 지도사 자격증과 저자라는 타이틀이 있었지만 학위가 없으니 일을 하기 힘들었다고 한다.

그분의 조언을 듣고 나는 아내를 설득하여 56세에 석사 과정을 시작했다. 석사 과정을 마치고 다시 박사 과정을 거쳐 60세에 박사학위를 받아 컨설턴트로 활동할 계획을 세우고 있다. 또한, 지금까지 살아오면서 쌓아온 경험과 배운 내용을 책으로 정리하고, 이를 바탕으로 강연 활동을 이어갈 예정이다.

내가 미래를 생각하고 미리 준비하지 않았다면 어땠을까? 나는 미래를 대비하기 위해 퇴직 전부터 적극적으로 준비를 시작했고, 퇴직 후에는 AI공부, 책 쓰기, 여행 글쓰기, 강연과 컨설팅을 통해 새로운 인생의 장을 열어가고 있다.

미래는 저절로 만들어지는 것이 아니다. 그것은 현재의 선택과 행동에 의해 결정된다. 미래를 준비하는 가장 좋은 방법은 미리 상상하고, 준비할 것을 글로 적고, 적은 것을 바로 행동으로 옮기는 것이다.

2장 자기 경영 워크시트: 인생의 항로 그리기

● **꿈을 현실로 만드는 비전 설계도**

목적지 없이 떠나는 배는 항해가 아니라 표류이다. 막연한 꿈을 붙잡아 현실의 땅에 뿌리 내리게 하는 구체적인 설계도가 바로 '비전'이다. 이 워크시트는 여러분의 가슴 깊은 곳에 숨겨진 핵심 가치를 발견하고, 그것을 사명과 비전, 그리고 구체적인 목표로 연결하여 흔들리지 않는 인생의 항로를 설정하도록 안내한다.

Step1. 나의 핵심 가치 발견하기

여러분이 인생에서 절대로 포기할 수 없는, 가장 소중하게 생각하는 가치는 무엇인가. 아래 목록을 참고하여 여러분의 핵심 가치 5가지를 우선순위대로 적는다.

가치 목록 예시

성장, 안정, 사랑, 자유, 공헌, 건강, 신뢰, 정직, 열정, 도전, 행복, 평화, 성취, 영향력, 창의성, 성실, 최고, 성공, 긍정, 학습, 관계, 재미, 감사, 책임, 용서, 모험, 지혜, 배려, 아름다움, 유머, 용기, 겸손, 질서

● **나의 핵심 가치 TOP 5**

1. _____ 2. _____ 3. _____ 4. _____ 5. _____

Step2. 나의 사명(Mission) 선언문 작성하기

핵심 가치는 여러분이 '어떤 사람'으로 살고 싶은지를 알려준다. 사명은 그 가치를 바탕으로 세상에 '무엇을' 기여하며 살 것인지를 정의한다.

● AI 꿀팁

자신만의 사명 선언문을 만드는 것이 막막하시다면 ChatGPT 같은 AI에게 도움을 요청해 보자. AI에게 여러분의 핵심 가치와 세상에 기여하고 싶은 방향을 알려주면, 가슴을 뛰게 하는 사명 선언문을 만드는 데 큰 영감을 얻을 수 있다.

AI 프롬프트 예시

"나는 나의 핵심 가치들을 바탕으로 '나의 사명 선언문'을 만들고 싶어.

- **나의 핵심 가치:** 여기에 Step 1에서 찾은 가치 입력. 예: 성장, 공헌, 행복, 나눔
- **세상에 기여하고 싶은 방향:** AI에게 여러분이 기여하고 싶은 분야나 대상을 입력. 예: 나의 경험과 지혜를 나누어 사람이 행복한 성공을 이루도록 돕고 싶다.

이 내용들을 조합해서 AI에게, '나는 ○○○가치를 바탕으로, ○○○을 통해 세상에 ○○○ 기여를 하는 삶을 살겠다'라는 형식으로, 감동적이고 강력한 사명 선언문을 만들어 줘."라고 입력한다.

작성 예시

"나는 (성장, 공헌이라는 핵심 가치)를 바탕으로, (내가 먼저 실행하며 배운 행복 경영의 지혜를 나누어) 세상에 (사람들이 자신만의 행복한 성공을 이루도록 돕는) 기여를 하는 삶을 살겠다."

● 나의 사명 선언문

"나는 _____ (나의 핵심 가치)을/를 바탕으로,
_____ (무엇을)을/를 통해 세상에
_____ (어떻게) 기여하는 삶을 살겠다."

Step3. 나의 장기 비전(Vision) 그리기

10년 후, 여러분이 꿈꾸는 최고의 하루를 영화의 한 장면처럼 생생하게 묘사한다. 구체적으로 상상할수록 비전은 현실이 될 강력한 힘을 갖는다.

작성 예시

- **언제/어디서:** 2035년 어느 가을날 오전, 햇살이 잘 드는 나의 서재에서
- **누구와:** 사랑하는 아내와 함께 커피를 마시며 무엇을 하며: 막 출간된 내 열 번째 책에 대한 독자들의 서평을 읽으며, 오후에 있을 대학 강연 자료를 검토하고 있다.
- **어떤 감정을 느끼며:** 평온함, 감사함, 그리고 새로운 지적 도전에 대한 설렘을 느끼고 있다.

● **10년 후, 내 최고의 하루**

- 언제/어디서 : _____

- 누구와 : _____

- 무엇을 하며 : _____

- 어떤 감정을 느끼며 : _____

Step4. 비전을 구체적인 목표로 나누기

거대한 10년 비전을 현실로 만들기 위해, 목표를 작은 단위로 쪼개는 과정이 필수적이다. 10년 후의 모습을 기준으로 역산하여 5년, 1년, 그리고 당장 이번 달의 목표를 구체적으로 설정한다.

작성 예시

- **5년 후 목표:** 박사 학위를 취득하고, '행복 경영' 분야의 책을 3권 이상 출간하여 전문가로 자리매김한다.
- **1년 후 목표:** 박사 논문을 완성하고, 유튜브 채널을 개설하여 주 1회 관련 콘텐츠를 업로드한다.
- **이번 달 목표:** 논문 3장 초고를 마무리하고, 유튜브 채널 기획안을 작성한다.

● **나의 계단식 목표 설정**

5년 후 목표:

1년 후 목표:

이번 달 목표:

이번 주 목표:

Step5. 보물지도(비전보드) 설계하기

이제 글로 적은 여러분의 꿈을 시각화할 차례다. 머릿속으로 상상만 했던 미래의 모습을 구체적인 이미지와 문장으로 표현해 보자.

1. 보드 준비하기

보물지도를 그릴 보드를 준비한다. 가로 50cm, 세로 30cm 정도의 액자형 보드나 두꺼운 종이가 좋다. 보드는 여러분의 꿈을 담을 캔버스이다.

2. 행복한 나를 보드 중심에 두기

보드의 가장 중앙에 환하게 웃고 있는 여러분의 사진을 붙인다. 보물지도의 주인공은 바로 여러분 자신이다. 사진을 보며 꿈을 이룬 여러분의 행복한 모습을 상상해 보자.

3. 꿈과 비전의 영역 나누기

여러분의 삶을 '개인', '가정', '직업', '사회' 등 여러 영역으로 나누고, 각 영역에서 이루고 싶은 꿈과 목표를 명확하게 글로 적어본다. 이 과정은 삶의 균형을 잡는 데 도움이 된다.

4. 꿈을 상징하는 이미지와 문장 추가하기

각 영역의 목표를 시각적으로 표현할 이미지와 글을 준비한다. 잡지, 신문, 인터넷에서 목표에 부합하는 사진을 오려내거나 인쇄한다. 예를 들어, '전원주택에서 살기'가 꿈이라면, 살고 싶은 집 사진을 찾아 오려 붙인다. 이미지 옆에는 "2030년 12월 31일, 전원주택에서 가족과 함께 크리스마스 파티를 즐기고 있다"와 같이 목표를 이룬 날짜와 함께 현재형 문장으로 구체화한다.

5. 매일 볼 수 있는 곳에 보드 두기

완성된 보물지도를 책상 앞이나 안방 벽처럼 여러분의 눈에 가장 잘 띄는 곳에 걸어둔다. 지도를 자주 볼수록 잠재의식 속에 꿈이 더욱 깊이 새겨진다.

6. 매일 꿈을 향해 다짐하고 행동하기

아침에 일어나서, 그리고 잠들기 전에 보물지도를 보며 목표를 되새긴다. 머릿속으로 꿈을 이룬 미래의 모습을 생생하게 상상하고, 그 꿈을 현실로 만들기 위한 오늘의 다짐을 마음속으로 외쳐 보자.

Step6. Vision-Map 그리기

다음 장은 나의 비전맵 예시이다. 파워포인트를 활용하여 이런 형태의 비전맵을 만들고 수시로 보기 바란다.

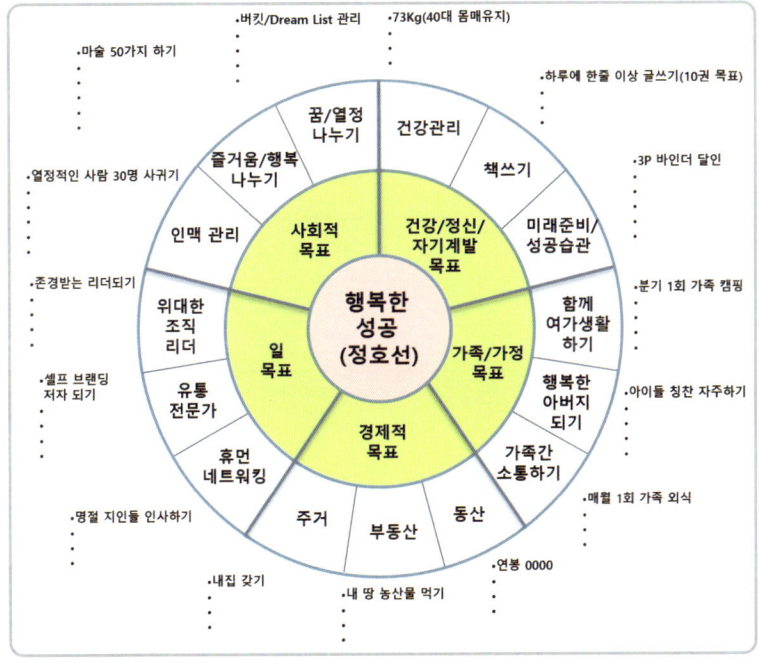

Step7. 버킷 리스트 관리하기

다음 장은 나의 버킷 리스트 예시이다. 엑셀을 활용하여 이런 형태의 자신의 버킷 리스트를 만들고 관리하기 바란다.

정호선의 버킷 리스트
(2025년 1월 1일 업데이트)

번호	꿈	구분	기한	달성
1	LG MBA 1등 졸업	학습	08년	○
2	유통 관리사 자격증 취득	학습	10년	○
3	웃음치료, 레크레이션 지도 취득	학습	10년	○
51	중국/호주/태국 가족 여행	여행	12년	○
52	터키 가족 여행	여행	14년	○
53	필리핀 골프 여행	여행	17년	○

3장. 긍정: 불황에도 살아남는 사람들의 비밀
(Act Positive)

"긍정은 재능이 아니라 기술이다"

모든 위대한 여정은 생각의 작은 전환에서 시작된다. 아무리 좋은 지도와 나침반이 있어도, '나는 할 수 없다'는 생각에 사로잡혀 있다면 단 한 걸음도 뗄 수 없다. 인생이라는 자동차의 시동키는 바로 '긍정'이다.

이 장에서는 실패와 좌절이라는 어둠 속에서 나를 다시 일으켜 세운 긍정적인 생각의 힘에 대해 이야기하고자 한다. 환경을 탓하기 전에 나를 바라보는 관점을 바꾸는 법, 불가능의 벽 앞에서 가능성의 문을 찾아내는 긍정적 사고의 비밀을 나눌 것이다. 이것은 행동의 기술이 아닌, 모든 행동을 가능하게 만드는 마음의 기술에 관한 이야기이다.

1. 긍정적 사고가 삶을 바꾼다

생각의 프리즘이 현실의 색깔을 결정한다

"말이 씨가 된다"는 속담은 그저 오래된 격언이 아니다. 그것은 우리의 생각과 언어가 현실을 창조하는 강력한 원리임을 압축적으로 보여주는 삶의 지혜이다. 일본의 에모토 마사루 박사는 그의 저서 『물은 답을 알고 있다』를 통해 이 원리를 과학적으로 증명해 보였다. 물에게 "고맙습니다"라고 말하면 아름다운 다이아몬드 모양의 육각형 결정이 만들어지지만, "바보야"라고 욕하면 일그러진 흉한 모습으로 얼어붙는다는 것이다.

우리 몸의 70% 이상이 물로 이루어져 있다는 사실을 생각하면 이는 더욱 의미심장하게 다가온다. 우리가 내뱉는 말과 마음에 품는 생각 하나하나가 내 몸의 60조 개 세포에 그대로 전달된다. 우리 몸의 세포 하나하나에 각인되며, 삶 전체를 조각해 나가는 것이다.

국내 한 TV 프로그램에서 진행한 콩나물과 밥 실험 역시 같은 결과를 보여주었다. "사랑해"라는 말을 들은 콩나물은 튼튼하게 자랐지만, "미워"라는 저주를 들은 콩나물은 상대적으로 작게 자랐다. "고마워"라는 따뜻한 말을 들은 밥은 구수한 누룩이 되었지만, "짜증나"는 차가운 말을 들은 밥은 검은 곰팡이가 피어 악취를 풍겼.

이 실험들이 우리에게 던지는 메시지는 명확하다. 긍정의 언어는 생명을 살리고, 부정의 언어는 모든 것을 파괴한다는 것이다. 우리가 스스로에게 건네는 내면의 목소리, 가족과 동료에게 무심코 던지는 말 한마디가 그들의 삶 뿐만 아니라 궁극적으로 나의 삶을 결정짓는다는 사실을 기억해야 한다.

감옥과 수도원을 가르는 단 하나의 기준

일본 최고의 경영자로 존경받는 마쓰시타 고노스케는 말했다. "감옥과 수도원은 세상과 고립되어 있다는 공통점이 있다. 그러나 불평을 하느냐, 감사를 하느냐의 차이가 있을 뿐이다. 감옥이라도 감사하면 수도원이 될 수 있다." 이 말처럼, 우리를 둘러싼 환경 자체가 우리를 행복하게 하거나 불행하게 만드는 것이 아니다. 동일한 상황을 어떤 생각의 틀로 바라보느냐에 따라 우리의 삶은 감옥이 되기도 하고, 수도원이 되기도 한다.

마쓰시타 고노스케는 자신의 성공 비결을 역설적으로 세 가지 역경 덕분이라고 말했다. 첫째, 가난했기에 부지런히 일하는 법을 배웠다. 둘째, 몸이 약했기에 건강의 소중함을 알고 꾸준히 운동할 수 있었다. 셋째, 배우지 못했기에 세상 모든 사람을 스승으로 삼을 수 있었다.

그는 자신에게 닥친 시련을 불평의 대상으로 삼지 않고, 성장의 발판으로 재해석하는 긍정의 힘을 가졌기에 위대한 기업가로 우뚝 설 수 있었다. 1914년 12월의 토머스 에디슨 이야기는 더 극적이다. 67세의 그는 평생의 연구 자료와 발명품이 담긴 실험실이 화재로 잿더미가 되는 것을 지켜봐야 했다. 절망할 법한 상황에서 그가 외친 말은 놀라웠다. "고맙다! 내 모든 실수와 실패가 타버렸으니, 이제 깨끗한 마음으로 새출발할 수 있겠구나!" 그는 이 참사를 새로운 기회로 받아들였고, 불과 3주 만에 최초의 축음기를 발명하며 화려한 재기를 했다.

에디슨의 사례가 보여주는 진실은 명확하다. 실패는 사건 자체에 있는 게 아니라, 그것을 해석하는 우리 마음에 있다는 것이다.

시련 속에서 길어 올린 삶의 지혜

앞선 장에서 이야기했듯, 내 인생에는 두 번의 큰 시련이 있었다. 중학교 3학년 때의 갑작스러운 아버지의 죽음과 40대 중반에 회사에서 겪었던 징계로 인한 좌절이 그것이다. 하루아침에 가장을 잃고 가난과 마주해야 했던 소년 시절, 그리고 잘나가던 직장 생활에서 한순간에 밀려나 모든 것을 잃었다고 생각했던 중년의 위기는 나를 절망의 나락으로 떨어뜨렸다.

하지만 시간이 흐른 뒤 깨닫게 된 것은, 그 혹독한 시련이 나를 더 단단하고 강한 사람으로 만들었다는 사실이다. 아버지의 부재는 내게 깊은 책임감을, 가난은 포기하지 않는 끈기를, 회사에서의 좌절은 성공의 의미를 되돌아볼 성찰의 시간을 선물했다.

이런 경험을 통해 내 가슴에 새겨진 두 가지 인생 원칙이 있다. 첫째, 삶을 바라보는 태도가 삶의 품질을 좌우한다. 똑같은 환경에서도 부정적인 시각은 우리를 무력감의 늪에 빠뜨리지만, 긍정적인 관점은 새로운 가능성의 문을 활짝 연다. 둘째, 실패는 좌절이 아니라 다음 단계로 도약하기 위한 배움의 계단이다. 나는 실패 앞에서 주저앉는 대신 '이번 실패에서 무엇을 얻었는가?'를 스스로에게 물었다. 이 질문이 내 삶을 바꾸는 핵심 열쇠가 되었다.

실패를 두려워하지 않는 태도

우리는 실패하는 것을 몹시 두려워한다. 하지만 실패야말로 성장의 필수 영양분이다. 나 역시 직장에서 크고 작은 실수를 했고, 투자에서 쓰라린 손실을 맛봤다. 그럼에도 그 경험들에서 얻은 배움이 훨씬 컸다.

한번은 퇴직연금을 한국과 미국 주가를 추종하는 ETF에 투자했다가 큰 손해를 본 적이 있다. 장기적으로 안정적일 거라 믿고 투자했는데, 불과 한 달 만에 주가가 폭락했다. 주식 초보였던 나는 공포에 휩싸여 가장 저점에서 손절매했다. 지금 생각하면 계속 보유했다면 손실을 만회했을 텐데 말이다. 처음엔 후회와 자책으로 밤잠을 설쳤다. 하지만 그 뼈아픈 경험 덕분에 투자에 대한 깊은 이해와 학습의 필요성을 깨달을 수 있었다. 실패 없이는 절대 배울 수 없었을 소중한 교훈이었다.

실패는 인생을 망치는 독이 아니라, 더 나은 선택을 하도록 도와주는 명약이다. 실패를 통해 우리는 한 걸음 더 성장하고, 더 큰 도전을 감행할 용기를 얻는다.

나는 늘 "사는 대로 생각하지 말고, 생각하는 대로 살아라"라는 신념을 품고 살아간다. 만약 과거의 시련 앞에서 부정적인 생각에 사로잡혔다면, 지금의 나는 존재하지 않았을 것이다. 긍정적 사고는 현실을 외면하는 맹목적 낙관주의가 아니다. 현실을 정확히 직시하되, 그 안에서 최선의 해결책을 찾아 나서는 능동적인 삶의 자세다.

2. 스스로 긍정 자기 선언을 하라

말로 나를 다시 창조하는 마법

생각이 현실을 만드는 과정에서 '말'은 가장 강력한 촉매제 역할을 한다. 내면의 생각이 입을 통해 소리로 나오는 순간, 그것은 더 이상 막연한 상상이 아닌 구체적인 의지가 되기 때문이다. 내가 반복적으로 내뱉는 말은 내 무의식에 깊이 각인되어, 결국 나의 행동과 태도를 결정짓는 설계도가 된다.

나는 이 원리를 내 삶의 중요한 순간마다 놀라운 힘으로 체험했다. 20년간 피우던 담배를 끊겠다고 결심했을 때, 나는 주변 사람들에게 "나는 이제 담배를 끊을 겁니다"라고 선포했다. 그리고 매일 아침 거울을 보며 스스로에게 다짐했다. 그 결과, 금연초의 도움을 한 달 동안 받았지만 한 달 만에 지긋지긋했던 흡연의 사슬을 끊어낼 수 있었다.

새로운 팀을 맡을 때마다 직원들에게 '행복한 성공'을 주제로 강의했던 경험도 마찬가지다. 강의하며 긍정적 마인드의 중요성을 설파하면서, 아이러니하게도 그 말을 가장 절실히 새겨들어야 할 사람이 바로 나 자신임을 깨닫게 되었다. 다른 사람을 변화시키려던 시도가 역설적으로 나를 더 긍정적인 인생으로 이끄는 전환점이 된 것이다. 말은 단순한 음성이 아니라, 무의식을 재프로그래밍하고 인생의 항로를 바꾸는 강력한 도구다.

긍정 자기 선언의 비밀

긍정 자기 선언(Affirmation)이란, 내가 되고 싶은 모습과 이루고 싶은 목표를 반복적으로 말함으로써 무의식을 프로그래밍하는 구체적인 방법이다. 웅진그룹 윤석금 회장은 매일 아침 다음과 같은 '나의 신조'를 읽으며 하루를 시작했다고 한다.

"나는 나의 능력을 믿으며, 어떠한 어려움이나 고난도 이겨낼 것이다."

"나는 자랑스러운 나를 만들 것이며, 항상 배우는 사람으로서 더 큰 사람이 될 것이다."

"나는 늘 시작하는 사람으로서 새롭게 일을 할 것이며, 어떤 일도 포기하지 않고 끝까지 성공시킬 것이다."

이처럼 긍정적인 문장을 반복해서 선언하면, 우리의 무의식은 그것을 현실로 받아들이고 실현하기 위한 준비를 시작한다.『백만장자 시크릿』의 저자 하브 에커는 "선언을 할 때마다 그 에너지가 몸속의 세포 하나하나를 진동시키며 현실을 바꾼다"라고 설명했다.

효과적인 긍정 선언문을 만드는 3P 법칙

긍정 선언문의 효과를 극대화하기 위해서는 세 가지 원칙, 즉 Personal (개인적), Positive(긍정적), Present(현재형)의 '3P 법칙'을 따라야 한다.

첫째, Personal (개인적): 반드시 '나'라는 1인칭 주어를 사용해야 한다. "나는 나의 능력을 믿는다"처럼, 선언의 주체가 나 자신임을 명확히 하는 것이다.

둘째, Positive (긍정적): 부정적인 표현 대신 긍정적인 표현을 사용해야 한다. 우리의 뇌는 부정을 잘 인식하지 못하기 때문이다. "늦잠을 자지 않겠다"라고 말하는 대신 "나는 아침을 활기차게 시작한다"라고 선언하는 것이 훨씬 효과적이다.

셋째, Present (현재형): 미래 시제가 아닌, 이미 이루어진 것처럼 현재 시제로 선언해야 한다. "나는 성공할 것이다"가 아니라 "나는 지금 성공하고 있다"라고 말함으로써, 무의식이 그 상태를 현실로 받아들이게 만드는 것이다.

나도 이 원칙에 따라 만든 나만의 긍정 자기 선언문이 있다. "나는 행복한 가정을 경영하고 있다."

"나는 즐거운 일터를 경영하고 있다."

"나는 나의 조직을 위대하게 만들고 있다."

"나는 날마다 모든 면에서 성장하고 있다."

"나는 할 수 있다. 나는 이미 성공했다."

이 선언문을 화장실 거울과 다이어리 첫 장에 붙여두고, 매일 아침 한 번씩 읽으며 하루를 시작한다. 이런 반복적인 의식은 내 안의 긍정 에너지를 깨우고, 꿈을 현실로 바꾸는 강력한 추진력이 되어준다.

생각이 현실을 만드는 SISO 법칙

화장품 브랜드 '파코메리(PACOMERI)'의 창업자이자 대표인 박형미 대표는 책 『벼랑 끝에 나를 세워라』에서 SISO(Success In, Success Out) 법칙을 강조한다. 마음에 성공과 긍정을 심으면(In) 성공적인 결과가 나오고(Out), 실패와 부정을 심으면 부정적인 결과가 나온다는 것이다. 긍정 자기 선언은 바로 이 SISO 법칙을 활용해 내면에 성공의 씨앗을 심는 행위다.

결과는 너무나 당연하다. 가능하다고 믿으면 노력하고 실행하니 성공 확률이 높아진다. 불가능하다고 생각하면 시도조차 하지 않는다. 어떤 결과가 나올지는 뻔하다.

긍정 자기 선언의 효과는 과학적으로도 입증됐다. 브리검영 대학교 연구에 따르면, 사람들이 변화를 실천할 가능성은 다음과 같이 증가한다.

"좋은 생각이야" → 변화 가능성 10%

"그 일을 할 거야" → 변화 가능성 25%

"언제 할지 말함" → 변화 가능성 40%

"구체적인 계획을 세움" → 변화 가능성 50%

"다른 사람에게 약속함" → 변화 가능성 60%

"진행 상황을 공유할 시점을 정함" → 변화 가능성 95%

즉, 단순히 생각하는 것보다 말로 선언하고, 더 나아가 다른 사람과 공유할 때 실행력이 극대화된다.

나도 이루고 싶은 목표가 생기면 가족이나 지인들에게 카카오톡으로 공표한다. 스스로 한 약속을 지키려는 책임감이 더해져 목표 달성 확률이 크게 높아지기 때문이다.

직함이 정체성을 만든다

간다 마사노리는 책 『비상식적 성공법칙』에서 "자신을 드러낼 수 있는 직함을 만들어라"라고 조언한다. 되고 싶은 모습을 명확한 정체성으로 규정하고 선언하라는 것이다. 나도 스스로에게 세 가지 특별한 직함을 부여했다.

첫 번째는 '해피매지션(Happy Magician)'이다. 나는 평소에 마술을 통해 사람들에게 즐거움과 감동을 선사하며 긍정적인 관계를 만들어 가고 있다. 낯선 사람과의 어색한 자리나 모임에서 마술 하나면 분위기가 확 달라진다.

두 번째는 '행복경영 컨설턴트'다. 34년간 쌓아온 경험과 깨달음을 바탕으로, 더 많은 사람이 스스로 행복을 설계하고 경영하는 방법을 찾도록 돕고 싶어 컨설팅 공부를 해서 컨설팅학 박사가 되었다.

세 번째는 '디지털 시니어(Digital Senior)'다. 퇴직 후 AI 공부에 매진하며 새 시대의 언어를 익히고 있다. AI와 각종 앱을 활용해 치앙마이와 조지아를 자유자재로 여행하며 얻은 경험을 책으로 엮어내기도 했다. 이제는 AI와 함께하는 일상이 자연스럽고, 앞으로는 AI를 활용해 다른 사람들의 사업을 돕거나 일상을 더 편리하게 만드는 데 기여하고 싶다.

이 세 가지 직함은 내가 나아가야 할 방향을 알려주는 나침반이자, 그에 걸맞은 행동을 하도록 이끄는 강력한 동기부여 장치다. 내가 스스로를 이런 직함으로 부르기 시작한 순간부터, 자연스럽게 그 정체성에 맞는 행동을 하게 됐다.

3. 당신 안의 잠재력을 인식하고 발휘하라

우리가 부정적인 생각을 가지는 이유 - 진화의 관점에서 바라보기

　우리는 누구나 무한한 잠재력을 가지고 있다. 하지만 그 잠재력을 온전히 발휘하지 못하는 이유는 우리가 오랜 세월 동안 형성된 거짓 믿음과 패러다임 속에서 살아왔기 때문이다. 그런데 이런 부정적인 사고방식은 단순히 개인의 성향이 아니라, 우리 인류의 진화 과정과 깊은 연관이 있다는 사실을 아는가?

　인류가 지금까지 생존할 수 있었던 이유는 위험을 경계하고 부정적인 요소에 집중하는 본능 덕분이다. 고대 인류는 극한의 환경에서 살아남아야 했다. 원시 시대에는 방심하는 순간 맹수에게 잡아먹히거나 적대적인 부족의 습격을 받을 위험이 있었다. 따라서 긍정적인 생각보다 부정적인 가능성을 먼저 고려하는 것이 생존 확률을 높이는 전략이었다. 이 본능이 현대에도 남아 무의식적으로 위험을 먼저 생각하는 경향이 있다.

　급격한 기후 변화, 지진, 홍수 같은 자연재해를 겪으며 "항상 대비해야 한다"라는 사고방식이 형성되었다. 비가 오는 것을 보고 "아름답다"라고 느끼기보다 "혹시 홍수가 나지 않을까?"라고 걱정하는 사람이 더 오래 살아남았다. 현대 사회에서도 이러한 본능이 남아 미래에 대한 걱정과 불안을 쉽게 느끼게 된다.

　인류는 오랜 시간 부족 간 전쟁과 갈등 속에서 생존해야 했다. 이런 환경에서 타인을 의심하고 경계하는 사람이 더 오래 살아남았고, 그 유전적 성향이 현대인들에게까지 이어졌다. 지금도 사람들은 새로운 환경이나 인간관계에서 경계심을 먼저 가지는 경향이 있다.

현대 사회에서 부정적인 사고가 문제인 이유

우리는 21세기를 살면서도 석기시대의 뇌를 가지고 있다. 맹수와 자연재해가 일상이던 그 시절, 위험을 예측하고 경계하는 능력은 생존의 핵심이었다. 문제는 지금도 그 '경보 시스템'이 여전히 작동한다는 점이다. 24시간 편의점과 응급의료 시스템이 완비된 안전한 현대 사회에서도 말이다.

(1) 쓸데없는 걱정의 무한 반복

회의에서 발표를 실수했다고 "내 커리어는 이제 끝났어"라고 생각하는 순간을 떠올려보자. 실제로는 그 실수로 인해 해고당할 확률이 거의 제로에 가까운데도, 우리 뇌는 마치 생존이 위협받는 것처럼 스트레스 호르몬을 쏟아낸다.

그 결과는? 밤잠을 설치고, 식사를 거르고, 며칠간 그 생각에 사로잡혀 정작 중요한 일들을 놓친다. 원시시대라면 적절한 반응이었겠지만, 지금은 그저 에너지 낭비일 뿐이다.

(2) 실패 공포증이 만드는 기회비용

"만약 실패하면 어떻게 하지?" 이 질문이 얼마나 많은 가능성을 차단하는지 아는가? 선조들에게는 잘못된 판단이 곧 죽음을 의미했다. 독이 든 열매를 먹거나, 위험한 동굴로 들어가는 실수는 되돌릴 수 없었으니까.

하지만 현대는 다르다. 이직이 맞지 않으면 다시 옮기면 되고, 창업이 실패해도 재도전할 수 있다. 사회 안전망이 촘촘하게 깔려 있다. 그런데도 우리는 여전히 '100% 안전한 길'만 찾으려 한다. 그 결과? 평생 제자리걸음하며 "내 인생이 왜 이렇게 지루하지?"라고 한탄한다.

(3) 부정성 편향의 함정

뉴스를 켜면 "경제 위기", "범죄율 증가", "부동산 폭락" 같은 헤드라인이 쏟아진다. "오늘도 수백만 명이 평화롭게 하루를 마쳤습니다"라는 뉴스는 찾아볼 수 없다.

이는 우리 뇌의 '부정성 편향' 때문이다. 긍정적 정보 열 개보다 부정적 정보 하나가 훨씬 강렬하게 기억에 각인된다. 진화적으로는 위험을 놓치지 않기 위한 생존 전략이었지만, 지금은 세상을 실제보다 훨씬 어둡고 위험하게 인식하게 만드는 족쇄가 되었다.

결국 현대인의 불안과 걱정 대부분은 더 이상 필요 없는 '구식 경보 시스템'이 만들어내는 허상이다. 이를 인식하는 것이 긍정적 사고로 전환하는 첫 번째 단계다.

신경가소성 – 뇌는 언제든 변화할 수 있다

하지만 희망적인 소식이 있다. 우리는 누구나 무한한 잠재력을 가지고 있으며, 이를 온전히 활용할 수 있는 방법이 존재한다는 사실이 과학적으로 밝혀졌다. 과거에는 인간의 뇌가 나이가 들수록 기능이 떨어지며, 더 이상 새로운 변화를 만들 수 없다고 생각했다. 하지만 현대 신경과학은 "신경가소성 (Neuroplasticity)"이라는 개념을 통해 이 가설을 완전히 뒤집었다.

존 아사라프의 『부의 해답』에 따르면, 인간의 뇌는 나이와 상관없이 새로운 신경세포를 만들고 기존의 신경 네트워크를 변화시킬 수 있다. 우리의 뇌는 습관과 사고방식을 바꾸면 그에 맞게 신경망을 재구성하며, 심지어 유전자 암호조차도 스스로 바꿀 수 있다고 한다. 이는 우리가 기존의 환경과 경험 속에서 형성된 고정관념을 버리고 새로운 도전을 할 수 있는 가능성이 무한하다는 것을 의미한다.

한때 우리는 "나는 이런 사람이야", "나는 이걸 못해"라고 생각했을 수 있지만, 실제로는 새로운 학습과 반복적인 훈련을 통해 우리의 사고방식과 능력을 얼마든지 변화시킬 수 있다. 이는 곧 우리가 가진 잠재력이 단순한 타고난 재능이 아니라, 학습과 환경의 영향을 받아 확장될 수 있는 것임을 시사한다.

자동 항법 장치 – 우리의 뇌는 익숙한 것을 유지하려 한다

그런데 우리가 새로운 목표를 설정하고 이를 실천하려 해도 작심삼일로 끝나는 이유는 무엇일까? 그 해답은 "사이코 사이버네틱스(Psycho-Cybernetics)"라는 개념에서 찾을 수 있다. 사이코 사이버네틱스란 뇌가 마치 자동 항법 장치처럼 작동하여 기존의 습관과 패턴을 유지하려는 성향을 가지고 있다는 것을 의미한다.

뇌의 신경회로는 한 번 형성된 루틴을 계속 유지하려는 성질을 가지기 때문에, 새로운 행동을 시도하면 이를 원래의 상태로 되돌리려는 저항이 발생한다. 예를 들어, 운전을 하면서 다른 생각을 해도 우리가 사고를 내지 않는 이유는 뇌가 이미 익숙한 패턴을 자동으로 실행하고 있기 때문이다.

그렇다면 우리는 잠재력과 무의식을 활용하기 위해 새로 설정한 목표를 자동 항법 장치에 설치해야 한다. 어떻게 해야 우리가 설정한 새로운 목표를 자동 항법 장치에 프로그래밍할 수 있을까? 기존의 습관을 재설정하는 데는 약 30일 이상의 반복적인 각인이 필요하며, 무의식에 새로운 프로그램을 입력하면 우리는 그것을 의식적으로 노력하지 않아도 자동적으로 실행할 수 있다. 이러한 원리를 활용하면 성공을 위한 패턴을 우리의 뇌에 프로그래밍할 수 있으며, 목표를 실현하는 것이 더 쉬워진다.

많은 사람이 "나는 재능이 없다", "나는 이런 능력을 가질 수 없어"라고 생각한다. 하지만 과학적으로 보면, 우리는 단지 자신의 가능성을 발견하지 못했을 뿐이다.

뇌의 슈퍼컴퓨터 같은 작동 원리

우리의 뇌는 하루에 5만 개 이상의 신호를 보내지만, 그중 2,500개만을 의식적으로 인식한다. 나머지 47,500개의 신호들은 무의식 속에서 처리되며, 우리가 이를 어떻게 활용하느냐에 따라 성공과 실패가 결정될 수 있다.

우리의 뇌는 단순한 저장 장치가 아니라, 목표를 설정하면 24시간 내내 그것을 이루기 위한 방법을 찾아주는 슈퍼컴퓨터와 같다. 『비상식적 성공법칙』의 저자 간다 마사노리는 "목적의식이 주어지면, 뇌는 24시간 내내 쉬지 않고 정보를 수집하며 해결책을 찾아낸다"고 했다. 우리가 무언가를 고민하고 자면, 아침에 해결책이 떠오르는 경험을 하기도 하는데, 이는 뇌가 계속해서 문제를 해결하려고 작동하고 있기 때문이다.

또한 같은 말을 반복해서 듣거나 하면, 마치 최면에 걸린 것처럼 뇌가 그 말을 현실로 만들려 한다. 이러한 뇌의 작동 방식을 활용하면 목표를 더욱 효과적으로 달성할 수 있다. 목표를 매일 되뇌고, 반복해서 쓰고, 녹음하여 듣는 방법이 효과적인 이유도 바로 여기에 있다.

우리는 종종 우리의 뇌가 완벽한 논리적 사고를 할 것이라고 생각하지만, 사실 그렇지 않다. 자청 저자의 『역행자』에서는 "클루지(Kluge)"라는 개념을 소개하며, 인간의 뇌가 서툴게 짜 맞춰진 고물 컴퓨터와 같다고 설명한다. 우리의 뇌는 과거 생존을 위해 만들어진 패턴을 여전히 유지하고 있으며, 새로운 시도를 방해하는 요소로 작용할 수 있다는 것이다.

예를 들어, 다이어트를 하려고 하지만, 과거에 음식이 부족했던 시절을 거쳐온 인간의 본능이 음식을 더 먹으려는 충동을 만들어낸다. 마찬가지로, 우리는 새로운 도전을 하려고 해도 무의식적인 본능이 우리를 안전한 환경에 머물게 하려고 한다. 따라서 우리가 설정한 목표를 실현하려면, 이러한 무의식적인 저항을 인지하고 극복해야 한다. 이를 위해 의식적으로 목표를 반복적으로 입력하고, 긍정적인 신념을 형성하는 과정이 필요하다.

긍정의 힘, 무의식이라는 씨앗을 심다

나는 유튜브에서 '하와이 대저택'이라는 채널을 운영하는 저자가 쓴 『더 마인드』라는 책을 읽고 깊은 공감을 느꼈다. 이 책의 핵심 메시지인 '원하는 삶을 만드는 힘이 바로 우리 마음속 무의식에 있다'는 주장은, 내가 나의 삶을 경영하며 실천하고 많은 책을 읽으며 깨달았던 원리와 정확히 일치하기 때문이다.

저자는 우리의 삶을 결정하는 것의 95%가 바로 무의식이라고 말한다. 그리고 평범한 삶에 안주하게 만드는 '중산층 소프트웨어'를 삭제하고, '부와 성공의 소프트웨어'를 새로 설치해야 한다고 주장한다. 이 말은 나에게 큰 울림을 주었다. 나 역시 징계라는 좌절을 겪고 난 뒤, 기존에 내가 가지고 있던 '성공에 대한 낡은 생각'들을 버리고, '행복한 삶'을 목표로 하는 새로운 사고방식을 구축한 경험이 있었기에 더 공감할 수 있었다.

진정한 긍정은 그저 '잘 될 거야'라는 막연한 희망이 아니다. 그것은 무의식에 강력한 씨앗을 심고, 매일 물을 주는 구체적인 실천이다. 저자는 먼저, 내가 진정으로 원하는 삶이 무엇인지 아주 명확하게 정해야 한다고 조언한다. 이때 목표는 현실적이거나 타인의 시선에 갇히지 않는 것이 중요하다. 오히려 생각만 해도 가슴이 벅차고 펄쩍 뛸 만큼 비현실적인 목표일수록 좋다고 강조한다. 이는 나 역시 석사와 박사 과정에 도전하면서 느꼈던 감정이었다.

목표를 정했다면, 다음은 반복적으로 긍정적인 생각과 행동을 해야 한다. 원하는 삶을 머릿속으로 생생하게 그려보고, 그것이 이미 이루어졌다는 느낌을 온몸으로 느껴야 한다. 나는 매일 내 사명과 목표를 소리 내어 말하고, 손으로 직접 쓰며 무의식에 그 목표를 각인시키려 노력한다. 때로는 예상치 못한 실패와 좌절이 찾아올 수도 있다. 하지만 그 순간이 오히려 나를 더 크게 성장시킬 수 있는 절호의 기회라고 생각하는 것, 오직 나 스스로가 포기할 때만 무너진다는 것을 잊지 않는 것이 바로 무의식에 심은 긍정의 씨앗을 키워내는 과정이다.

무의식을 활용한 목표 실현법

목표를 실현하는 가장 효과적인 방법은 무의식을 활용하는 것이다. 인간의 뇌 용량 중 약 13%는 의식적인 뇌가 차지하고, 나머지 87%는 무의식적인 뇌가 차지한다. 그리고 무의식적인 뇌는 우리의 전체 인식 및 행동의 96%를 통제한다.

운전을 하다가 "내가 언제 여기까지 왔지?"라고 놀란 경험이 있을 것이다. 아침에 세수하거나 칫솔질을 할 때 특별히 주의를 기울이지 않아도 손이 자동으로 움직인다. 또한, 알람을 맞추지 않아도 일정한 시간이 되면 자연스럽게 눈이 떠지는 경험을 한 적이 있을 것이다. 이렇게 우리가 일상적으로 하는 많은 행동들은 의식적인 사고 없이도 자연스럽게 이루어진다. 그렇다면 우리의 목표도 이런 자동 실행 시스템을 활용하여 무의식 속에 각인시킨다면, 그것을 쉽게 실현할 수 있지 않을까?

첫째, 목표를 계속 생각하라. 매일 무의식에 신호를 보내라.

우리가 어떤 고민을 하고 자면, 아침에 그 고민에 대한 해결책이 떠오르는 경우가 있다. 이것이 바로 무의식이 24시간 내내 해결책을 찾고 있기 때문이다. 매일 무의식에 신호를 보내라. 자기 전에 "나는 내 목표를 이미 달성했다"고 생각하고 잠들면, 무의식이 그것을 해결하기 위한 방법을 계속 탐색하게 된다.

많은 사람이 목표를 세우지만 작심삼일로 끝나는 이유는 목표가 무의식에 충분히 각인되지 않았기 때문이다. 목표를 습관으로 만들기 위해서는 매일 실행할 수 있도록 행동을 반복하는 것이 필수적이다. 하루라도 목표에 대한 행동을 하지 않으면 무의식이 원래 상태로 되돌아가려고 한다.

둘째, 목표를 반복적으로 각인시켜라.

무의식적인 뇌는 반복되는 정보에 의해 강화된다. 목표를 매일 100번씩 중얼거리거나, 목표를 글로 적어 반복해서 읽으면 무의식 속에 깊이 자리 잡는다.

사장을 가르치는 사장으로 유명한 김승호 회장은 책 『생각의 비밀』에서 매장 300개가 목표였을 때, 노트북 비밀번호를 "매장300개"로 설정했다고 한다. 매일 비밀번호를 입력하며 목표를 되새겼고, 매일 1시간 정도의 시간을 들여 100번씩 목표를 글로 썼다고 한다. 결국 목표를 달성했다. 이러한 방식처럼 목표를 일상 속에서 반복적으로 접하면, 우리의 뇌는 점점 그것을 현실로 받아들이기 시작한다.

나는 이 방법을 적용해 목표를 녹음해서 출퇴근길마다 반복적으로 듣고, 휴대폰 배경화면을 내 목표가 적힌 이미지로 설정하며, 매일 목표 문장을 100번씩 중얼거렸다.

셋째, 보물지도를 활용해 목표를 시각화한다.

목표를 시각적으로 경험하는 것도 무의식을 자극하는 강력한 방법이다. 원하는 목표의 이미지를 모아서 보물지도를 만들고, 매일 확인하는 것이 목표를 이루는 데 큰 도움이 된다. 목표가 현실이 된 모습을 이미지로 시각화하면, 우리의 뇌는 그것을 실제 현실로 착각하고, 목표를 달성하기 위한 행동을 자연스럽게 유도하게 된다.

잠재력은 깨우는 것이 아니라 허용하는 것

우리는 흔히 "운이 좋았다"는 말을 한다. 하지만 성공한 사람들은 단순히 운이 좋은 것이 아니라, 자신의 무의식을 프로그래밍하여 목표를 이루기 위한 행동을 자동화한 것이다. 우리가 어떤 목표를 향해 가고 있다고 믿으면, 그 믿음이 우리의 태도를 바꾸고, 태도가 바뀌면 반복적인 행동이 가능해지며, 행동이 쌓이면 결국 목표를 이루는 결과를 만들어낸다.

과학적으로 검증된 여러 연구들은 우리의 뇌가 변할 수 있으며, 무의식을 활용하면 목표 달성이 더 쉬워진다는 사실을 증명하고 있다. 신경가소성 덕분에 우리의 뇌는 언제든지 변할 수 있으며, 사이코사이버네틱스 개념을 활용하면 우리의 뇌를 자동 항법 장치처럼 목표를 향해 작동하도록 프로그래밍할 수 있다.

목표를 이루기 위해서는 부정적인 사고를 줄이고, 긍정적인 생각을 습관화해야 한다. 또한 반복적인 목표 설정과 시각화를 통해 무의식을 프로그래밍하고, 목표를 생활 속에 자연스럽게 녹이는 것이 필요하다. 목표를 무의식에 각인시키면, 우리의 뇌는 24시간 내내 해결책을 찾고, 반복적인 자기 암시와 시각화를 통해 목표를 현실로 받아들이게 된다.

우리에게는 무한한 가능성이 존재하며, 그것을 활용하는 방법을 알면 누구나 원하는 목표를 이룰 수 있다. 목표를 반복해서 말하고, 듣고, 상상하며, 이 모든 과정을 꾸준히 실천하면 어느 순간 우리의 삶은 우리가 꿈꿔온 방향으로 자연스럽게 흘러가게 될 것이다. 이제는 우리의 뇌를 최대한 활용하여, 잠재력을 깨우고 새로운 도전에 나설 때다.

4. 도전을 통해 더 큰 기회를 만들어라

남 앞에서 말 못하는 소년에서 무대 위의 강연자까지

 지금의 내 모습을 보면 아무도 믿지 않을 것이다. 수많은 사람들 앞에서 유창하게 강의하고, 처음 만나는 사람들과도 자연스럽게 어울리는 모습을. 하지만 어린 시절의 나는 정반대였다.

 고등학교 교실에서 국어책을 서서 읽을 때면 목소리가 덜덜 떨렸고, 늘 구석진 자리만 찾아 앉았다. 친구들과의 모임에서 주로 듣기만 했을 정도로 극도로 내성적인 아이였다. 그런 내가 어떻게 무대위에서 강의를 할 정도로 변했을까?

 비밀은 간단하다. 무서우니까 일부러 그쪽으로 뛰어들었다.

첫 번째 도전: 영업이라는 시련 속으로

 앞에서도 말했지만 나는 공고와 공대를 다녔다. 공대를 졸업한 나에게는 기술직이나 연구소가 당연한 선택지였다. 하지만 나는 정반대 길을 택했다. 영업부서 지원서를 냈다.

 "영업을 하면 어쩔 수 없이 사람들을 만나야 하고, 그러다 보면 말을 안 할 수가 없잖아." 단순하지만 확실한 논리였다.

 첫 날은 악몽이었다. 고객에게 전화 걸기 전엔 심장이 터질 듯 뛰었다. 거래처 방문 전엔 대본을 써서 달달 외워야 했다. 첫 영업에선 떨리는 목소리로 횡설수설하다가 빈손으로 돌아왔다.

 하지만 매일 반복하니 신기한 일이 일어났다. 점점 자연스러워지는 것이었다. 34년 영업 생활이 그 내성적인 소년을 완전히 다른 사람으로 만들어냈다.

두 번째 도전: 발표 공포에서 강연 즐거움으로

 회사생활에서 피할 수 없는 것이 있다. 상사 앞에서 하는 보고와 발표다. 예정된 발표가 있는 날이면 새벽부터 출근해 빈 회의실을 찾았다.

거울을 보며 손짓과 표정까지 연습했다. 상사가 던질 만한 질문들을 예상해서 답변을 미리 준비했다. 그렇게 몇 년을 반복하니 어느새 발표에 대한 두려움이 사라졌다. 오히려 즐기게 되었다.

지금 강의할 때도 그 경험이 큰 자산이 된다. 무대 위에서 자신 있게 말할 수 있는 것도 그때 쌓인 내공 덕분이다.

세 번째 도전: 마술로 관계의 마법사 되기

어느 날 조카가 마술하는 모습을 보고 번개를 맞은 것 같았다. "바로 저거다!" 마술이야말로 어색한 분위기를 깨고 사람들과 금세 친해질 수 있는 최고의 도구라는 걸 직감했다.

마술 도구를 사서 연습을 시작했다. 이제는 어디를 가든 마술 몇 개만 보여주면 바로 그 자리의 인기인이 된다. 내성적인 소년이 '해피매지션'으로 변신한 비밀이 바로 여기 있다.

변화는 두려움을 동반하지만 성장을 선물한다

인생을 살다 보면 변화의 순간이 예고 없이 찾아온다. 익숙함과 작별해야 하는 그 순간, 우리 앞에는 두 갈래 길이 놓인다. 안전한 곳에 계속 머물 것인가, 아니면 미지의 세계로 한 걸음 내딛을 것인가. 나는 늘 후자를 선택했다. 처음엔 두려웠다. 하지만 시간이 지나니 금세 적응됐다. 새로운 환경에서 만난 사람들과 이야기하며 깨달았다. 변화가 그리 특별한 게 아니라는 것을.

요즘은 1년에 하나씩 새로운 취미에 도전한다. 작년엔 기타를, 올해는 칼림바를 배우고 있다. 이런 작은 도전들이 쌓이니 삶이 훨씬 활기차고 흥미진진해졌다.

도전 앞에서 가장 먼저 마주하는 감정은 두려움이다. 실패에 대한 걱정이 사람을 주저하게 만들지만, 성공한 사람들은 할 수 있다는 긍정적인 생각을 하며 이를 정면으로 마주한다. "빠른 실패, 많은 실패가 성공으로 가는 지름길"이라는 말처럼, 나 역시 도전하는 과정에서 수많은 실패를 경험했다. 하지만 실패 속에서 배운 것들이 나를 더 강하게 만들었다.

울타리를 벗어나야 진정한 나비가 된다

34년간 한 직장에서 일했다. 대리점 육성, 영업, 기획, 해외 마케팅까지 다양한 업무를 경험했으니 나름 폭넓은 커리어를 쌓았다고 생각했다.

하지만 퇴직 후 외부 사람들과 대화하며 깨달았다. 나는 생각보다 훨씬 작은 세상에서 살았구나. 회사라는 울타리는 나를 보호해줬지만, 동시에 성장을 제한하는 벽이기도 했다. 매월 나오는 급여에 안주하며 변화를 두려워했고, 회사 시스템과 제도 안에서만 사고했다.

이제 그 울타리를 벗어났다. 무섭긴 하지만 설렌다. 번데기가 나비가 되려면 고치를 벗어나야 하듯, 진정한 성장을 위해서는 익숙한 틀을 깨뜨려야 한다.

퇴직은 끝이 아니라 새로운 출발선

정년퇴직한 지 10개월이 흘렀지만, 내 도전은 끝나지 않았다. 6권의 책을 썼고, 디지털 시니어, 행복 컨설턴트, 여행 작가로서 강의하고 글 쓰는 일, 더 많은 사람들에게 긍정적인 영향을 미치는 일을 계획하고 있다.

과거의 모든 경험을 자산 삼아 새로운 도전을 준비한다. 아직 발견하지 못한 내 가능성이 얼마나 클지 생각만 해도 가슴이 뛴다. 인생의 진짜 재미는 이제부터 시작이다.

5. 생각의 근육, 긍정으로 단련하기

수천 년간 증명된 생각의 놀라운 힘

"할 수 없다"고 생각하는 순간, 게임은 이미 끝난다. 시도조차 하지 않으니까. 반대로 "할 수 있다"고 믿으면 일단 해본다. 그러다 보면 방법이 보이고, 결국 해낸다.

이건 단순한 정신승리가 아니다. 수천 년간 동서양 현자들이 한 목소리로 전해온 삶의 핵심 진리다.

힌두교 경전은 "인간은 자기가 생각하는 대로 이루어진다"고 선언한다. 부처님은 "우리 존재 자체가 우리 생각의 결과"라고 가르치셨다. 성경 잠언에는 "그가 마음속으로 생각하는 것이 곧 그 자신"이라고 기록되어 있다.

서양 철학도 다르지 않다. 로마 황제이자 철학자였던 마르쿠스 아우렐리우스는 "우리 인생은 사고로 만들어진다"고 명언을 남겼고, 심리학의 아버지 윌리엄 제임스는 "생각을 바꿔 인생을 바꿀 수 있다는 것을 발견한 것이 21세기 인류 최대의 발견"이라고 말했다.

이런 말들이 단순한 격언이 아니라는 걸 나는 내 인생으로 증명했다. 극도로 내성적이던 소년이 수백 명 앞에서 당당히 강의하는 사람으로 변한 것도, 40대 중반 절망적 좌절 속에서 새로운 비전을 발견한 것도, 56세 늦깎이 나이에 석사 공부를 시작해 60세에 박사 학위를 받은 것도 모두 생각을 바꾸면서 시작된 기적들이다.

빙산의 법칙: 진짜 내 능력은 상상 그 이상

여기서 놀라운 사실 하나를 알아야 한다. 내가 아는 나는 진짜 내가 아니다. 뇌과학자들에 따르면, 우리가 의식적으로 인식하는 능력은 무의식 능력의 3만분의 1에 불과하다고 한다.

생각해보자. 우리는 심장을 뛰게 하라고 명령하지 않아도 평생 뛴다. 음식을 소화하라고 지시하지 않아도 위와 장이 알아서 완벽하게 일한다. 상처가 나면 별다른 의식적 노력 없이도 저절로 아문다. 면역 체계는 24시간 내내 몸을 지킨다. 이 모든 경이로운 일들을 무의식이 해내고 있다.

그런데 왜 우리는 "난 능력이 부족해", "난 원래 이런 사람이야"라며 스스로에게 한계를 그을까? 진짜 내 능력은 내 상상을 훨씬 넘어선다.

마치 빙산과 같다. 바다 위로 드러난 부분은 전체의 10%에 불과하고, 진짜 거대한 90%는 물속에 감춰져 있다. 내 의식적 능력이 빙산의 꼭대기라면, 무의식의 잠재력은 바다 속 거대한 몸체다.

그렇다면 현재의 작은 한계에 갇힌 나 대신, 내가 진정 꿈꾸는 이상적인 나를 생각하자. 내가 나를 어떻게 정의하느냐가 진짜 나를 만들어내기 때문이다.

뇌는 내 편에서 일하는 24시간 개인 비서

우리 뇌는 정말 신기한 기관이다. 관심을 두는 방향으로 작동한다. 목표를 계속 떠올리면 뇌는 그걸 이루려고 밤낮없이 일한다. 무의식중에 관련 정보를 찾고, 기회를 포착하고, 창의적 해결책을 떠올린다.

예를 들어, 새 차를 사려고 마음먹으면 갑자기 그 차종이 길거리에 자주 보인다. 원래부터 많았는데 평소엔 관심이 없어서 못 봤던 것이다. 뇌가 관심사에 맞춰 정보를 선별해서 보여주는 '망상 활성계 RAS(Reticular Activating System)' 때문이다.

운동선수들의 '멘탈 트레이닝'을 보자. 역도 선수는 무거운 바벨을 번쩍 들어 올리는 완벽한 순간을 수없이 상상한다. 체조 선수는 흠잡을 데 없는 연기 후 시상대 맨 위에 서서 금메달을 목에 거는 장면을 선명하게 그린다. 이런 정신적 리허설이 실제 경기에서 폭발적인 힘을 발휘한다.

왜 그럴까? 뇌는 실제 경험과 생생한 상상을 구분하지 못한다. 세밀하게 상상하면 실제로 경험한 것처럼 신경회로에 각인시킨다. 그래서 실제 상황에서도 마치 수천 번 연습한 것처럼 자연스럽게 몸이 움직인다.

더 놀라운 건, 뇌는 평생에 걸쳐 변화한다는 사실이다. '신경가소성(Neuroplasticity)' 덕분에 나이가 들어도 새로운 사고 패턴을 만들고 낡은 습관을 바꿀 수 있다. 반복적인 의식적 훈련으로 완전히 다른 사람으로 거듭날 수 있다는 얘기다.

내 인생의 터닝포인트: 생각이 바뀌니 현실이 바뀌었다

인생의 위기 앞에서 '내 인생은 끝났다'는 부정적인 생각 대신 '이번 위기를 전화위복의 기회로 삼겠다'고 마음을 다잡자, 새로운 기회가 눈에 들어오기 시작했다. '성공 스쿨' 광고도 그중 하나였다. 평소 같았으면 그냥 지나쳤을 교육 과정이 그날은 "바로 이거다!"라고 강하게 다가왔다.

7주간의 강의를 들으며 '행복한 가정 경영자'라는 완전히 새로운 인생 비전을 품게 됐다. 그 꿈을 매일 떠올리며 살았더니, 정말로 가정이 행복해졌다. 아내와의 대화가 늘어났고, 아이들과도 더 가깝게 지내게 됐다. 회사 일보다 가족을 우선시하는 새로운 삶의 패턴이 자리 잡았고, 회사 일을 더 효과적이고 효율적으로 하게 되었다.

40대 중반, 회사에서 겪었던 시련은 '전화위복'의 힘을 믿는 긍정적 사고를 심어주었다. 이 덕분에 50대 중반 보직에서 물러나는 시련이 찾아왔을 때도 나는 "이제 정말 끝이구나"라고 좌절하는 대신, "인생 후반전을 위한 새로운 준비의 신호구나"라고 해석할 수 있었다. 나는 이 믿음을 바탕으로 56세에 주저 없이 석사 과정에 지원했다. 주변의 우려에도 불구하고, "늦었다고 생각할 때가 가장 빠른 때"라는 확신을 가지고 도전했다.

에디슨의 천재적 잠자리 성공 비법

발명왕 토머스 에디슨에게는 특별한 취침 의식이 있었다. "잠자리에 들 때 반드시 해결하고 싶은 문제나 이루고 싶은 목표를 머릿속에 명확히 그려놓고 잠들라"는 것이었다.

과학적 근거가 명확하다. 잠들기 직전에 떠올린 생각은 무의식에 가장 강렬하게 각인된다. 잠자는 동안 뇌는 그 문제를 해결하기 위해 쉬지 않고 작업한다. 그래서 아침에 일어나면 번개처럼 해결책이나 창의적 아이디어가 떠오르는 경우가 많다.

실제로 수많은 발명가와 과학자들이 꿈속에서 세기의 발견을 했다는 일화가 전해진다. 벤젠의 고리 구조를 발견한 케쿨레는 꿈에서 뱀이 자신의 꼬리를 무는 우로보로스 이미지를 보고 영감을 얻었다고 한다. 주기율표를 완성한 멘델레예프는 꿈에서 완성된 표를 보고 깨어나 그대로 적었다고 했다. 상대성 이론의 아인슈타인도 꿈에서 빛의 속도로 여행하는 상상을 하며 이론의 실마리를 찾았다고 전해진다.

나도 이 강력한 방법을 적극 활용한다. 자기 전에 내일 이루고 싶은 일을 구체적이고 생생하게 상상한다. "강의에서 청중들이 깊이 감동받아 뜨거운 박수를 치는 모습", "새로운 프로젝트가 성공해서 많은 사람들에게 도움이 되는 모습"을 마치 영화 장면처럼 선명하게 그려본다.

행복은 운명이 아닌 매일의 선택

돈이 많아도 우울증에 시달리는 부자가 있는가 하면, 가진 게 많지 않아도 매일 감사하며 웃으며 사는 사람도 있다. 이 극명한 차이는 무엇에서 올까? 바로 생각의 선택이다.

하버드 대학교의 행복 연구에 따르면, 행복의 50%는 유전적 요소가, 10%는 외부 환경이, 나머지 40%는 개인의 의도적인 선택과 행동이 결정한다고 한다. 결국 행복의 거의 절반을 우리가 직접 조절할 수 있다는 놀라운 사실이다.

세계 최고 갑부 중 한 명이었던 록펠러도 말년에 위궤양과 탈모로 고생하며 53세에 죽을 뻔했다고 한다. 의사는 "스트레스를 줄이고 남을 도우며 살라"고 처방했다. 그는 그 조언을 따라 자선사업에 몰두하고 긍정적 사고를 실천했다. 결과는? 98세까지 건강하게 장수했다.

반대로 복권에 당첨된 사람들을 장기 추적한 연구를 보면, 처음 6개월은 행복지수가 급상승하지만 1년 후에는 당첨 전과 거의 비슷한 수준으로 돌아간다고 한다. 외부 조건보다는 내적 태도가 진짜 행복을 좌우한다는 증거다.

매일 아침 일어나서 "나는 행복하다"라고 선언해보자. 처음엔 어색하고 거짓말 같겠지만, 뇌는 그 선언에 맞는 증거를 찾기 시작한다. 따뜻한 커피 한 잔, 아이들의 웃음소리, 동료의 작은 친절 같은 일상의 소소한 행복들이 새롭게 보이기 시작한다.

부자 뇌와 서민 뇌의 결정적 차이

일반인은 "열심히 일해서 돈을 번다"고 생각한다. 부자는 "돈이 저절로 흘러 들어오는 시스템을 만든다"고 생각한다. 이 사고의 근본적 차이가 경제적 운명을 갈라놓는다.

로버트 기요사키가 쓴 베스트셀러 『부자 아빠 가난한 아빠』를 보면, 부자 아빠는 "어떻게 하면 그걸 살 수 있을까?"라고 해결책을 찾는 질문을 던진다. 반면 가난한 아빠는 "그건 너무 비싸서 못 사"라고 단정하며 사고를 차단한다.

첫 번째 사고방식은 창의적 해결책을 찾게 만들고 새로운 수입원을 개발하게 한다. 두 번째 사고방식은 가능성의 문을 아예 닫아버린다. 결국 부와 가난의 갈림길은 바로 이 생각의 차이에서 시작된다.

나 역시 이를 직접 경험했다. "사람들에게 진짜 도움이 되는 책을 쓰겠다"고 마음먹는 순간, 자연스럽게 독서량이 폭증했다. 관련 자료를 찾아 헤매고, 매일 새벽에 일어나 글을 썼다. 강연 기회가 생기면 발품을 팔아가며 경험을 쌓았다. 무형의 생각 하나가 구체적이고 유형의 행동들을 연쇄적으로 만들어낸 것이다.

긍정 사고를 가로막는 3가지 교활한 함정

하지만 긍정적으로 생각하기가 늘 쉬운 건 아니다. 우리 발목을 잡는 교묘한 함정들이 도사리고 있다.

첫 번째 함정: 과거 실패의 그림자. "전에도 실패했는데 이번에도 안 될 거야"라는 생각이다. 하지만 과거는 과거일 뿐이다. 지금의 나는 그때와 완전히 다른 사람이다. 더 많은 경험과 지혜를 축적했고, 실패에서 배운 교훈들로 무장했다. 과거의 실패는 현재의 성공을 위한 소중한 자산이지, 발목을 잡는 족쇄가 아니다.

두 번째 함정: 주변의 부정적 에너지. "그런 건 꿈도 꾸지 마", "현실을 봐라", "네가 그걸 어떻게 해"라는 주변 사람들의 부정적 반응이다. 하지만 이런 말을 하는 사람들 대부분은 자신도 제대로 도전해본 적이 없는 사람이다. 그들의 한계를 나의 한계로 받아들일 이유가 없다.

세 번째 함정: 완벽주의의 덫. "100% 확실하지 않으면 시작하지 않겠다"는 완벽주의적 사고다. 하지만 100% 확실한 일은 세상에 존재하지 않는다. 80% 정도 준비가 되면 시작하고, 실행하면서 부족한 20%를 채워나가는 것이 훨씬 현실적이고 효과적이다.

매 순간은 새로운 선택의 기회

우리는 매 순간 선택의 갈림길에 서 있다. 부정적으로 생각할 것인가, 긍정적으로 전환할 것인가.

아침에 일어나서 "오늘도 피곤하고 힘들겠지"라고 탄식할 수도 있고, "오늘은 어떤 멋진 일들이 기다리고 있을까?"라고 기대할 수도 있다. 똑같은 24시간이지만, 어떤 생각을 선택하느냐에 따라 천국과 지옥만큼 다른 하루가 펼쳐진다.

교통체증에 걸렸을 때도 마찬가지다. "짜증나게 왜 이렇게 막히지, 시간만 낭비하고"라고 분노할 수도 있고, "좋아하는 팟캐스트를 들으며 여유롭게 쉴 수 있는 귀한 시간이네"라고 감사할 수도 있다.

회사에서 상사에게 꾸중을 들었을 때도, "나는 인정받지 못하는 무능한 직원이야"라고 자책할 수도 있고, "더 성장할 수 있는 피드백을 받았구나. 이걸 계기로 한 단계 업그레이드하자"라고 받아들일 수도 있다.

폴 발레리는 말했다. "생각하는 대로 살지 않으면, 사는 대로 생각하게 된다." 이보다 더 긍정적 사고의 본질을 꿰뚫는 문장은 없다고 생각한다. 우리는 매 순간 선택의 갈림길에 선다. 아침에 눈을 뜨며 오늘의 가능성을 기대할 것인가, 어제의 피로를 한탄할 것인가. 예상치 못한 문제 앞에서 배움의 기회를 찾을 것인가, 좌절의 이유를 곱씹을 것인가.

환경과 상황에 나를 내맡기는 '사는 대로 생각하는 삶'을 살 것인가, 아니면 내면의 생각으로 현실을 창조하는 '생각하는 대로 사는 삶'을 살 것인가. 이 모든 선택이 모여 여러분의 인생이 된다. 당신이 할 수 있다고 생각하든, 할 수 없다고 생각하든 당신의 생각은 항상 옳다. 헨리포트의 말이다. 이 말은 즉, 현실을 만드는 힘이 바로 당신의 믿음과 생각 안에 있다는 뜻이다.

3장의 마지막에서 다시 한번 강조하고 싶다. 모든 것을 바꾸는 힘은 바로 여러분의 '생각' 안에 있다.

작은 성공의 계단을 차곡차곡 쌓아라

긍정적 사고 근육을 키우는 가장 확실한 방법은 작은 성공 경험을 차곡차곡 쌓는 것이다. 거창한 목표로 시작하면 좌절감만 커질 수 있다. 대신 100% 달성 가능한 작은 목표부터 시작하자.

"매일 30분씩 산책하기", "하루 10페이지씩 책 읽기", "일주일에 한 번 가족과 의미 있는 시간 보내기", "매일 감사 일기 3줄 쓰기" 같은 소소한 목표들 말이다. 이런 작은 성공들을 하나씩 달성하면서 "나도 해낼 수 있구나"하는 자신감과 "내가 내 인생의 주인이구나"하는 주체성이 서서히 자리 잡는다.

그 작은 성취감들이 눈덩이처럼 굴러가며 점점 더 큰 목표에 도전할 용기를 준다. 마치 체력 단련과 같다. 처음엔 가벼운 무게로 시작해서 근력이 붙으면 점점 무거운 바벨로 바꿔가는 것처럼, 정신력도 작은 도전부터 시작해 점진적으로 키워나가는 것이 가장 확실하고 지속가능한 방법이다.

나는 오늘도 긍정의 렌즈를 통해 세상을 바라본다. 그 렌즈가 내 현실을 조각해 나간다는 것을 알기 때문이다. 생각의 씨앗이 행동의 열매를 맺고, 그 열매가 모여 내 인생이라는 정원을 만들어간다. 그 정원이 꽃으로 가득할지, 가시덤불로 뒤덮일지는 전적으로 내가 어떤 씨앗을 뿌리느냐에 달려 있다.

3장 자기 경영 워크시트: 긍정의 스위치 켜기

● 잠재력을 깨우는 긍정 자기 선언

인생이라는 자동차의 시동키는 바로 '긍정'이다. '나는 할 수 없다'는 생각에 사로잡혀 있다면 단 한 걸음도 뗄 수 없다. 이 워크시트는 여러분 내면의 부정적인 목소리를 잠재우고, 잠들어 있는 잠재력을 깨우는 강력한 '긍정 자기 선언문'을 직접 만들어보는 시간이다. 말이 씨가 되어 여러분의 현실을 창조하는 기적을 체험한다.

Step1. 긍정 자기 선언문 만들기 (3P 법칙 활용)

효과적인 긍정 선언문은 Personal(개인적), Positive(긍정적), Present(현재형)의 3P 법칙을 따른다. '나'를 주어로, 부정적인 표현 대신 긍정적인 표현을 사용하고, 이미 이루어진 것처럼 현재 시제로 여러분이 되고 싶은 모습을 5가지 이상 선언한다.

작성 예시

(×) 나는 늦잠을 자지 않을 것이다.
(○) 나는 매일 아침 활기차게 하루를 시작한다.
(×) 나는 실패가 두렵지 않다.
(○) 나는 모든 도전을 성장의 기회로 받아들인다.

● **나를 다시 창조하는 긍정 자기 선언문**

1. 나는 _____

   _____ 한다/이다.

2. 나는 _____

   _____ 한다/이다.

3. 나는 _____

   _____ 한다/이다..

4. 나는 _____

   _____ 한다/이다.

5. 나는 _____

   _____ 한다/이다.

Step2. 나만의 직함 만들기

자신을 어떻게 정의하느냐가 여러분의 정체성을 만든다. 여러분이 되고 싶은 모습을 나타내는 멋진 직함을 직접 만들어본다. 창의적이고 가슴 뛰는 이름일수록 좋다.

● **AI 꿀팁**

자신을 나타내는 멋진 직함을 만드는 것이 막막하시다면 ChatGPT 같은 AI에게 브레인스토밍을 요청해보세요. 여러분의 강점과 열정, 그리고 세상에 주고 싶은 가치를 알려주면, AI가 여러분의 정체성을 빛내줄 창의적인 이름들을 제안해 줄 것입니다.

AI 프롬프트 예시

"나는 나를 가장 잘 표현하는 창의적이고 멋진 직함을 만들고 싶어.

- **나의 강점/하는 일:** 여기에 강점 입력.
  예: 사람들을 돕고, 글을 쓰고, 복잡한 것을 쉽게 설명하는 것

- **나의 열정/좋아하는 것:** 여기에 열정 분야 입력.
  예: 여행, 마술, 배움, 사람들과의 대화

- **세상에 주고 싶은 가치:** 여기에 가치 입력. 예: 즐거움, 성장, 위로, 영감

이 세 가지를 조합해서, 나를 잘 나타내는 창의적이고 기억하기 쉬운 직함 5개만 추천해 줘.

작성 예시

- **해피매지션(Happy Magician):** 마술을 통해 사람들에게 즐거움을 전하는 사람.
- **데이터 스토리텔러:** 복잡한 데이터를 흥미로운 이야기로 풀어내는 사람
- **일상 여행가:** 평범한 일상 속에서 새로운 의미와 즐거움을 발견하는 사람

● **나의 새로운 정체성, 나만의 직함**

_____

(이 직함이 담고 있는 의미를 서술한다.)

_____

_____

Step3. 긍정 선언 실천 계획 세우기

선언문을 만들고 직함을 정했다면, 이제 매일의 삶 속에서 반복하여 무의식에 각인시켜야 한다. 구체적인 실천 계획을 세운다.

작성 예시

- **언제:** 매일 아침 거울을 보며, 잠자리에 들기 전에
- **어디에:** 화장실 거울, 다이어리 첫 장, 스마트폰 배경화면에 붙여두기
- **어떻게:** 큰 소리로 자신감 있게 외치기, SNS 프로필에 나의 직함 적어두기

● **나의 긍정 루틴 설계하기**

언제 실천할 것인가?: _____

어디에 붙여두고 볼 것인가?: _____

어떻게 실천할 것인가?: _____

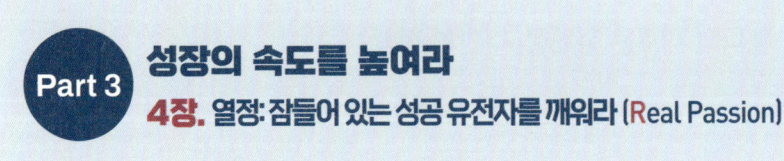

Part 3 성장의 속도를 높여라
4장. 열정: 잠들어 있는 성공 유전자를 깨워라 (Real Passion)

"열정은 온도가 아니라 지속성이다"

긍정적인 생각으로 시동을 걸었다면, 이제는 거침없이 앞으로 나아갈 강력한 엔진이 필요하다. 그 엔진의 이름이 바로 '열정'이다. 열정은 단순히 '좋아하는 것'을 넘어 '미치는 것'이며, '한번 해보는 것'을 넘어 '끝까지 해내는 것'이다.

이 장에서는 99도의 물을 100도로 끓게 만드는 마지막 1도의 힘, 바로 몰입에 관해 이야기하고자 한다. 하루 18시간을 한 가지 일에 쏟아붓게 만드는 그 뜨거운 에너지는 어디에서 오는지, 그리고 그 불꽃을 꺼뜨리지 않고 지속하는 힘은 어떻게 만들어지는지를 나의 경험을 통해 나누려 한다. 이것은 생각의 기술을 넘어, 목표를 현실로 만드는 에너지의 기술에 관한 이야기이다.

1. 열정은 성공의 불씨다: 지치지 않는 사람들의 비밀

미쳐야 미칠 수 있다

노만 빈센트 필은 "30년 가는 열정 엔진을 가진 사람이 결국 성공한다"라고 말했다. 누구에게나 열정이 불타오르는 순간이 있다. 그러나 어떤 이는 30분만 불타고, 또 어떤 이는 30일 만에 식어버린다. 반면 인생에서 진정한 성과를 거두는 사람은 30년 동안 꾸준히 열정을 유지한다. 짧은 불꽃은 순간적인 감동을 줄 수 있지만, 긴 호흡의 열정만이 삶의 방향을 바꾸고 성취를 이끌어낸다.

동양 고전에서는 이를 불광불급(狂하지 않으면 미치지 못한다)이라고 표현한다. 미쳐야 미칠 수 있다는 말처럼, 자기 일에 완전히 몰입하고 미칠 정도로 집중해야만 탁월한 경지에 도달할 수 있다. 천재는 타고나는 것이 아니라, 미칠 듯한 '몰입과 집중의 축적'에서 만들어진다. 자신이 하는 일에 목숨을 건 듯한 태도, 즐기며 몰입하는 태도가 곧 불광불급의 정신이다.

심리학자 칙센트 미하이는 이를 '몰입(Flow)'이라고 불렀다. 몰입은 어떤 활동에 깊이 빠져 시간 가는 줄 모르는 상태를 말한다. 몰입의 순간에는 불안도 사라지고, 최고의 성과가 자연스럽게 흘러나온다. 하지만 순간적인 몰입만으로는 부족하다. 장시간, 그리고 지속적으로 몰입하는 힘을 길러야 진짜 성과로 이어진다.

작가 이지성은 책 『18시간 몰입의 법칙』에서 하루 18시간 동안 몰입을 실천하는 사례를 소개했다. 성공한 사람들의 공통점이 바로 여기에 있다. 축구 선수 박지성은 하루 18시간씩 훈련하며 세계 최고 수준에 올랐고, 김연아는 링크에서 넘어져 온몸이 멍투성이가 되어도 연습을 멈추지 않았다. 골프의 전설 타이거 우즈는 어린 시절부터 매일 수천 번의 스윙을 반복했다. 그들에게 특별한 재능이 있었을 수도 있다. 하지만 더 중요한 것은 그들이 자신의 목표에 완전히 몰입했다는 사실이다.

그가 말하듯이 한순간 뜨겁게 타오르는 것이 아니라, 매일 꾸준히 같은 일을 반복하며 몰입할 때 인생은 달라진다. 열정은 순간의 감정이 아니다. 그것은 매일 반복되는 훈련과 습관 속에서 다져지는 삶의 태도이다. 30년 가는 열정 엔진을 장착하고, 불광불급의 자세로 몰입하며 살아간다면 누구든지 꿈꾸던 성공에 도달할 수 있다.

서울대 홍농문 교수 역시 몰입에 관한 연구를 통해 "진정한 몰입 상태에서는 개인의 잠재력이 최대로 발현된다"라고 강조했다. 이는 단순히 오래 하는 것이 아니라, 질적으로 완전히 다른 차원의 집중을 의미한다.

100도가 되어야 끓는다

물은 99도까지 아무리 뜨거워도 그저 물일 뿐이다. 하지만 단 1도가 더해져 100도가 되는 순간, 액체는 기체로 변하며 세상을 움직이는 증기기관을 탄생시킨다. 바로 이 마지막 1도의 차이, 이것이 '열정'의 본질이다. 어중간한 노력, 적당한 수준의 집중은 현실에 어떤 균열도 내지 못한다. 그러나 모든 것을 쏟아붓는 완전한 몰입, 즉 임계점을 돌파하는 열정만이 평범한 노력을 비범한 결과로 바꾸어 놓는다.

내가 사내 MBA 공부를 할 때의 경험이 그것을 잘 보여준다. 처음에는 공부할 분량이 산더미 같아 막막했다. 두꺼운 교재들을 쌓아놓고 '이걸 언제 다 소화하지?'라는 생각뿐이었다. 그러다 우연히 마인드맵이라는 공부법을 알게 됐다. 복잡한 내용을 나뭇가지처럼 펼쳐서 시각적으로 정리하는 방법이었다. 핵심 개념을 중심에 두고, 관련된 내용들을 가지치기하듯 연결해 나가는 것이다.

처음엔 익숙하지 않아 어색했다. 하지만 점점 재미있어졌다. 마치 복잡한 퍼즐을 맞춰가는 것처럼 흩어져 있던 내용들이 하나의 큰 그림으로 연결되면서 머릿속에 선명하게 자리 잡았다. 시험장에서 문제를 보는 순간 마인드맵이 떠올랐고, 답이 물 흐르듯 나왔다. 이때 깨달았다. 몰입하면 뇌 전체가 달라진다는 것을. 평소라면 보이지 않던 해결책이 갑자기 보이고, 불가능해 보이던 일이 당연한 것처럼 느껴진다.

집중의 마법

조선시대, 어떤 백성이 임금에게 찾아와 물었다. "전하, 성공하는 방법을 알려주십시오."

임금은 잠시 생각한 뒤 막걸리잔을 가져오게 한 후 잔에 막걸리를 가득 채운 뒤 말했다. "이 잔을 들고 궁궐 밖 마을을 한 바퀴 돌아 오시오. 30분 안에 말이오. 단, 막걸리 한 방울도 흘리면 안 되오. 만약 흘린다면 목숨이 없다고 생각하시오."

그 백성은 떨리는 손으로 잔을 받았다. 생사가 걸린 일이라 생각하니 온 신경이 막걸리잔에 집중됐다. 걸음걸이 하나하나, 호흡 하나하나까지 조심스러웠다. 30분 후, 그는 한 방울도 흘리지 않고 무사히 돌아왔다.

"마을을 돌면서 무엇을 보았소?" 임금이 물었다.

"아닙니다, 전하. 아무것도 보지 못했습니다."

"그럼 시장의 떠들썩한 소리는 들었소?"

"아무것도 듣지 못했습니다. 오직 막걸리를 흘리지 않는 것에만 신경 썼습니다."

임금이 만족스럽게 웃으며 말했다. "그것이 바로 성공의 비밀이오. 목표에만 완전히 집중하는 것 말이오. 주변의 유혹이나 방해에 흔들리지 않고, 오직 자신이 해야 할 일에만 몰입할 때 불가능한 일도 가능해지는 것이오."

우리 주변에는 수많은 유혹과 방해 요소가 있다. SNS, 연예 뉴스, 친구들의 놀자는 연락, TV 프로그램.... 이런 것들이 우리의 집중력을 분산시킨다. 하지만 진짜 중요한 목표가 있다면, 이런 것들에 신경 쓸 겨를이 없어야 한다. 그럴 때 비로소 불가능해 보이던 일도 해낼 수 있다.

몰입이 주는 진짜 선물

몰입의 가장 큰 매력은 성공 그 자체가 아니다. 바로 그 과정에서 느끼는 '깊은 만족감'과 '행복감'이다. 진정한 몰입 상태에 들어가면 시간 가는 줄 모른다. 힘든 줄도 모른다. 오히려 에너지가 넘친다. 마치 자신이 태어나서 해야 할 일을 하고 있다는 느낌이 든다.

스포츠 선수들이 '존(zone)'에 들어갔다고 표현하는 순간, 예술가들이 영감에 사로잡혀 작품을 완성하는 순간, 연구자들이 중요한 발견을 하는 순간이 바로 이런 몰입의 상태다. 이때는 외부의 소음이나 방해가 전혀 느껴지지 않는다. 오직 자신과 자신이 하는 일만 존재한다.

애플의 창업자 스티브 잡스는 매일 아침 거울을 보며 자신에게 물었다고 한다. "만약 오늘이 인생의 마지막 날이라면, 과연 오늘 하려는 일을 할 것인가?" 그는 이 질문을 통해 자신이 정말 열정을 쏟을 만한 일에 집중하려고 노력했다.

나도 이 질문을 나 자신에게 던져봤다. '만약 내일 죽는다면, 오늘

하고 싶은 일이 무엇일까?' 진지하게 생각해 보니 답이 명확했다. '사람들에게 행복한 성공의 방법을 알리는 것', '내가 경험한 깨달음을 나누어 다른 이들의 삶을 조금이라도 더 의미 있게 만드는 것'이었다.

그래서 나는 56세의 나이에 석사 과정을 시작했고, 58세에는 박사 과정에 도전했다. 주변에서는 "나이가 많은데 왜 그런 고생을 하느냐"고 물었지만, 나에게는 고생이 아니었다. 오히려 즐거웠다. 새로운 것을 배우는 기쁨, 연구하는 재미, 동료들과 토론하는 짜릿함.... 이 모든 것이 행복했다. 왜냐하면 내가 진심으로 하고 싶어 하는 일이었기 때문이다.

진정한 열정은 억지로 만들어지지 않는다. 돈 때문에, 남들이 좋다고 해서, 안정적이라서 하는 일에는 진짜 열정이 생기기 어렵다. 하지만 내가 하는 일이 가치 있다고 진심으로 믿을 때, 그 일이 나를 성장시키고 다른 사람에게도 도움이 된다고 확신할 때, 자연스럽게 열정의 불꽃이 타오른다.

그리고 그 열정이야말로 성공으로 가는 가장 강력하고 지속 가능한 엔진이다. 외부의 보상이나 인정이 없어도, 힘들고 어려운 순간에도 우리를 앞으로 밀어주는 근본적인 동력이 바로 여기에 있다.

2. 열정의 불꽃을 꺼뜨리지 않는 법

하지만 아무리 강력한 엔진이라도 연료가 없으면 멈추고 만다. 열정 역시 무한한 자원이 아니다. 계속 타오르기만 하면 언젠가는 반드시 소진된다. 많은 사람이 새해의 뜨거운 다짐이 봄을 넘기지 못하는 이유도 여기에 있다.

중요한 것은 열정을 소비하고 다시 채우는 '에너지 순환 시스템'을 의식적으로 만드는 것이다. 골프 황제 잭 니클라우스는 "주위가 아무리 산만해도 내가 하는 일에 강하게 몰입할 수 있다. 나는 집중력의 피크에 도달했다가 다시 이완시키는 것을 내 마음대로 조절할 수 있도록 훈련해왔다."고 말했다. 이처럼 최고의 프로들은 자신의 감정과 에너지를 의식적으로 관리한다. 열정의 불꽃이 사그라지지 않도록 꾸준히 연료를 공급하는 나만의 방법을 찾아야 한다.

열정적인 사람처럼 행동하기

심리학에 '점화 효과(Priming Effect)'라는 것이 있다. 먼저 접한 정보가 나중의 행동에 무의식적으로 영향을 미치는 현상이다. 열정이 식었다고 느껴질 때, 일부러 더 활기차게 움직이고 열정적인 사람처럼 말하고 행동하는 것이 바로 이 원리를 활용하는 것이다.

"나는 열정적이다"라고 스스로에게 선언하고, 어깨를 펴고, 목소리에 힘을 주는 것만으로도 뇌는 다시 열정의 스위치를 켜기 시작한다. 내가 극도로 내성적인 성격을 극복하려고 일부러 영업 부서에 지원했던 것도 같은 맥락이다. '열정적인 영업사원'처럼 행동하기를 수없이 반복하자, 어느새 그것이 나의 진짜 모습이 되어 있었다. 행동이 감정을 이끌어내는 것이다.

좋아하는 일로 몰입을 연습하라

열정의 핵심은 몰입(Flow)이다. 그리고 몰입을 가장 쉽게 경험하는 방법은 바로 좋아하는 일을 하는 것이다. 나에게는 '마술'이 그런 존재였다. 처음 보는 사람 앞에서는 말도 제대로 못 꺼내던 내가, 마술 도구를 잡으면 시간 가는 줄 모르고 연습에 빠져들었다.

작은 마술 공연이나 술자리에서 사람들의 환호성을 들으며 느꼈던 그 깊은 몰입의 경험은 다른 일에도 긍정적인 영향을 미쳤다. 좋아하는 일에서 경험한 몰입의 즐거움은 하나의 '성공 경험'으로 뇌에 각인된다. 그리고 그 기억은 하기 싫거나 어려운 일, 예를 들어 박사 논문을 쓰는 것과 같은 고된 작업에 몰입해야 할 때 '나도 할 수 있다'는 자신감의 근거가 되어준다.

스스로에게 적절한 보상을 선물하라

새로운 무언가를 얻거나 보상받는다는 기대감은 우리 뇌 속의 도파민 분비를 촉진해 활력과 의욕을 솟아나게 한다. 목표를 향해 달려가는 과정이 힘들게만 느껴진다면 쉽게 지칠 수밖에 없다. 따라서 스스로에게 '라이프 이벤트'와 같은 적절한 보상을 약속하는 것이 중요하다.

나는 사내 MBA 과정을 시작하며 안방 문에 '졸업식에서 1등을 하겠다'라고 써 붙였다. 1등이라는 달콤한 보상을 매일 시각화하자, 고된 공부 과정이 목표 달성을 위한 즐거운 여정으로 느껴졌다. 거창한 목표가 아니더라도 좋다. '이번 주 목표를 달성하면 주말에 좋아하는 넷플릭스 영화 보기'와 같은 작은 보상들이 열정의 엔진을 계속 돌아가게 만드는 윤활유가 되어준다.

열정적인 사람과 공간을 찾아라

열정은 그 어떤 바이러스보다 전염성이 강하다. 내가 '총각네 야채가게' 이영석 대표님을 만나기 위해 새벽 가락시장을 찾아갔던 이유도 바로 이것이다. 책만으로는 느낄 수 없었던 그의 뜨거운 에너지를 직접 흡수하고 싶었기 때문이다.

열정적인 사람과 대화하고, 그들이 뿜어내는 에너지가 가득한 공간에 머무는 것만으로도 나의 잠자고 있던 열정 세포들이 깨어난다. 부정적인 말을 입에 달고 사는 사람들과의 만남은 피하고, 대신 여러분의 꿈을 응원하고 함께 성장할 수 있는 멘토나 긍정적인 모임에 시간을 투자하라. 그들이 바로 여러분의 열정을 재충전해 줄 최고의 에너지원이다.

나만의 '열정 충전소' 리스트를 만들어보자. 기운이 빠질 때 힘을 주는 책의 한 구절, 가슴을 뛰게 하는 노래나 음악, 동기부여 영상, 존경하는 멘토의 연락처, 혹은 보기만 해도 에너지가 느껴지는 장소의 사진 등을 스마트폰 메모장에 정리해 두는 것이다. 열정이 방전되었다고 느껴질 때, 이 리스트를 꺼내 보는 것만으로도 즉각적인 에너지 충전 효과를 얻을 수 있다.

3. 꾸준함이 기적을 만든다

30분의 열정 vs 30년의 끈기

열정 없는 사람은 미지근한 물로 기차를 움직이려는 것과 같다. 증기기관차는 물이 100도가 되어야 비로소 움직인다. 우리 인생도 마찬가지다. 일정 수준 이상의 에너지가 쌓여야 변화가 시작된다.

랄프 왈도 에머슨은 "열정 없이 이룬 것은 아무것도 없다"라고 했다. 모든 성공한 사람의 공통점은 용암처럼 뜨거운 열정이다. 하지만 여기서 중요한 건 열정의 '지속성'이다.

어떤 사람은 30분 동안 불타오르고, 또 다른 사람은 30일 동안 몰입한다. 그러나 진짜 성공하는 사람은 30년 동안 열정을 유지하는 사람이다. 열정은 순간의 감정이 아니라, 매일 반복하는 행동 속에서 길러지는 것이다.

새벽 5시의 약속을 100일간 지키다

나는 이 원리를 직접 체험했다. 단희쌤 유튜버가 제안한 '새벽 5시 기상 프로젝트'를 100일 동안 실천했다. 처음 며칠은 괴로웠다. 알람이 울려도 몸이 무겁고, '오늘 하루쯤은 괜찮겠지'라는 유혹이 계속 찾아왔다.

하지만 신기한 일이 일어났다. 20일, 30일이 지나면서 새벽 기상이 자연스러워졌다. 몸이 시간을 기억하기 시작한 것이다. 50일이 지나자 알람 없이도 새벽에 눈이 떠졌다. 100일을 채운 후에도 멈추지 않았다. 200일, 300일…. 어느새 새벽 일찍 일어나는 것이 내 삶의 일부가 되었다.

'독서혁명 100일 프로젝트'도 마찬가지였다. 매일 책을 읽고 글을 쓰는 것이 처음엔 부담스러웠지만, 시간이 지나면서 자연스러운 습관이 되었고, 나는 2년 동안 매일 글을 썼다. 나는 알았다. 열정은 의지가 아니라 습관이 되어야 지속된다는 것을.

야쿠르트 하나가 만든 기적

어느 가전 대리점 사장님이 여직원에게 준 미션은 간단했다. "매일 야쿠르트 50개를 고객들에게 나눠주세요." 처음엔 단순한 마케팅 같아 보였다.

그 직원은 매장을 찾는 모든 손님에게 야쿠르트를 건넸다. 비가 와도, 손님이 없는 날에도 마찬가지였다. 매장 앞을 청소하는 분들, 근처 상점 사장님들에게도 야쿠르트를 나누며 인사했다.

처음엔 별다른 변화가 없어 보였다. 하지만 1년, 2년이 지나자 놀라운 일이 일어났다. 이 매장은 '친절한 가게'로 소문났고, 단골이 계속 늘어났다. 사람들은 단순히 야쿠르트를 받은 게 아니라, 이 가게의 따뜻한 마음을 기억했던 것이다.

작은 행동이라도 꾸준히 지속하면 사람들의 마음에 각인된다. 평범한 일을 비범한 성과로 바꾸는 힘이 바로 여기에 있다.

모임 한 번이 관계 백번보다 낫다

나는 여러 모임을 주관한다. 특히 고등학교 동창 모임을 매달 정기적으로 여는데, 이게 생각보다 쉬운 일이 아니다.

매월 초가 되면 날짜와 장소를 정해 단톡방에 공지한다. 몇 개 후보 식당 중에서 투표를 받아 예약하고, 친구들이 참석하도록 독려 메시지도 보낸다. 친구들은 그냥 와서 먹고 즐기면 되지만, 모든 준비는 내 몫이다.

어느 날 한 친구가 단톡방에서 말했다. "회사 일하고, 박사 공부하면서 매달 우리 모임까지 챙기는 사람은 이 친구밖에 없다." 솔직히 나에겐 익숙한 일이었지만, 친구들에겐 고마운 일이었나 보다.

사람들이 묻는다. "그렇게 모임을 준비하고, 주관하는 것이 부담스럽지 않냐?"고. 전혀 그렇지 않다. 한 번 모임이 끊어지면 다시 만들기가 정말 어렵다. 하지만 누군가 꾸준히 챙기면 자연스럽게 관계가 이어진다. 꾸준하게 매달 모임을 갖다 보니 고등학교 동참모임이 지금까지 유지되고 있다. 관계도 사업과 마찬가지다. 한 번 맺었다고 끝이 아니라, 계속 노력해야 한다.

4. 준비된 사람에게 기회는 반드시 온다

30년 쌓은 실력이 빛나는 순간

CEO께 보고할 자료를 작성하는 긴급 업무가 갑자기 내게 떨어졌다. 새로운 프로젝트 결과를 정리하고 다음 단계 계획까지 발표해야 했다. 여러 부서에서 온 방대한 데이터를 분석해서 한눈에 이해할 수 있게 몇 장으로 요약한 자료를 만드는 어려운 일이었다.

보고서를 제출하자, 팀장이 놀라며 물었다. "어떻게 이렇게 빨리 만들었어요?" 나에게는 익숙한 일이었지만, 다른 사람들에게는 놀랍게 보였나 보다. 사실 이 능력은 하루아침에 만들어진 것이 아니다. 입사 5년 차에 전략기획 부서로 옮겨 9년간 기획 업무를 했다. 공대 출신이라 처음엔 막막함을 느꼈다. 숫자와 공식에는 익숙했지만, 복잡한 현황을 단 한두 장의 자료로 정리하는 일은 전혀 다른 차원의 능력이 필요했다.

그때 사수인 실력자 차장님을 만났다. 그분과 함께 다음 연도 전략을 수립하는 두 달 동안 밤샘과 주말 근무를 밥 먹듯 하며 실력을 쌓아갔다. 그렇게 몇 번의 전략 보고 프로젝트를 견디고 나니, 어느새 복잡한 자료를 보는 눈이 달라져 있었다. 100페이지짜리 보고서를 받아도 핵심 메시지가 한눈에 들어왔다. 그때의 야근과 주말 출근이 없었다면, 갑자기 주어진 일을 좋은 품질로 빨리 처리할 수 없었을 것이다. 그 이후 마케팅전략지원실 기획팀장으로 일하면서 나중에 LG전자 사장이 되신 이상규 실장님, LX 하우시스 대표가 되신 강계웅 팀장님과 함께 일하면서 사업을 바라보는 넓은 시각을 가지며 본격 마케팅 전략을 수립하는 경험을 하게 되었다. 진짜 실력은 단숨에 만들어지지 않는다. 한 걸음씩, 하루하루 조금씩 쌓아 올린 경험과 노하우가 결정적인 순간에 빛을 발한다.

실패하면 안 되니까 더 철저하게

'골목식당'에 나온 숙대 근처 버거집 사장의 이야기가 인상적이었다. 백종원이 그 가게만큼은 칭찬만 했다. 냉장고에 붙어 있는 시간표를 보고 "혹시 숙대 수업 시간표?"라고 물었는데, 실제로 그랬다. 학생들이 언제 수업을 마치고 몰려올지 정확히 파악하고 있었던 것이다.

"참 치밀하신 성격인가 봐요?"라는 질문에 사장은 이렇게 답했다. "이제 실패하면 안 되니까요." 이 한마디에서 그의 절박함이 느껴졌다. 여러 번 실패한 끝에 다시 가게를 연 그는, 이번엔 반드시 성공하겠다는 각오로 철저히 준비했다. 맛 연구, 매일 주방 점검, 완벽한 서비스…. 모든 게 치밀했다. 그분의 성공은 "열심히 하자"가 아니라 "어떻게 하면 실패하지 않을까"를 고민하며 준비한 결과다.

마이클 펠프스의 비밀

세계적인 수영선수 마이클 펠프스의 성공에는 특별한 비결이 있었다. 그는 경기 전날, 실제 경기 시간과 똑같은 시간에 훈련했다. 단순히 수영 실력만 키운 게 아니라, 그 순간에 몸과 정신이 최상의 상태가 되도록 준비한 것이다.

올림픽 결승전에서 고글에 물이 차는 돌발 상황이 발생했다. 하지만 그는 당황하지 않았다. 평소 훈련한 대로 침착하게 수영을 이어갔다. 결국 금메달을 목에 걸었다.

운은 준비된 자에게만 찾아온다. 기회가 왔을 때 그것을 붙잡을 수 있는 사람은, 평소에 철저히 준비한 사람뿐이다.

매일의 작은 실천이 인생을 바꾼다

존 아사라프의 『해빙 잇 올』이라는 책에서 성공의 세 가지 요소를 이야기한다. 첫째, 여러분이 알고 믿는 것. 둘째, 여러분의 전략. 셋째, 여러분이 매일 끊임없이 하는 것.

첫 번째는 나의 사명이다. 내가 이루고 싶은 것이 무엇인지, 어떤 가치를 남길 것인지에 대한 명확한 비전이 있어야 한다.

두 번째는 전략이다. 사명을 이루기 위한 구체적인 실행 계획이 필요하다. 무작정 달리는 게 아니라 전략적으로 접근해야 한다.

세 번째가 가장 중요하다. 매일 실천하는 것이다. 아무리 좋은 계획도 실행하지 않으면 그림의 떡이다.

성공은 하루아침에 오지 않는다. 30대, 40대, 50대…. 10년 단위로 계획하고, 그것을 연도별, 월별, 그리고 매일의 실천으로 나누어 실행해야 한다. 한순간에 모든 걸 이루려는 조급함을 버리고, 매일 한 걸음씩 쌓아가는 것이 목표를 이루는 최선의 방법이다. 하루하루 작은 성공을 만들고, 그것을 쌓아가며 결국 꿈을 현실로 만드는 것이다.

꾸준함은 평범한 사람을 비범한 사람으로 바꾸는 가장 강력한 힘이다. 매일의 작은 노력이 쌓여 큰 성과를 만들어낸다. 그런데 매일 이렇게 노력을 꾸준하게 지속하는 것은 바로 열정이 있기 때문이다. 이것이 바로 인생을 변화시키는 가장 중요한 원동력이다.

4장 자기 경영 워크시트: 열정 엔진 지속하기

● 꺼지지 않는 열정을 만드는 시스템

열정은 성공의 원동력이지만, 순간의 감정만으로는 오래가지 않는다. 진짜 성공하는 사람은 30년 동안 열정을 유지하는 사람이다. 이 워크시트는 여러분의 열정을 의지력이 아닌 '시스템'으로 만들어, 지치지 않고 꾸준히 목표를 향해 나아갈 수 있는 지속 장치를 설계하도록 돕는다.

Step1. 나의 몰입 스위치 & 방해 요소 파악하기

여러분은 언제, 어떤 일을 할 때 시간 가는 줄 모르고 깊이 몰입하는가. 반대로 여러분의 집중력을 흩트리는 방해 요소는 무엇인가. 나를 아는 것이 열정 관리의 시작이다.

작성 예시

나의 몰입 스위치: 조용한 새벽 시간, 데드라인이 명확할 때, 좋아하는 음악을 들으며 글을 쓸 때 나의 방해 요소: 스마트폰 SNS 알림, 주변의 소음, 계획 없이 즉흥적으로 일을 시작할 때

● 나의 몰입 환경 분석

내가 가장 몰입하는 순간 (언제, 어디서, 무엇을 할 때):
_____

내가 가장 몰입하는 순간 (언제, 어디서, 무엇을 할 때):
_____

Step2. 열정 유지를 위한 '지속 장치' 만들기

열정은 의지가 아니라 습관이 되어야 지속된다. 여러분의 목표를 꾸준히 실천하게 만들어 줄 '환경 설정'과 '자동 실행 시스템'을 구체적으로 설계한다.

● AI 꿀팁

여러분의 열정을 지치지 않게 할 '지속 시스템'을 설계하는 것이 막막하다면 ChatGPT 같은 AI에게 아이디어를 구해 보자. 여러분의 목표를 알려주면, AI가 실행력을 높여줄 기발한 환경 설정, 자동 실행 규칙, 보상 시스템을 제안해 줄 것이다.

AI 프롬프트 예시

"나는 '[나의 핵심 목표 입력. 예: 매일 30분 운동하기]'라는 목표를 꾸준히 실천할 수 있는 '열정 지속 시스템'을 만들고 싶어.

- **환경 설정:** 이 목표를 더 쉽게 시작할 수 있도록 도와주는 기발한 '환경 설정' 아이디어 3가지를 제안해 줘.

- **자동 실행 규칙:** 이 목표를 다른 습관에 연결하거나 특정 시간에 자동으로 실행할 수 있는 '자동 실행 규칙' 3가지를 만들어 줘. (예: 양치질 후에 바로 스쿼트 10개 하기)

- **보상 시스템:** 이 목표를 일주일간 성공했을 때 나에게 줄 수 있는, 동기부여가 될 만한 '보상' 아이디어 3가지를 추천해 줘. 이 아이디어들을 참고해서 나만의 시스템을 완성할 거야."

작성 예시

목표: 매일 책 읽고 글쓰기 지속 장치
- **시스템:** (환경 설정) 자기 전, 책상 위에 읽을 책과 노트를 미리 펼쳐둔다.
- **자동 실행:** '새벽 5시 기상 프로젝트'에 참여하여 일어나자마자 책상에 앉는 것을 첫 번째 일과로 삼는다.
- **보상:** 100일 챌린지 성공 시, 평소 갖고 싶었던 만년필을 나에게 선물한다.

● **나의 열정 지속 시스템 설계하기**
- 나의 핵심 목표: _____
- 지속 장치 2 (환경 설정): _____
- 지속 장치 2 (자동 실행 규칙): _____
- 지속 장치 3 (보상 시스템): _____

Step3. 준비된 자가 되기 위한 '만약의 계획' 세우기

기회는 준비된 자에게 찾아온다. 하지만 예상치 못한 변수는 언제나 발생한다. 여러분의 열정이 꺾일 수 있는 위기 상황을 미리 상상하고, 그때 어떻게 대처할 것인지 '만약의 계획(If-Then Plan)'을 세운다.

작성 예시

- **위기 상황:** 야근 때문에 너무 피곤해서 새벽 기상을 못 할 것 같다면, 대처 계획: 자기 전에 "내일 아침은 10분만이라도 책을 읽자"고 목표를 낮추고, 알람을 끄고 바로 세수부터 한다.

● **나의 위기관리 매뉴얼**

만약 _____ (위기 상황) 이라면, 그러면
나는 _____ (대처 행동) 할 것이다.

5장. 학습: 어제의 나보다 성장하는 무기
(Train Yourself)

"하루 1% 성장이 1년 후 37배를 만든다"

세상은 어제와 오늘이 다르게 변하고, 어제의 정답이 오늘의 오답이 되기도 한다. 이런 시대에 성장을 멈추는 것은 현상 유지가 아니라 퇴보다.

이 장에서는 나이와 환경의 한계를 뛰어넘어 평생 배우는 사람으로 살아가는 즐거움과 중요성에 대해 이야기한다. 늦은 나이에 석사, 박사 공부를 시작하며 깨달은 배움의 경이로움, 그리고 책과 멘토, 새로운 도전을 통해 어떻게 나의 세계를 무한히 확장해 왔는지를 공유한다. 이것은 지식의 기술을 넘어, 인생을 풍요롭게 만드는 성장의 기술에 관한 이야기이다.

1. 평생 학습이 최고의 자기 투자다

세계 인구 0.25%가 만드는 기적

전 세계 인구의 0.25%에 불과한 유대인들이 노벨상 수상자의 23%를 차지한다는 사실을 아는가? 미국 상원의원 100명 중 13명, 미국 부호 100명 중 32명, 아이비리그 대학 교수진의 40%가 유대인이다. 할리우드 영화계의 제작자와 감독, 시나리오 작가 중 60%도 마찬가지다. 우리가 이름만 들어도 아는 프로이트, 아인슈타인, 스티브 잡스, 빌 게이츠…. 이렇게 성공한 유대인들의 공통점은 무엇일까?

놀랍게도 답은 의외로 간단하다. 바로 '교육'에 있다. 수천 년간 나라 없이 전 세계를 떠돌아야 했던 유대인들에게 학습은 단순한 교양이 아니었다. 그것은 생존을 위한 가장 강력한 무기였고, 어떤 박해와 시련 속에서도 빼앗길 수 없는 유일한 재산이었다. 그들은 교육을 통해 어디서든 살아남을 수 있는 능력을 기르고, 그 지혜를 후손에게 전수하며 민족의 생명력을 이어왔다.

이것이 단순한 우연의 일치일까? 절대 그렇지 않다. 유대인들의 성공에는 수천 년간 축적된 교육 철학과 학습 문화가 뿌리 깊게 자리 잡고 있다.

한국과 유대인, 교육열은 같지만 결과가 다른 이유

흥미롭게도 한국과 유대인 모두 세계적으로 손꼽히는 교육열을 자랑한다. 두 민족 모두 강한 결속력을 가지고 있으며, 외침과 고난을 극복하는 과정에서 교육을 통한 성장 전략을 선택했다. 한국은 일제강점기와 6.25전쟁 이후 '한강의 기적'을 이뤘고, 이스라엘은 척박한 땅에서 첨단 기술 강국으로 발돋움했다.

하지만 결과는 확연히 다르다. 미국 명문대학에 입학한 한국 학생 중

44%가 중도 탈락하는 반면, 유대인 학생의 중퇴율은 12.5%에 불과하다. 무려 4배나 차이가 나는 이 놀라운 격차는 어디서 오는 걸까?

핵심은 학습 방식의 차이에 있다. 한국 교육은 주입식 학습과 단기 목표에 집중한다. 정답을 빨리, 정확하게 찾는 것이 최우선이다. 시험이 끝나면 학습에 대한 열정도 함께 식어버린다. 마치 단거리 달리기처럼 짧은 시간에 폭발적인 에너지를 쏟아붓지만, 장기적인 지속력은 부족하다.

반면 유대인 교육은 질문과 토론 중심이다. 탈무드에 "어떤 지식이든 질문을 통해 깊어진다"는 말이 있듯, 그들은 끊임없이 묻고 대답하며 사고력을 키운다. 암기보다는 이해를, 정답보다는 과정을 중시한다. 마라톤을 뛰듯 꾸준하고 지속적인 학습 습관을 기른다.

유대인 가정의 특별한 교육법

유대인 가정의 안식일은 그 자체로 하나의 교육 현장이다. 매주 토요일마다 온 가족이 모여 '토라'를 읽고 철학적 토론을 벌인다. 이때 아버지는 단순한 가장이 아니라 아이의 가장 좋은 친구이자 최고의 선생님 역할을 한다.

유대인 부모들의 교육 방식은 우리와 확연히 다르다. 아이가 TV 앞에 앉아 있을 때 "공부해라"라고 잔소리하는 대신, 부모가 먼저 책을 읽고 공부하는 모습을 보여준다. 아이가 실수하거나 실패했을 때 꾸짖기보다는 "그 과정에서 뭘 배웠니?", "다음엔 어떻게 할 거야?"라고 묻는다. 실패를 성장의 일부로 받아들이도록 가르치는 것이다.

더 놀라운 것은 유대인 부모들이 결혼과 동시에 부모 교육을 받는다는 점이다. 아이를 낳기 전에 이미 어떻게 키울지, 어떻게 가르칠지를 체계적으로 배운다. 임신 중에도 부부가 함께 육아법을 공부한다. 이는 단순한 양육법을 넘어 아이의 교육 방향을 함께 고민하고 준비하는 과정이다.

결과는 명확하다. 한국 학생들은 대학 입학과 함께 학습 열정이 급격히 식어버리지만, 유대인들은 평생에 걸쳐 배우고 성장하는 습관을 자연스럽게 체화한다. 이것이 바로 그들이 세계 곳곳에서 두각을 나타내는 진짜 비결이다.

하루 네 끼, 수입의 5%를 자기에게 투자하라

사람은 몸의 건강을 위해 하루 세 끼를 챙겨 먹는다. 그렇듯 마음과 정신의 건강을 위해서도 한 끼의 독서가 필요하다. 그래서 현명한 사람들은 하루 네 끼를 실천한다고 말한다. 세 끼는 몸을 위한 식사이고, 한 끼는 마음을 위한 독서이다. 책을 읽는 것은 영양분을 섭취하는 것과 같아서, 꾸준히 쌓이면 삶의 근육이 되고 지혜가 된다.

또한 수입의 5%는 반드시 자기 계발에 투자하라는 조언이 있다. 돈을 불리는 재(財)테크도 중요하지만, 그보다 앞서 자신을 성장시키는 재(才)테크가 우선이다. 자신을 키우는 투자야말로 장기적으로 가장 높은 수익을 가져다준다. 책을 사고, 강연을 듣고, 배움을 이어가는 데 쓰는 비용은 결코 지출이 아니다. 그것은 미래의 기회를 여는 자산이 된다.

하루 네 끼의 습관과 5%의 자기 투자 원칙을 꾸준히 지켜간다면, 누구라도 지식과 지혜가 쌓이고, 그것이 곧 인생의 경쟁력이 된다. 결국 자기 계발에 대한 투자는 가장 확실하고 안전한 투자이다.

배움은 곧 성장이다

베스트셀러 『마흔의 돈 공부』를 쓴 단희쌤은 지속적인 성장을 위한 네 가지 방법을 제시했다. 책 읽기, 자기만의 성공 일지 쓰기, 세미나 참석하기, 모범 찾기가 그것이다. 돌이켜보니 나는 이 중 세 가지를 이미 실천하고 있다.

나에게 독서는 단순한 취미가 아니다. 그것은 삶을 변화시키는 가장 확실한 방법이다. 처음에는 성공학 관련 서적부터 시작했다. 총각네 야채가게 대표를 만난 후 꿈과 열정에 관한 책들을 탐독했고, 이후 업무 관련 서적을 읽으며 실무에 적용했다. 점차 관심 분야를 넓혀가며 책 속에서 또 다른 책을 찾아 읽는 연쇄 독서의 즐거움도 경험했다.

책 한 권을 쓴다는 것이 얼마나 어려운 일인지 석사와 박사 논문을 쓰면서 절실히 느꼈다. 책은 저자의 인생이 압축된 결과물이다. 평생의 지식과 경험, 시행착오와 깨달음이 몇백 페이지 안에 담겨 있으며, 저자는 혼신의 힘을 다해 글을 쓴다. 그래서 나는 책을 읽을 때 단순한 독서가 아니라 '그 사람의 인생을 통째로 읽는 것'이라고 생각한다.

책이나 강의는 겉으로 보기에는 값이 저렴하지 않아 보일 수 있다. 하지만 그 속에는 저자가 평생 연구하고 실천한 지혜가 담겨 있다. 그중 단 한 가지라도 실행하여 삶에 변화를 만든다면, 그것은 상상할 수 없는 큰 가치를 지닌 투자다. 커피 두 잔 값으로 살 수 있는 책은 잠깐의 각성이 아니라 인생을 바꿀 아이디어를 준다. 결국 배움은 지식을 쌓는 일이 아니라, 삶을 변화시키고 새로운 가능성을 열어주는 성장의 길이다.

행복한 가정을 위해서도 공부해야 한다

요즘 나는 행복한 가정과 인간관계에 관한 책을 집중적으로 읽고 있다. 왜일까? 20년 넘게 각자 다른 환경에서 자란 두 사람이 만나 평생 함께 산다는 것이 얼마나 어려운 일인지 깨달았기 때문이다. 어떤 이는 "결혼은 전쟁터보다 더 힘든 곳에 가는 것"이라고 말하기도 한다. 가정 경영에 관한 책 한권 읽지 않고 결혼하는 것은 전쟁터를 가는데 총 한번 쏴 보지 않고 가는 것과 같다.

우리는 이렇게 중요한 삶의 영역에 대해 제대로 공부하지 않는다. 결혼식장 예약과 신혼여행 계획은 열심히 세우지만, 정작 행복한 결혼

생활을 위한 준비는 하지 않는다. 직업 기술은 수년간 배우면서도, 가족과의 관계를 잘 유지하는 법이나 아이를 올바르게 키우는 방법은 배우지 않는다.

몇 년을 살아보다가 이혼을 결심하는 부부, 가족 간의 갈등이 커져 관계가 단절되는 경우를 주변에서 종종 본다. 아이가 있는 부모조차 이런 문제를 해결하기 위해 적극적으로 학습하려 하지 않는다. 경험에만 의존한 채 버티다가 결국 포기하고 마는 것이다.

실제로 미국에서 "골프 싱글을 만들어줄 테니 100만 달러를 내세요"라고 제안하면 많은 남자가 서로 하겠다고 돈을 가져온다고 한다. 하지만 똑같은 사람들에게 "당신의 가정을 행복하게 만들어줄 테니 100만 달러를 내세요"라고 말하면 아무도 손을 들지 않는다고 한다. 일시적인 성취감과 타인의 부러움을 사는 골프 실력이 중요한가, 아니면 내 인생의 근간이자 영원한 안식처가 되어야 할 가정의 행복이 중요한가? 많은 사람이 필드 위에서의 성공을 위해 시간과 돈, 열정을 쏟아붓지만, 정작 가장 소중한 가정이라는 필드는 잡초가 무성하도록 내버려두고 있다.

행복한 가정을 만드는 일보다 더 고귀하고 중요한 일이 있을까? 단순히 직장에서 승진하고 돈을 버는 것보다, 나와 내 가족이 진심으로 행복한 삶을 사는 것이 훨씬 더 가치 있는 목표가 아닐까? 우리는 이를 위해 반드시 공부해야 한다. 행복한 가정과 관계를 유지하는 것도 하나의 기술이자 학습이 필요한 영역이다.

2. 어제의 나보다 1% 성장했는가: 복리 효과의 마법

30년 실력의 비밀, 지속이 힘이다

앞에도 말했지만, 나는 실력 좋은 차장님을 사수로 모시며 정말 치열한 시간을 보냈다. 밤샘 작업과 주말 출근을 밥 먹듯 하며 한 걸음씩 실력을 쌓았다. 당시 차장님은 30여 장의 복잡한 자료를 단 1장으로 핵심만 뽑아내는 마법 같은 능력을 가진 분이었다. 두꺼운 책 몇 권을 읽고 10장짜리 요약 보고서로 만드는 것도 일상이었다.

"어떻게 하면 그렇게 할 수 있습니까?" 내가 물었다. 차장님의 대답은 간단했다. "계속하면 보여. 지속이 힘이야." 차장님은 내가 만든 초안을 보고 "여기서 핵심은 이것 하나야. 나머지는 다 부차적인 거고"라며 명확하게 포인트를 잡아주셨다. "30장을 1장으로 줄이는 게 아니라, 30장 속에서 진짜 중요한 1장을 찾는 거야." 이 말은 내게 전환점이었다. 정보를 줄이는 게 아니라 핵심을 찾아내는 눈을 기르는 것이었다.

그렇게 전략을 수립하는 두 달간의 야근 지옥을 몇 차례 견디고 나니 핵심 메시지가 한눈에 들어왔다. 처음에는 그 과정이 얼마나 소중한 경험인지 몰랐고 그저 힘든 시간을 버텨냈다고만 생각했다. 하지만 시간이 지나면서 깨달았다. 그때 쌓은 '지속의 힘'이 30여 년간 나의 가장 큰 경쟁력이 되었다는 것을. 지속적인 학습은 단순히 지식을 쌓는 것을 넘어, 세상을 보는 관점을 바꾸고 문제의 본질을 꿰뚫어 보는 힘을 길러준다. 하루하루 조금씩 쌓아 올린 경험과 노하우는 어느 순간 나의 일부가 되어, 예상치 못한 곳에서 빛을 발하게 된다.

성공한 사람과 그렇지 못한 사람의 차이는 극적인 변화가 아니라 매일 아주 작은 개선을 지속했느냐의 차이다. 제임스 클리어는 책 『아주 작은 습관의 힘』에서 '하루 1%씩 나아지면 1년 후엔 1.01의 365제곱, 즉

37.78배가 된다는 복리 효과를 강조했다. 56세에 석사 과정을 시작할 때도, 58세에 박사에 도전할 때도 나는 '오늘 어제보다 1%만 더'라는 원칙을 지키려고 노력했다.

영어, 포기하지 않고 계속 도전하다

"How are you?", "Fine, thank you. And you?"

중학교 때 달달 외웠던 영어 문장이다. 나는 왜 실제 상황에서는 이 정도밖에 말하지 못할까? 단어는 꽤 많이 알고 있었지만, 어순을 잡아 자연스러운 문장으로 만들어 말하는 것이 너무나 어려웠다.

사실 나의 영어 실력이 형편없었던 데에는 배경이 있다. 나는 공업고등학교에 다녔는데, 공고에서는 실습시간이 반을 차지했기에 영어 수업은 1주일에 고작 2시간밖에 없었다. 공과대학에 진학해서도 마찬가지로 영어를 접할 기회가 크게 없었다. 원서로 수업을 듣기는 했지만, 공식을 알면 되는 공부가 많아 영어가 필수적이지 않았다. 심지어 대학 진급 시험도 대학 때 공부한 일본어가 더 점수를 받을 수 있을 것 같아 일본어로 치렀으니, 나의 영어 실력은 그야말로 형편없을 수밖에 없었다.

50세에 해외 부서로 이동하면서 영어는 선택이 아닌 필수가 되었다. 출장에서 만나는 외국인들과 자유롭게 소통하고 싶었지만, 현실은 냉혹했다. 회의에 참석해도 대화를 따라가기 어려웠고, 거래선과의 회의에서 자유롭게 의견을 표현하는 것이 불가능했다. 내가 주도해야 할 회의에서도 영어 잘하는 부하 직원의 통역에 의존해야만 했다. 침묵 속에서 흘러가는 어색한 시간이 견디기 힘들었다.

'이대로는 안 되겠다.' 나는 다양한 방법으로 영어 정복에 나섰다. 저녁 10분 전화영어를 2년간 꾸준히 했고, 영어 회화책을 여러 권 사서 읽었다. 주말에는 강남의 회화 학원까지 다니며 실전 연습을 했다. 온라인 강좌를 수강하고, 회화책 한 권을 10번씩 반복해서 암기하며 입에 익숙해지려고 노력했다. 출퇴근 길에, 점심 식사 후에 계속 문장을 암기했다. 전화영어뿐만 아니라 누구나 들어서 익숙한 야나두, 윤재성영어, 박코치, 마파영(마인드 파워 영어), 무나투나, 시원스쿨, 뇌새김 그리고 스픽앱 등 영어를 배우기 위해 할 수 있는 거의 모든 방법을 시도했다.

그러던 중 큰 고비가 찾아왔다. 해외 외국인 근무자들을 한국에 초청해 회의하는 중 내가 맡은 팀을 영어 프리젠테이션으로 소개해야 하는 상황이 닥친 것이다. 처음에는 영어를 잘하는 직원을 내세우려 했지만, 다른 팀의 팀장들은 모두 직접 발표하고 있었다. 나만 뒤로 빠질 수는 없었다.

한글로 원고를 쓰고 영어로 번역했다. 번역 앱을 활용해 자연스러운 표현으로 여러 차례 수정하고, 발음을 들으며 반복 연습했다. 직원들 앞에서 몇 번의 리허설을 거쳐 드디어 본 발표에 임했다. 완벽하지는 않았지만, 내 의견을 명확히 전달할 수 있었다.

이 경험을 통해 중요한 깨달음을 얻었다. 반복 연습하면 영어 문장이 자연스럽게 입에 익숙해진다는 것, 실제 경험을 통해 자신감을 키울 수 있다는 것을 배웠다. 그 덕분에 박사 논문을 영어로 쓸 수 있었고, 해외여행에서도 간단한 회화는 문제없게 되었다.

타고난 재능은 허구다

골프 황제 타이거 우즈는 "타고난 재능이란 인간이 만들어낸 허구에 불과하다"라고 말하며, "나는 골프의 천재가 아니다. 나는 슬럼프에 빠질 때마다 더 연습을 반복했다"고 한다. 성공한 사람들 대부분은 부단한 연습과 지속적인 학습을 통해 정상에 올랐다.

나는 사람들에게 이렇게 말하고 싶다. 하루에 밥을 세 끼 먹듯이, 네 번째 끼니는 책으로 채우라고. 하루 30분이라도 책을 읽는 습관을 들이자. 이 작은 습관이 1년, 10년 후에는 엄청난 차이를 만들 것이다.

삼성 창업주 이병철 회장은 "사람은 늙어서 죽는 것이 아니라, 스스로 배움을 멈출 때 죽음이 시작된다"라고 했다. 존 맥스웰도 "매일의 일상을 변화시켜야만 삶을 변화시킬 수 있다"라고 강조했다. 나는 이 말을 매우 좋아한다. 배움을 멈추는 순간, 우리는 도태된다.

세계적인 경영학자 피터 드러커는 3년마다 새로운 분야를 공부해서 책을 썼다. 박세직 전 올림픽위원장은 매년 새로운 취미를 마스터하는 것을 목표로 삼았다. 배움은 단순한 지식 축적이 아니라 삶에 활력을 불어넣고 새로운 기회를 만드는 과정이다.

현재 내가 즐기는 취미만 해도 15가지가 넘는다. 캠핑, 차박, 등산, 피라미와 꺽지 낚시, 송어 낚시, 붕어 낚시 같은 야외 활동부터 볼링, 골프, 당구 같은 스포츠까지. 마술로 사람들에게 즐거움을 주고, 기타를 치고, 드론을 날리며, 동영상을 촬영하고 편집한다. 독서와 음악 감상은 물론, 야구 관람도 즐긴다. 퇴직 전에는 새벽 시간 회사에 일찍 출근하여 칼림바라는 작은 악기를 연습하며 새로운 배움의 즐거움을 만끽했다.

새로운 것을 배우는 과정에서 뇌는 더욱 활발해지고, 삶은 더욱 풍성해진다. 특히 나이가 들수록 새로운 분야에 도전하는 것은 인지 능력을 유지하고 삶의 질을 향상하는 데 매우 중요한 역할을 한다.

배움이 최고의 퇴직 준비다

퇴직을 앞두고 선배들에게 조언을 구했다. 그들은 한결같이 말했다. "퇴직 전에 미리 준비하라", "퇴직 후 새로운 일 찾기는 정말 어렵다." 50대 이후에는 기존 경험과 직급만으로는 경쟁력을 유지하기 어렵다는 현실적인 조언이었다.

많은 사람이 퇴직금과 연금 준비에만 집중한다. 물론 그것도 중요하다. 하지만 나는 배움을 통한 자기 계발이야말로 가장 확실하고 지속 가능한 미래 대비책이라고 확신했다. 돈은 써버리면 없어지지만, 배움을 통해 높인 자신의 가치는 평생에 걸쳐 나를 도와줄 것이라 믿고 있다.

이런 믿음으로 56세에 석사 과정을 시작했다. 솔직히 많은 고민이 있었다. 경제적 부담은 물론이고, 젊은 친구들과 경쟁해서 공부를 제대로 따라갈 수 있을까 하는 두려움도 컸다. 기억력도 예전 같지 않고, 밤새워 공부하는 체력도 부족한데 과연 가능할까 싶었다.

하지만 막상 시작해 보니 그런 걱정은 기우였다. 달달 외워야 하는 시험은 어려웠지만, 논문 발표나 논리적 사고를 요구하는 과제는 회사에서 익숙하게 해오던 일이었다. 특히 컨설팅 분야 공부에서는 30년 넘는 사회 경험이 오히려 큰 강점이 되었다.

흥미로운 연구 결과도 있다. 인간의 인지 능력 중 '지각 속도'와 '계산 능력'은 나이가 들면서 감소하지만, 어휘력, 언어 기억력, 공간 지각력, 귀납적 추리력은 오히려 40~65세에서 최고치를 보인다고 한다. 이 사실을 알고 나서 더 확신을 가지게 되었다.

사실 회사 업무와 학업을 병행하는 게 쉽지 않았다. 주말마다 강의를 듣거나 시험 준비를 하고, 밤늦게 논문을 작성하는 일이 체력적으로 힘들었다. 하지만 60세 정년퇴직과 함께 박사학위를 받는 순간, 모든 고생이 보상받는 느낌이었다.

나이는 단순한 숫자일 뿐이다. 실제로 공부하면서 젊은 동기들보다 나은 점도 많다는 것을 발견했다. 오랜 직장 생활로 단련된 논리적 사고력과 문제 해결 능력을 학문적 연구와 연결하는 과정에서 큰 시너지를 느꼈다. 단순한 시험 대비가 아니라, 실무 경험을 학문적으로 체계화하는 과정이었기에 더욱 의미 있고 재미있었다.

100세 시대를 사는 이 시대에 퇴직은 더 이상 인생의 끝이 아니다. 오히려 새로운 시작이다. 그 시작을 얼마나 의미 있게 만드느냐는 우리가 얼마나 준비되어 있느냐에 달려 있다. 그리고 그 준비의 핵심은 바로 지속적인 학습에 있다. 배움을 멈추지 않는 한, 언제든 새로운 기회를 만들 수 있다.

3. 효과적인 학습법과 도구를 활용하라

시대가 바뀌면 학습법도 바뀐다

과거에는 책을 읽고 필사하는 것이 학습의 기본이었다. 하지만 요즘은 영상 강의, 오디오 강의, 온라인 세미나, 멘토링 등 학습 방식이 훨씬 다양해졌다. 중요한 것은 자신에게 맞는 학습 방법을 찾아 꾸준히 실천하는 것이다.

나는 기본적으로 책을 읽는 것을 좋아하지만, 그것만이 전부는 아니다. 요즘은 영상과 오디오 강의를 적극 활용하며 학습하고 있다. 출퇴근 시간과 점심시간까지 효과적으로 활용하기 위해 유튜브를 통해 관심 분야의 강의를 들었다. 점심을 간단히 해결하고 헤드폰을 착용한 채 산책하면서 배우는 시간이 나에게는 하루 중 가장 소중한 시간 중 하나가 되었다.

운전하며 배운 2시간의 기적

특히 현장 영업 관리자로 일하던 시절의 경험이 인상적이다. 전국을 다니며 대리점 혁신과 컨설팅 업무를 담당했는데, 하루에도 몇 시간씩 운전해야 하는 상황이었다. 단순히 라디오 음악만 듣기에는 시간이 아까웠다. '이 시간을 의미 있게 활용할 방법은 없을까?'

그래서 자기개발서 내용을 오디오로 녹음한 테이프와 CD를 50개 정도 대량으로 구매했다. 녹음 테이프 30개, CD 20개 정도를 차에 비치해 두고 반복해서 들었다. 거의 매일 2시간 이상 오디오 강의를 듣다 보니, 자연스럽게 학습 내용이 내 삶 깊숙이 스며들었다.

신기한 일이 일어났다. 같은 내용을 반복해서 들으니, 마치 자기최면 같은 효과가 났다. 우리는 같은 말을 반복해서 들으면 잠재의식에 깊이 각인되고, 스스로를 변화시키는 프로그래밍이 된다. 나는 이런 방법으로 단순한 이동 시간을 나를 성장시키는 귀중한 학습의 시간으로 바꿀 수 있었다.

기술의 발전 덕분에 지금은 학습이 훨씬 편리해졌다. 유튜브에는 수많은 무료 강의가 있고, 전문 강의 플랫폼에서는 체계적인 커리큘럼을 제공한다. 팟캐스트를 통해서도 양질의 콘텐츠를 언제든 들을 수 있다. 이런 디지털 콘텐츠를 적극 활용한다면 누구든 원하는 분야의 지식을 습득할 수 있다.

멘토 10명과 함께 성장하다

학습의 또 다른 중요한 방법은 멘토링과 네트워크를 활용하는 것이다. 나에게는 약 10여 명의 멘토가 있다. 새로운 관심 분야가 생기면 먼저 관련 책을 읽고, 유튜브에서 해당 분야 전문가의 강의를 찾아본다. 그리고 기회가 되면 그들의 특강에 직접 참석한다.

강연을 들으며 강사에게 직접 질문하고, 그가 주최하는 정기 모임이나 세미나에 참여하면서 깊은 교류를 나눈다. 이렇게 배움을 실행하는 과정에서 자연스럽게 멘토와 제자의 관계가 형성된다.

업무 관련 멘토도 있다. 경쟁사의 1호 판매 명장을 찾아가 조언을 구한 적도 있다. 그분은 내가 경쟁 회사 사람이라고 해서 거부하지 않았다. 내가 진심으로 배우려는 열정을 보이자, 그분은 흔쾌히 자신의 지식과 노하우를 알려주었다. 그런 과정에서 서로 배우면서 함께 성장할 수 있었다.

직접 경험한 멘토의 조언은 책에서 얻는 정보보다 훨씬 생생하고 실용적이다. 실패담과 성공담을 직접 들으며, 그들이 어떤 과정을 거쳐 지금의 위치에 올랐는지를 배울 수 있다. 이런 만남이 쌓여 나만의 인적 네트워크가 형성되고, 그것이 또 다른 학습과 성장의 기회로 이어진다.

공부하는 집안 분위기 만들기

배움을 지속하기 위해서는 환경 조성이 중요하다. 단순히 공부할 시간을 확보하는 것뿐만 아니라, 자연스럽게 학습할 수 있는 분위기를 만드는 것이 필요하다.

나는 아이들에게 "공부해라"라고 강요하는 대신, 스스로 공부할 수 있는 환경을 만들었다. 거실에서 TV를 없애고 작은 벽걸이 TV를 안방으로 옮겼다. 거실에는 커다란 책장을 두고, 아이들 책상을 거실로 옮겼다. 그리고 큰 탁자를 마련해 PC를 놓고, 내가 직접 책을 읽거나 업무를 보는 공간으로 활용했다.

나중에는 더욱 체계적으로 학습 환경을 만들기 위해 책상 3개를 사서 중간에 칸막이를 설치해 마치 독서실 같은 분위기를 조성했다. 가운데는 나, 큰아들과 작은아들 책상을 좌우로 배치했다. 3명이 각자 자신만의 공간에서 집중할 수 있도록 만든 것이다.

이런 환경 조성의 효과는 놀라웠다. 강요하지 않아도 아이들이 자연스럽게 부모가 공부하는 모습을 보며 함께 공부했다. 집안 전체가 학습하는 분위기로 바뀌면서, 배움은 특별한 일이 아닌 일상의 자연스러운 과정이 되었다. 아이들은 부모의 뒷모습을 보며 자란다는 말이 정말 맞다는 것을 실감했다.

결국 중요한 것은 배움을 지속하는 것이다. 학습 방법이 무엇이든 간에, 끊임없이 배우고 성장하려는 태도가 가장 중요하다. 나는 앞으로도 책을 읽고, 영상을 보고, 오디오를 듣고, 다양한 경험을 통해 배움을 이어갈 것이다. 지식은 우리를 성장시키는 최고의 자산이며, 지속적인 학습만이 변화하는 시대에 적응하고 새로운 기회를 만들어주는 가장 확실한 방법이라고 생각한다.

4. 독서는 삶을 변화시키는 가장 확실한 방법이다

독서는 인생을 바꾸는 힘이다

"인생을 바꾸는 두 가지가 있다. 하나는 만나는 사람과 다른 하나는 읽는 책이다." 나 또한 많은 사람과의 만남을 통해 배움을 얻었지만, 가장 큰 영향을 받은 것은 독서를 통해서였다. 책을 읽으며 나는 다양한 분야의 멘토를 만났고, 그들의 경험과 지혜를 배우며 성장할 수 있었다.

독서는 단순한 취미가 아니라 삶을 바꾸는 강력한 도구다. 한 권의 책이 다른 책을 소개하고, 그렇게 꼬리에 꼬리를 물며 지식의 세계가 넓어진다. 한때 연간 100권 읽기에 도전해 103권을 완독한 적도 있다. 요즘은 인상 깊은 문장을 적고 내 생각을 글로 정리하는 습관을 들였다. 이 과정은 단순한 독서를 넘어, 내 생각을 체계화하고 깊이 있는 사고를 하는 데 큰 도움이 되었다.

위대한 리더들은 모두 독서가였다. 존 F. 케네디는 "리더는 독서를 멈추지 않는다"라고 말했다. 에이브러햄 링컨은 "두 분의 여성에게 감사드린다. 나에게 책 읽는 습관을 들여주신 어머니와 『톰 아저씨네 오두막』을 쓰신 스토 부인이다"라고 했다. 빌 게이츠는 "내가 살던 마을의 작은 도서관이 나를 만들었다. 나는 아무리 바빠도 매일 한 시간씩, 주말에는 두세 시간씩 책을 읽는다"고 강조했다. 여러분은 빌 게이츠보다 바쁜가요?

성공을 위한 투자, 책 한 권의 가치

우리는 바쁘게 살아간다. 나 역시 직장 생활을 하며 34년간 월급쟁이로 살아왔다. 다행히 경제적으로 안정적인 환경에서 책을 읽고 학습할 수 있는 여건을 가질 수 있었지만, 대부분의 사람은 바쁜 일상에서 독서를 위한 시간을 내기 어렵다. 하지만 책 한 권이 주는 가치는 단순한 시간 투자 이상의 의미가 있다.

책 한 권을 읽는 것은 단순한 지식 습득이 아니라, 저자가 수십 년 동안 쌓아온 경험과 깨달음을 단 몇 시간 만에 내 것으로 만드는 과정이다. 어떤 책은 수십 년 동안 연구한 결과물일 수도 있고, 어떤 책은 저자가 직접 경험한 실패와 성공의 생생한 기록일 수도 있다. 그렇기 때문에 책을 읽는 것은 시간을 아끼는 최고의 효과적인 투자라고 할 수 있다.

내가 작년에 읽은 책만 해도 50권 이상이고, 10여 권의 책에서 중요한 내용을 적고, 내 느낀 점에 대해 글을 썼다. 간혹 책을 읽다가 기대에 못 미치는 내용이거나, 내가 이미 알고 있는 내용을 다룬 책일 때는 돈이 아깝다는 생각이 들기도 한다. 하지만 그런 경우는 거의 없었다. 책을 통해 하나의 새로운 개념이라도 배우게 된다면, 그 책의 가치는 충분하다.

저자에게 직접 배우는 특별한 경험, 상추 CEO를 만나다

책은 저자의 삶과 경험이 압축된 지혜의 보고다. 한 권의 책을 읽으면 저자가 평생을 통해 쌓은 지식과 깨달음을 몇 시간 만에 얻을 수 있다. 하지만 책을 읽는 것만으로는 충분하지 않을 때가 있다. 더 깊은 배움을 얻기 위해서는 저자를 직접 만나보고, 그의 이야기를 듣고, 배운 내용을 실천하는 과정이 필요하다.

나는 『상추 CEO』라는 책을 읽으며 큰 감명을 받았다. 이 책은 유기농 상추를 재배하여 연 매출 100억을 달성한 장안농장의 류근모 대표의 이야기다. 사업 실패 후 귀농하여 단돈 300만 원으로 상추 재배를 시작했고, 남들이 상상하지 못한 방법으로 농업 비즈니스의 새로운 모델을 만들어냈다. 생산부터 마케팅, 디자인, 홍보까지 모두 새로운 방식으로 접근했고, 그의 노력과 혁신은 농업계에서 전설로 남았다.

책을 읽는 동안 나는 계속해서 감탄했다. "어떻게 이렇게 열정적일 수 있을까?" "과연 나라면 이렇게 할 수 있을까?" 페이지를 넘길수록 그의 성공 비결이 궁금해졌고, 책을 덮을 무렵에는 가슴이 벅차 올랐다. "안 되겠다. 이분을 직접 만나야겠다"라는 생각이 들었다.

마침, 다음날이 창립기념일이어서 쉬는 날이었다. 나는 류근모 대표를 직접 만나기 위해 충북 충주시 신니면에 있는 장안농장으로 향했다. 무작정 찾아가는 것이 실례가 아닐지 고민도 했지만, 궁금증을 해결하지 않고는 견딜 수 없었다. 한 시간 반을 달려 도착한 농장에서 나는 류 대표님을 만날 수 있었다.

"무작정 찾아와 죄송합니다. 사장님 책을 읽고 너무 감동해서 잠시라도 대화를 나누고 싶어 찾아왔습니다." 류 대표님은 반갑게 맞아주셨지만, 곧 신문사 기자가 취재하러 온다며 시간이 많지 않다고 하셨다. 하지만 기자가 길을 잘못 들어 1시간 정도 늦는 바람에 예상치 않게 오랜 시간 대화를 나눌 수 있었다.

이분은 정말 긍정적인 마인드의 소유자였다. "성공할 것이라고 믿는 사람은 성공할 것이고, 실패할 것이라고 믿는 사람은 실패한다." 그는 단언했다. 농부들도 공부해야 한다며 본인은 한 달에 5권 이상 책을 읽는다고 했다. 하루 3시간만 자고 농사일하며, 가락동 시장을 다녀오고, 직접 쌈밥집 배달까지 하면서도 책을 읽는다는 그의 이야기를 들으며 나는 깊은 감명을 받았다.

기자들이 도착해 1시간 가량 인터뷰가 있은 후, 우리는 함께 농장을 둘러보았다. 상추, 부추 등 다양한 유기농 야채 뿐만 아니라, 자가 퇴비를 위해 직접 키우는 소들도 보았다. 소들에게 하나하나 이름을 붙이고, 정성껏 키우는 모습이 인상적이었다. 그분이 제공한 농장에서 직접 기른 채소와 쌈장을 곁들인 점심 식사는 그 어떤 고급 레스토랑에서도 맛볼 수 없는 '신선함' 그 자체였다.

이 만남을 통해 나는 중요한 깨달음을 얻었다. 배우고자 하는 열정이 있으면 방법은 반드시 생긴다는 것을. 내가 만난 저자들은 자신의 책을 읽고 감동한 독자를 만나는 것을 오히려 기쁘게 여겼다. 이후 나는 만나고 싶은 저자나 멘토가 있다면 주저하지 않고 연락을 취하기로 했다.

새벽 첫차를 타고 강남역에서 저자의 강의를 듣다

나는 책을 통해 감명받거나 새로운 책이 소개되어 읽고 싶은 책이 생기면, 가능하면 저자의 강연을 직접 듣거나 기회가 된다면 개인적으로 만나 이야기를 나누려 노력했다.

나는 석 달에 한번 정도 토요일이면 아침 5시에 일어나 첫 버스를 타고 강남역으로 향한다. 7시에 시작하는 저자 직강 강의에 참석하기 위해서다. 『DID로 세상을 이겨라』의 저자인 송수용 대표님이 주관하는 독서 포럼에서 직접 저자의 강의를 듣고, 그 저자분의 책을 사서 사인을 받았다.

지방에 사는 분들이 송수용 대표님께 요청했다. "토요일 7시에 하니까 저자 강의를 들을 수 없으니, 시간을 조정해달라"는 것이었다. 하지만 송대표님은 단호하게 "못 오게 하려고 7시에 한다"라고 말한다. 꼭 듣고 싶은 사람은 이른 시간에 강의를 하더라도 오고, 아무리 늦게 하더라도 오지 않을 사람은 오지 않을 것이기 때문이라는 것이 그분의 철학이었다.

나는 코로나와 토요일 대학원 수업으로 인해 5년간은 강의를 듣지 못했지만, 이 시간이 내게 얼마나 소중한 학습 시간이었는지 여전히 기억하고 있다. 아침 일찍 일어나 강의를 듣고, 저자의 생각을 직접 듣는 것은 단순한 독서를 넘어 배움을 실천하는 과정이었다.

독서와 글쓰기는 함께해야 한다

『역행자』의 저자인 자청은 책 읽기와 함께 글쓰기를 강조한다. 그는 하루 2시간 책을 읽고, 책을 쓰는 시간을 갖되, 그것을 2년 동안 지속하는 '22법칙'을 제안했다. 그는 독서와 글쓰기를 성공으로 가는 최고의 지름길이라고 결론 내렸다.

나 또한 책을 읽으며 얻은 지식을 글로 정리하면서, 나의 사고방식이 체계적으로 정리되는 것을 경험했다. 나는 2023년 5월 유튜버 단희쌤이 주관한 '독서혁명 프로젝트'에 참여했다. 그 프로젝트는 100일 동안 책을 읽고, 책 속의 좋은 문장을 쓰고, 그 문장에 대한 자신의 소감을 쓰는 것이었다. 나는 100일 동안 프로젝트에 성공했다. 하지만 '이 좋은 것을 왜 100일만 해야하지?'라는 생각에 더 지속했다. 결국 2년 740일간 하루도 빠짐없이 책을 읽고 글을 쓰는 것을 실천했다. 이를 통해 나의 사고방식과 생활 습관이 변화하는 것을 직접 체감했다.

매일 일찍 출근해서 아침 30분에서 1시간 정도 책을 읽고, 인상 깊은 문장을 필사한 뒤 그에 대한 내 생각을 글로 정리했다. 읽기만 할 때는 머릿속에 흩어진 지식들이 정리되지 않고 산발적으로 존재하지만, 글을 쓰기 시작하면 자신이 알고 있는 것과 모르는 것이 명확해진다. 또한, 내가 어떤 개념을 정말로 이해했는지 확인하는 가장 좋은 방법은 그것을 글로 표현할 수 있는가 하는 것이다. 이렇게 매일 쓴 글들이 쌓여 지금 이 글들을 기반으로 계속 책을 출간하고 있다.

책을 읽고 글을 쓰는 것은 단순한 지식 축적이 아니다. 이는 내 생각을 체계적으로 정리하고, 나의 성장 과정을 남기는 중요한 과정이다. 독서는 생각을 확장하고, 글쓰기는 생각을 정리하게 한다. 나는 책을 읽으며 필사하고, 책의 주요 내용을 정리하는 습관을 들였다. 이를 통해 단순한 정보 습득이 아니라, 배운 내용을 내 것으로 만드는 과정을 거친다.

5. 좋은 멘토를 찾아 배움을 지속하라

멘토는 반드시 필요하다

　멘토는 우리 인생에서 중요한 역할을 한다. 성공한 사람들을 보면 공통적으로 멘토가 있었고, 그들의 조언을 통해 방향을 잡고 성장할 수 있었다. 나 또한 다양한 분야에서 멘토를 두고 배우며, 그 과정에서 많은 깨달음을 얻었다. 배움은 단순히 책을 읽거나 강의를 듣는 것이 아니라, 실제 경험과 조언을 통해 더욱 깊이 있는 통찰을 얻는 과정이다.

　앞서도 말했듯 나에게는 10명 이상의 멘토가 있다. 공식적으로 "제 멘토가 되어주세요"라고 부탁한 적은 없지만, 각 분야에서 탁월한 능력을 가진 분들을 존경하며 배우고 있다. 나의 멘토들은 꿈과 열정, 가정 경영, 인간관계, 글쓰기, 노후 준비, 시간 관리, 세일즈, 자기 계발, 마술, 송어 낚시 등 다양한 분야에 걸쳐 있다.

　멘토는 단순한 지식 전달자가 아니다. 나의 열정이 떨어질 때 다시 불을 붙여주는 존재이며, 중요한 선택을 할 때 방향을 제시해 주는 등대와 같은 역할을 한다. 나는 명절마다 멘토들에게 감사 인사를 전하고, 그분들의 블로그나 유튜브를 보며 꾸준히 배움을 이어가고 있다. 그들의 사고방식을 조금이라도 닮아가고 싶고, 그들의 삶의 태도를 배우며 성장하고자 한다.

　흔히 "배울 준비가 된 사람에게만 스승이 나타난다"고 한다. 내가 무엇을 배우고 싶다고 마음먹었을 때, 반드시 그 길을 가는 사람을 만나게 되는 경험을 여러 번 했다. 예를 들어, 노후 준비에 대해 고민하던 시기에 TV에서 본 한 캠핑장 대표가 인상 깊었다. 우연히 캠핑하러 갔다가 그분이 운영하는 캠핑장을 방문하게 되었고, 직접 조언을 들을 기회가 생겼다. 또, 노후에 컨설팅을 해보자는 생각을 하던 중, 같은 업계 경쟁사에서 일했던 분이 쓴 책을 발견했다. 그 책을 읽고 난 후 바로 이메일을 보내 만남을 요청했고, 그분과 대화하는 과정에서 나의 퇴직 이후 경로가 더욱 명확해졌다. 나의 성장 가능성을 믿고 배움을 실천하면, 필요한 스승이 반드시 나타난다.

롤모델을 찾아 직접 배우다

나는 배우고 싶은 것이 많다. 새로운 것을 배우고 싶을 때는 책을 읽거나 인터넷에서 정보를 찾는다. 최근에는 유튜브를 활용하여 더 효과적으로 배우고 있다. 하지만 과거에는 직접 전문가를 찾아가 만나면서 배움을 얻었고, 그렇게 멘토들을 만나왔다.

내 인생에서 '멘토'라는 존재의 중요성을 처음으로 일깨워준 분은 첫 멘토는 1장에서 길게 이야기했던 '총각네 야채가게'의 이영석 대표님이다. 단순한 업무 파트너를 넘어, 새벽 가락시장을 함께 누비며 그의 확고한 꿈과 뜨거운 열정에서 깊은 감명을 받았다. 이 경험을 통해 나는 책이나 강의실에서는 얻을 수 없는 '삶으로 가르치는 지혜'가 얼마나 강력한지 깨달았고, 기꺼이 그를 내 인생의 첫 '꿈과 열정의 멘토'로 삼았다.

이대표님과의 만남을 시작으로, 나는 배움의 여정에서 적극적으로 멘토를 찾기 시작했다. '시간 관리의 멘토'는 '3P 바인더'를 만든 강규형 대표님이다. 또한 카네기 공부를 하며 알게 된 이태성 회장님을 '인간관계 멘토'로 삼아 교류하며 배워왔다. 이회장님은 현재 대전세종충청 카네기 인재개발원장으로 활동하고 계시고 이 책의 추천사를 써 주셨다. 나는 회사에서 오프라인 매장을 육성하는 업무를 오래 진행했다. 회사 업무와 관련해서는 사내 판매 1위 대명장, 경쟁사

판매 1위 명장 등 최고의 판매 실적을 가진 분들을 찾아가 직접 배웠다.

나의 행복한 가정 경영 멘토, 이수경 회장님

2009년 회사에서 징계를 받고 힘든 시간을 보낼 때, 나는 '행복한 아버지 학교'를 수강했다. 그때 가정행복코치 이수경 회장님을 만났다. 그분은 "회사를 경영하듯 가정도 경영해야 합니다"라는 말씀을 하셨다. 나는 회사에서는 유능한 팀장이었지만, 가정에서는 즉흥적이고 감정적인 아버지였다. 회장님의 조언은 나에게 큰 충격이었고, 가정을 경영 마인드로 이끌어야겠다는 결심을 하게 했다.

수강 이후 회장님과 함께 행복한 아버지 모임을 이끌면서 이회장님은 나의 가정 경영 멘토이자 소중한 동반자가 되었다. 나는 그분의 가르침을 바탕으로 가정 경영을 실천했고, 그 경험을 전작인 『가정 경영자』라는 책에 담기도 했다.

회장님은 "가정 경영자인 여러분이 어떻게 하느냐에 따라 여러분 가정이 명문 가정이 될 수도 있고 멸문 가정이 될 수도 있다, 부부 싸움은 '성장통'이다. 부부싸움의 유일한 승리 방법은 "상대를 먼저 이기게 해주는 것"이라고 하셨다. 그분의 가르침은 나에게 가정 경영의 중요성을 일깨워주었고, 그분의 말을 인생의 나침반으로 삼고 내 비전 1순위로 '행복한 가정 경영자'를 꿈꾸게 되었다.

내 삶을 바꾼 긍정 마인드 멘토, 조성희 대표님

나는 수많은 자기계발서를 읽으며 긍정적 사고의 중요성을 알게 되었다. 하지만 책으로만 배우는 것과 실제로 그 힘을 경험하는 것은 완전히 다른 문제였다. 내게 '마인드 파워'의 실질적인 힘을 가르쳐준 멘토는 바로 마인드 스쿨의 조성희 대표님이다.

『뜨겁게 나를 응원한다』를 포함하여 여러 권의 책을 쓰신 조성희 대표님은 마인드 분야의 세계적 권위자이자 베스트셀러 '시크릿'의 주인공인 밥 프록터(Bob Proctor)의 한국 유일한 비즈니스 파트너이다. 해외 유학 경험이 없음에도 불구하고 마인드 파워를 통해 영어를 완벽하게 습득하여 해외에서도 영어로 세미나를 진행하시는 분이다. 나는 대표님께 마인드 파워를 배우며 '마인드 파워 영어'라는 프로그램을 통해 3개월간 공부하며 영어 실력이 급격히 높아진 놀라운 경험도 할 수 있었다.

대표님은 잠재의식의 힘을 강조하며, "결과를 바꾸고 싶다면 먼저 잠재의식을 바꾸어야 한다"는 밥 프록터의 가르침을 전해주었다. 단순히 긍정적으로 생각하는 것을 넘어, 잠재의식에 긍정적인 이미지를 각인시키는 훈련을 통해 진정한 삶의 변화를 이끌어낼 수 있다는 것을 깨닫게 되었다. 멘토를 통해 나는 긍정적 사고가 막연한 낙관이 아니라, 꾸준한 훈련과 실천을 통해 내 삶을 주도하는 강력한 힘이 될 수 있음을 배웠다.

송어낚시 멘토, 지마님

나는 날씨가 쌀쌀해지는 10월부터 다음 해 4월까지 송어낚시를 즐겨한다. 겨울에 붕어낚시를 하려면 실내 하우스 낚시를 해야 하는데, 답답함을 느끼던 나에게 냉수성 어종인 송어낚시는 자연 속에서 즐길 수 있는 좋은 대안이 되었다. 하지만 붕어낚시와 송어낚시는 채비부터 잡는 법까지 많은 것이 달랐다. 그래서 늘 조과가 좋지 않았다.

어느 날 낚시터에서 유난히 송어를 잘 잡는 분을 보게 되었다. 나는 그분에게 다가가 어떻게 하면 그렇게 잘 잡을 수 있는지 여쭤보았다. 그분은 "지마 유튜브를 보세요"라고 친절하게 알려주었다. 그 한 마디가 나를 송어낚시의 세계로 본격적으로 이끌었다.

　나는 그분이 알려준 유튜브 채널을 구독하고 영상을 보며 낚시 기술을 익혔다. 단순히 보는 것에 그치지 않고, 그가 알려준 대로 채비와 방법을 따라서 실천했더니 바로 다음 낚시에서 좋은 성과를 얻을 수 있었다. 그 후 지마님이 어느 낚시터에 간다는 소식을 듣고 직접 찾아가 인사를 드리기도 했다. 그분의 가르침 덕분에 나는 다른 사람들보다 훨씬 더 좋은 조과를 올리게 되었고, 송어낚시의 즐거움에 더욱 깊이 빠져들었다.

　이 경험을 통해 나는 다시 한번 깨달았다. 배움의 열정만 있다면, 멘토는 반드시 나타난다는 것을. 멘토는 거창한 인물이 아니더라도, 나의 삶을 더 풍요롭게 만들어주는 한 마디 조언을 줄 수 있는 모든 사람이다. 나는 지금도 멘토들과 꾸준히 연락을 주고받으며 배움을 이어가고 있다. 혼자 익히려면 오랜 시간이 걸리지만, 이미 그 길을 간 분들에게 배우면 훨씬 빠르게 성장할 수 있다. 배우고자 하는 열정을 가진 사람을 멘토들은 기꺼이 도와준다. 나 또한 적극적으로 배움을 요청하면서 배움의 가치를 몸소 경험하고 있다.

인생을 변화시키는 세 가지 방법

　일본의 경제학자 오마에 겐이치는 책 『난문쾌답』에서 "인생을 변화시키려면 시간을 바꾸든지, 사는 곳을 바꾸든지, 만나는 사람을 바꾸라"라고 했다. 시간을 바꾸는 것은 하루 일과를 새롭게 구성하고, 헛되이 보내는 시간을 줄이는 것이다. 사는 곳을 바꾸는 것은 주거지를 이동하거나, 새로운 환경에서 도전하는 것을 의미한다. 가장 중요한 것은 만나는 사람을 바꾸는 것이다.

　좋은 사람들과 교류하고, 멘토를 찾아 배우는 것은 인생을 성장시키는 최고의 방법이다. 찰스 존스는 "훌륭한 사람을 만나지 않고,

좋은 책을 읽지 않는다면 여러분은 5년 후에도 지금 그 모습 그대로일 것이다"라고 말했다. 밥 프록터 또한 책 『밥프록터의 위대한 확언』에서 "여러분은 여러분이 자주 만나는 사람 5명의 평균이다"라고 말하며 만나는 사람의 중요성을 말했다. 피터 드러커는 "멘토의 격려를 받지 못한 사람이 뛰어난 성공을 이루기는 어렵다"라고 했고, 미국 자동차 산업의 전설 리 아이아코카는 "성공하는 과정에서 반드시 멘토가 있어야 한다"고 강조했다.

나 역시 다양한 분야의 멘토를 두면서, 그분들의 경험과 조언이 얼마나 큰 영향을 주는지 몸소 체험했다. 멘토에게 배우는 과정은 단순한 학습이 아니다. 그들의 사고방식을 배우고, 삶의 태도를 익히며, 나 자신의 성장 가능성을 확장하는 과정이다. 나는 앞으로도 배움을 멈추지 않고, 새로운 멘토들을 찾아 나설 것이다. 인생에서 가장 중요한 자산은 돈이 아니라 지식과 경험, 그리고 사람과의 관계이기 때문이다.

6. 가정을 경영하는 방법을 배우다

행복한 아버지 학교에서 만난 인생의 전환점

앞서도 말했지만 2009년 회사에서 징계받았던 시기는 내 인생에서 가장 힘든 순간이었다. 내 잘못은 아니었지만 팀장으로서 책임을 져야 했다. 잘 나가던 때는 주위에 사람이 많았다. 저녁이면 야근과 술자리로 매일 늦은 귀가가 일상이었다. 하지만 한직으로 밀려나자 주위에 사람이 보이지 않았다. 날 불러주는 곳이 없었다.

'내가 잘못 살았구나'라는 자책감과 함께 다른 인생을 살아야겠다고 생각하며 참가한 것이 교육업체 휴넷에서 온라인으로 시행한 '행복한 아버지 학교'였다.

"가정을 경영해야 합니다"

행복한 아버지 학교 졸업생끼리 오프라인으로 모인 자리에서 이수경 회장님이 던진 이 한마디는 나에게 큰 충격으로 다가왔다.

이 회장님은 수많은 가정의 문제를 상담하고 해결해 온 가정행복 코치이며 가정 경영 전문가로, 오랜 기간 부부와 가정의 행복을 연구하고 강의하고, 『이럴 거면 나랑 왜 결혼했어』와 같은 가정 경영에 관한 책을 쓴 분이다.

회장님의 현실적이고 구체적인 조언들은 나의 가정생활에 큰 도움이 되었고, 가정 경영의 이론적 뒷받침을 제공해주었다.

'가정을 경영한다니? 경영은 회사에서만 하는 줄 알았는데…' 라는 의아함이 먼저 들었다. 회장님은 더욱 충격적인 발언을 이어갔다.

"회사를 경영하듯 가정도 경영해야 합니다. 회사에서 일하는 것의 5%만 가정에 쏟아도 가정은 잘 운영될 것입니다. 지금 가정을 경영하는 것처럼 회사를 경영한다면 회사는 파산할 것입니다."

마지막 말은 특히 뼈아팠다. 나는 그 순간 깨달았다. 내가 회사에서 얼마나 체계적이고 계획적으로 일하는지, 그리고 집에서는 얼마나 즉흥적이고 안일하게 지내는지를 말이다.

명문 가정과 멸문 가정, 그 갈림길

이수경 회장님은 더욱 강렬한 메시지를 전했다.

"가정 경영자인 여러분이 어떻게 하느냐에 따라 여러분 가정이 명문 가정이 될 수도 있고 멸문 가정이 될 수도 있습니다."

명문 가정과 멸문 가정. 이 두 단어는 내 머릿속에서 떠나지 않았다. 나는 우리 가정을 어디로 이끌고 있는가? 아이들에게 물려줄 가정의 유산은 무엇인가?

회장님은 부부 관계의 핵심도 짚어주셨다. "부부 싸움은 '성장통'입니다. 부부 싸움의 유일한 승리 방법은 '상대를 먼저 이기게 해주는 것'입니다."

그동안 나는 부부 싸움에서 이기려고 했다. 논리적으로 아내를 설득하려 했고, 내가 옳다는 것을 증명하려 했다. 하지만 회장님의 말씀을 듣고 깨달았다. 부부 싸움에서 이기는 순간, 우리 가정은 지는 것이었다.

그분의 가르침은 나에게 가정 경영의 중요성을 일깨워주었고, 그분의 말을 인생의 나침반으로 삼고 내 비전 1순위로 '행복한 가정 경영자'를 꿈꾸게 되었다.

회사에서의 나, 집에서의 나

회사에서의 나는 늘 계획하고 실행하며 결과를 책임지는 사람이었다. 원대한 비전과 중장기 목표 아래, 매년 꼼꼼하게 팀의 운영 전략을 수립했다. 팀의 리더로서 명확한 목표를 설정하고 팀원들과 공유했고, 월말이면 실적을 점검하고 목표 미달의 원인을 분석해 해결책을 찾았다. 그곳에서 나는 나름 유능한 팀장이자 리더였다.

하지만 집에서의 나는 완전히 다른 사람이었다. 퇴근 후 현관문을 여는 순간, 계획과 전략은 사라지고 즉흥과 감정만이 남았다. 가족 공동의 목표에 대해 진지하게 대화하기보다는 당장의 문제 해결에 급급했고, 아내의 잔소리와 아이들의 다툼 속에서 안일하게 상황을 모면하기에 바빴다.

이 회장님의 말씀처럼, 만약 내가 집에서 하는 방식 그대로 회사를 운영했다면 정말 파산했을지도 모른다.

가정 경영의 첫 번째 원칙: 비전과 사명서

이 회장님은 행복한 아버지 모임에서 가정 경영의 첫걸음을 이렇게 가르쳐 주셨다.

"가족 사명서를 만드세요. 우리 가족이 어디로 가는지, 무엇을 이루고 싶은지 명확히 하세요. 그리고 그것을 글로 적어 거실에 붙여두세요."

회사에서는 당연히 하던 일이었다. 연초마다 부서 목표를 세우고, 그것을 팀원들과 공유하고, 벽에 붙여두었다. 하지만 가정에서는 한 번도 해본 적이 없었다.

그날 밤 집에 돌아와 가장 먼저 한 일은 우리 가족의 비전을 담은 '가족 사명서'를 만드는 것이었다. 내가 먼저 초안을 작성해 가족들에게 보여주고 설명해 주었다. 아이들은 신기해하며 각자 서명했다.

거실에 걸어둔 그 사명서를 볼 때마다 내 인생의 우선순위가 명확해졌다. 사회적 성공이나 명예가 아닌 '행복한 가정 경영자'가 되는 것이 내 인생의 1순위 꿈이 된 것이다.

가정 경영의 두 번째 원칙: 장기 계획 수립

이 회장님은 또 이렇게 가르쳐 주셨다.

"가정은 50년 이상 지속되는 조직입니다. 회사처럼 10년, 5년, 1년 단위의 장기 계획을 세우세요. 자녀 교육, 결혼, 재산 관리, 여행 등 모든 것을 계획적으로 하세요."

회사에서는 당연히 3개년 계획, 연간 사업 계획을 세운다. 하지만 가정에서는? 그저 하루하루를 살아갈 뿐이었다.

나는 회장님의 조언대로 연간 가족 사업 계획을 세우기 시작했다. 매년 초 아내와 아이들을 모아놓고 함께 논의했다. 올해 여름휴가는 어디로 갈지, 얼마를 저축할지, 아이들 학원은 어떻게 할지, 가족 건강 목표는 무엇인지…

회사 회의처럼 안건을 정하고, 각자 의견을 나누고, 합의된 결정을 내렸다. 그리고 그것을 문서로 만들어 냉장고에 붙여두었다.

가정 경영의 세 번째 원칙: 가족 회의 운영

이 회장님은 가족 회의의 중요성을 특히 강조하셨다.

"정기적으로 가족 회의를 여세요. 모든 가족의 의견을 동등하게 경청하고, 비판하지 말고, 구체적인 해결책을 함께 찾으세요. 그리고 합의된 결정은 반드시 존중하세요."

우리 가족은 매월 일정한 날을 정해 가족 회의를 열기 시작했다. 주제는 다양했다. 다음 주 휴가 계획, 아이들 스마트폰 사용 규칙, 용돈 인상 문제, 고마웠던 일, 개선할 점 등에 대해 이야기했다. 회의 규칙은 간단했다. 모든 가족의 의견은 동등하게 존중한다. 비판하지 않고 경청한다. 합의된 결정은 반드시 지킨다

분기마다 가족 회의에서 목표에 대해 점검했다. 연초에 각자 10개의

목표를 세웠고, 가족 목표도 세웠다. 3개월마다 우리 가족이 세운 목표를 얼마나 달성했는지 함께 확인했다. 저축 목표는 달성했나? 여행은 계획대로 갔나? 아이들 성적은 어떻게 변했나? 가족 관계는 좋아졌나?

처음에는 아이들이 장난스럽게 참여했지만, 점차 진지해졌다. 여행을 갈 때 미리 2주 전에 말해달라는 아이들의 의견을 받아들여 미리 상의했다. 자신의 의견이 실제로 반영되는 것을 경험하면서 적극적으로 참여하게 되었다. 연초에 세운 목표에 따라 연말에 시상을 하니 아이들도 좋아했다.

가정 경영의 네 번째 원칙: 소통의 단계 이해

이 회장님은 소통에도 단계가 있다고 가르쳐 주셨다. "소통에는 5단계가 있습니다. 1단계는 인사치레, 2단계는 정보 교환, 3단계는 생각 전달, 4단계는 감정 노출, 5단계는 완전한 속 깊은 의견 교환의 대화입니다. 부부와 부모-자녀 관계에서 4~5단계 대화를 의식적으로 늘리세요."

나는 아내와의 대화가 대부분 2단계에 머물러 있다는 것을 깨달았다.

"오늘 저녁 뭐 먹을래?" (정보 교환)

"아이들 학원비 입금했어?" (정보 교환)

"주말에 장 봐야 해." (정보 교환)

이 회장님의 조언대로, 나는 의식적으로 4~5단계 대화를 시도했다. 퇴근 후 아내와 함께 산책하며 이렇게 물었다.

"오늘 기분이 어땠어?" (감정)

"요즘 가장 힘든 게 뭐야?" (감정)

"나는 이렇게 생각하는데 당신은 어떻게 생각해?" (의견 교환)

처음에는 어색했지만, 점차 아내가 마음을 열기 시작했다. 그리고 우리의 관계는 조금씩 깊어졌다.

가정 경영의 다섯 번째 원칙: 사랑의 언어 이해

이 회장님은 게리 채프먼의 책 『5가지 사랑의 언어』의 내용을 소개해 주셨다. "사람마다 사랑을 느끼는 방식이 다릅니다. 어떤 사람은 칭찬과 인정의 말로, 어떤 사람은 봉사로, 어떤 사람은 함께하는 시간으로, 어떤 사람은 신체적 접촉으로, 어떤 사람은 선물로 사랑을 느낍니다. 가족 각자의 사랑의 언어를 찾아 맞춤형으로 실천하세요."

나는 아내와 아이들의 사랑의 언어를 파악하기 시작했다.

아내: 함께하는 시간과 봉사 (산책, 대화, 여행, 설거지, 청소)

  큰아들: 칭찬과 인정의 말 (인정, 격려)

  작은아들: 신체적 접촉 (포옹, 어깨 두드림)

나는 각자에게 맞는 방식으로 사랑을 표현하기 시작했다. 아내에게는 매일 저녁 산책을 제안했고, 큰아들에게는 작은 성과도 칭찬했고, 작은아들에게는 자주 포옹했다. 놀랍게도 가족의 분위기가 달라지기 시작했다.

가정 경영의 여섯 번째 원칙: 결과보다 과정 중시

이 회장님은 가정에서는 결과보다 과정이 중요하다고 강조하셨다.

"회사에서는 성과가 중요합니다. 하지만 가정에서는 과정, 노력, 관계가 더 중요합니다. 아이가 시험에서 100점을 받는 것보다, 열심히 노력한 과정을 칭찬하세요. 그리고 실수를 포용하세요."

나는 아이들의 성적에 집착했다. 시험 결과가 나쁘면 화를 냈고, 좋으면 칭찬했다. 하지만 이수경 회장님의 조언을 듣고 나서는 과정을 중시하기 시작했다.

"결과는 아쉽지만, 매일 2시간씩 공부한 네 노력이 대단해."

"이번에는 실수했지만, 다음에는 더 잘할 수 있을 거야."

아이들의 표정이 밝아졌다. 그리고 오히려 성적도 조금씩 올랐다.

가정 경영의 일곱 번째 원칙: 우선순위 재설정

이 회장님은 가장 중요한 조언을 마지막에 해주셨다.

"회사 일이 인생의 1순위가 되어서는 안 됩니다. 가정이 1순위가 되어야 합니다. 긴급하지 않지만 중요한 일, 그것이 바로 가족의 행복입니다."

나는 스스로에게 물었다. '내 인생에서 가장 중요한 것은 무엇인가?' 답은 명확했다. 가족이었다.

하지만 실제 내 시간 배분을 보면 회사 일이 80%, 가족이 20%였다. 나는 결심했다. 더 이상 회사 일이 인생 1순위가 아니라, '행복한 가정 경영자'가 인생의 1순위라고 선포했다.

그 후 나는 야근을 줄이고, 주말에는 가족과 함께하는 시간을 늘렸다. 아이들과 여행이나 캠핑을 가고, 아내와 산책하고, 가족 회의를 열었다.

가정 경영의 여덟 번째 원칙: 갈등은 성장의 기회

부부 싸움은 '성장통'이라는 회장님의 말씀은 내 결혼 생활을 완전히 바꿔놓았다. 아내와 싸울 때마다 나는 이기려고 했다. 논리적으로 따지고, 내 입장을 관철하려 했다. 하지만 싸움에서 이긴 후에는 묘한 공허함만 남았다. 이겼지만 행복하지 않았다.

회장님의 조언대로 '상대를 먼저 이기게 해주는 것'을 실천하기 시작했다. 아내와 의견이 다를 때, 먼저 아내의 의견을 따랐다. 내가 옳다고 생각해도, 아내에게 양보했다.

놀랍게도 아내가 변했다. 아내는 더 이상 고집을 부리지 않았고, 오히려 내 의견을 먼저 물어보기 시작했다. 우리는 싸움의 횟수가 줄었고, 강도가 약해졌다. 대신 대화가 늘었다.

"부부싸움의 유일한 승리 방법은 상대를 먼저 이기게 해주는 것". 이 한 문장이 우리 부부 관계를 완전히 바꿔놓았다.

15년간의 배움, 그리고 지금

행복한 아버지 학교에서 이수경 회장님을 만난 지 15년이 지났다. 이 회장님을 만나 여러 차례 강의를 듣고 배우며 나는 우리 가정을 명문 가정으로 만들기로 결심했다. 명문 가정이란 단순히 부유하거나 유명한 가정이 아니다. 서로 사랑하고, 존중하고, 함께 성장하는 가정이다.

그래서 나는 매일 노력한다. 아내에게 먼저 사랑한다고 말한다. 아이들의 이야기를 경청한다. 매월 정기적으로 가족 외식을 하며 대화한다. 감정을 조절하고 먼저 사과한다. 하지만 완벽하지는 않다. 여전히 실수하고, 때로는 감정적으로 폭발하기도 한다. 하지만 포기하지 않는다. 이수경 회장님의 가르침을 떠올리며, 다시 마음을 고쳐먹는다.

그리고 지금, 나는 자신 있게 말할 수 있다. 나는 행복한 가정 경영자다. 완벽하지는 않지만, 가족과 함께 성장하고 있다.

7. 행복학교에서 행복을 배우다

 많은 사람이 행복을 로또 당첨처럼 우연히 찾아오는 횡재 같은 것으로 여긴다. 나 역시 한때는 그렇게 생각했다. 좋은 일이 생기면 행복하고, 나쁜 일이 생기면 불행한 것이라고 단순하게 받아들였다. 하지만 지금은 확신한다. 행복은 기다리는 것이 아니라 배우는 것이다. 피아노를 치기 위해서는 손가락 연습이 필요하고, 영어를 잘하려면 매일 단어를 외워야 하듯, 행복해지는 것도 체계적으로 배우고 꾸준히 연습해야 하는 삶의 기술이다.

 회사에서 승진하고 월급이 오르고 집을 샀지만, 뭔가 허전한 마음이 들었다. 겉으로는 성공한 것 같았지만, 속마음은 여전히 복잡하고 무거웠다. 그때 나는 알게 되었다. 나는 지금까지 성공하는 법만 배웠지, 행복해지는 법은 제대로 배운 적이 없다는 것을. 마치 운전면허는 있지만 내비게이션 사용법을 모르는 것처럼, 인생을 살아가는 기본 도구는 갖추었지만 진짜 목적지를 찾아가는 방법을 몰랐던 것이다.

 그리고 나 스스로 '행복경영 컨설턴트'가 되겠다고 하는 사람이 행복이라는 것에 대해 제대로 공부를 해봤나? 라는 생각이 들었다. 그런 고민 속에서 법륜스님의 '행복학교'를 알게 되었다. 처음에는 조금 의아했다. 행복을 학교에서 배운다고? 하지만 생각해 보니 우리는 모든 것을 배워서 익혔다. 걷는 것부터 말하는 것, 글 쓰는 것까지. 그런데 정작 가장 중요한 행복은 왜 배우려 하지 않았을까?

행복도 학습하는 것이다

 "나는 진짜 행복한가?" 이 질문이 머릿속을 떠나지 않았다. 아침에 일어나서 저녁에 잠들 때까지, 하루 종일 바쁘게 살아가지만 진짜 내 마음이 편안한 순간은 얼마나 될까 하는 생각이 들었다.

많은 사람이 행복의 조건을 외부에서 찾는다. 더 많은 돈, 더 좋은 집, 더 높은 지위. 하지만 나는 이미 그런 것들을 어느 정도 갖추고도 여전히 공허함을 느끼고 있었다. 마치 배는 부르지만 뭔가 허기가 남아있는 느낌이었다. 그래서 다른 곳에서 답을 찾아야겠다고 생각했다.

법륜스님의 행복학교는 나의 편견을 깨뜨렸다. 종교적 색깔이 짙을 것이라는 우려와 달리, 이곳은 누구나 참여할 수 있는 열린 배움의 공간이었다. 법륜스님은 한국 사회의 현실을 정확히 꿰뚫고 계셨다. "우리나라 사람들은 경제적으로는 많이 풍요로워졌지만, 마음만큼은 여전히 가난하다"라는 말씀이 가슴 깊이 와닿았다.

스님은 행복을 아주 단순하게 정의하셨다. "마음에 괴로움이 없는 상태가 바로 행복이다." 좋은 일이 계속 생기는 것이 행복이 아니라, 어떤 일이 생겨도 흔들리지 않는 평정심을 갖는 것이 진정한 행복이라는 것이었다. 이 말을 들었을 때 나는 지금까지 행복을 잘못 이해하고 있었다는 것을 깨달았다.

작은 실천으로 배우는 진짜 행복 공부

행복학교의 수업 방식은 매우 실용적이었다. 온라인으로 진행되는 소그룹 모임에서, 진행자 1명과 도우미 1명, 그리고 나를 포함한 6~8명의 학습자들이 함께했다. 4주간 매주 목요일 저녁 8시, 정확히 한 시간씩 만났다.

수업은 단순한 강의가 아니었다. 먼저 그 주의 주제에 맞는 법륜스님의 짧은 강의 영상을 함께 시청했다. 그 다음에는 각자의 경험과 생각을 나누는 시간을 가졌다. 처음에는 낯선 사람들 앞에서 내 이야기를 하는 것이 어색했지만, 몇 주가 지나면서 이 시간이 가장 소중하다는 것을 알게 되었다. 나와 비슷한 고민을 가진 사람들의 이야기를 들으면서, 나만 이런 생각을 하는 것이 아니라는 위안을 얻었다.

더욱 중요한 것은 매주 주어지는 작은 실천 과제였다. 거창한 것이 아니었다. 예를 들어 "~해서 행복해, ~지만 ~해서 행복해"라는 것을 찾아서 카톡방에 공유하기, 손수건, 텀블러, 장바구니 사용하며 인증샷 올리기, 가족에게 고마운 마음을 한 번 표현해 보기와 같은 정말 작은 것들이었다. 하지만 이런 작은 실천들이 모여서 내 일상을 조금씩 바꾸게 되었다.

나는 총 6개월 동안 네 개의 과정을 모두 수료했다. 먼저 한 달간 진행한 '마음편'에서는 화, 불안, 걱정 같은 감정들과 함께 건강하게 지내는 방법과 내 마음을 다스리는 법을 배웠다. 사람의 마음이란 수시로 좋았다 나빴다 한다. 항상 오르내리는 출렁거림이 있다. 우리가 할 일은 내가 오늘 기분이 좋구나, 오늘은 기분이 나쁘구나를 빨리 알아차리고, 고요한 마음이 되도록 노력하면 된다는 것이다.

법륜스님의 유튜브 시청한 내용중 인상깊은 내용이 있었다. 어느 질문자가 "아무 이유 없이 욕을 들었는데 1년이 지난 지금도 억울하고 괴롭습니다. 어떻게 해야 할까요?"라고 질문했다. 스님은 "욕은 '말의 쓰레기입니다. 말이라고 다 말이 아니에요. 말 중에 쓰레기도 있어요. 그때는 그가 나에게 나쁜 말을 했지만 그걸 1년간이나 움켜쥐고 괴로워하면 그건 그 사람이 나를 괴롭히는 걸까요? 내가 나를 괴롭히는 걸까요? 움켜쥐고 있으면 나만 괴롭습니다. 이 시간부터 '아이 더러워!'하고 탁 던져 버리세요. 그러면 울 일도 없고, 용서해 줄 일도 없고, 용서할까 말까 망설일 필요도 없어요." 이 얼마나 명쾌한 해답인가? 사실 나도 남이 안 좋은 말을 한 것을 오래 담아두는 편인데, 이제는 그런 말이 쓰레기라고 생각하고 멀리 내다버리고 잊으려 노력하고 있다.

그 다음 한 달간 진행한 '관계편'에서는 사람마다 다르다는 다름에 대해 배웠는데, 이것은 상대방이 틀린 것이 아니라 서로가 다를 뿐이라는 것을 알게 해주었다. 예전에는 화가 나면 그냥 화난 채로 하루를 보냈는데, 이제는 화가 나는 이유를 찾고 그 감정을 인정한 다음 놓아버리는 연습을 했다.

가족, 친구, 동료들과의 관계에서 생기는 갈등을 지혜롭게 해결하는 방법을 배웠다. 특히 "상대방을 바꾸려 하지 말고 내가 먼저 변하라"는 가르침이 깊이 새겨졌다. 아내와의 작은 갈등도 이 원칙을 적용하니 훨씬 평화롭게 해결할 수 있었다.

가장 인상 깊었던 것은 그 이후 3개월간의 '심화과정'이었다. 여기서는 단순히 개인의 행복을 넘어서, 다른 사람들과 함께 행복해지는 방법을 배웠다. 나만 행복한 것이 아니라, 내 주변 사람들도 함께 행복해질 때 진정한 만족감을 느낄 수 있다는 것을 체험했다.

심화편에서는 매 수업마다 '행복 수행문'을 돌아가면서 읽게 했다. 그 내용이 좋아 소개한다.

[행복 수행문]

나는 행복합니다. 지금, 여기, 사실에 깨어 있으면 괴로울 일이 없습니다. 자기 생각에 사로잡혀 옳다, 그르다에 집착하면 괴로워집니다.

서로 다름을 인정하고 이해하면 내가 편안합니다. 남을 사랑하면 내가 행복합니다. 어려운 사람을 도와주면 내가 보람됩니다. 모든 사람은 행복할 권리가 있습니다.

내 인생의 주인이 되어 욕망을 절제하고 감정을 조절하고 시비를 멈추어 나도 행복하고 남도 행복한 세상을 함께 만들어 가겠습니다.

또 한 달간 진행된 '5060아버지 행복학교'는 나에게 특별한 의미가 있었다. 50~60대 남성들만 모인 이 과정에서, 나와 비슷한 인생 단계에 있는 사람들의 솔직한 고민을 들을 수 있었다. 직장에서의 스트레스, 가족과의 관계, 노후에 대한 걱정 등 모두가 비슷한 고민을 안고 살고 있다는 것을 알게 되었고, 서로의 경험을 나누면서 많은 위로와 지혜를 얻었다. 특히 퇴직을 얼마 남지 않을 상황에서 이미 퇴직한 분들이나 나와 같은 입장의 사람들이 있어 그분들의 말씀속에서 내가 준비해야 할 것이나 마음가짐에 대해 배울 수 있어 마음이 차분해지고 걱정이 많이 줄게 되었다.

이 모든 과정을 통해 나는 하나의 확실한 진리를 알게 되었다. 행복은 머리로 이해하는 지식이 아니라, 몸으로 익혀야 하는 습관이라는 것이다. 아무리 좋은 이론을 알아도 실천하지 않으면 소용이 없다. 하지만 작은 것이라도 꾸준히 실천하면 분명히 변화가 온다.

법륜스님은 즉문즉설을 통해 이렇게 말씀하셨다. "지금 우리는 잘 사는데도 불안합니다. 잘 사는데도 행복도가 꼴찌입니다. 이것을 극복하려면 첫째는 내가 행복해야 하고, 둘째는 행복을 나만 가질 게 아니라 이웃도 행복할 수 있도록 사회 전체가 행복할 수 있는 조건을 만들어야 합니다. 그렇게 나아간다면 우리보다 우리 후손이 더 행복하게 살겁니다." 그 말을 듣고 나는 내가 먼저 행복해져야겠다고 다짐했다.

행복학교를 수강한 후 예전과 조금은 달라졌다. 똑같은 일이 생겨도 받아들이는 마음가짐이 달라졌다. 완전히 흔들리지 않는 경지에 이른 것은 아니지만, 적어도 감정의 파도에 휘둘리지 않고 중심을 잡고 살아가는 방법을 알게 되었다. 이것이 바로 행복을 학습한 결과라 할 수 있다.

한 달 참여하는데 1만원인 '법륜스님의 행복학교'에 여러분도 참여해서 행복을 적극적으로 배워 보시기를 추천한다.

8. AI, 배움의 즐거움을 주다: 새시대의 학습 파트너

늦은 나이, AI 선생님과 함께하는 새로운 학습 여정

"배움에는 나이가 없다"라는 말을 진정으로 체험한 것은 61세에 본격적으로 AI를 만나면서부터다. 세상 사람들은 나이가 들면 새로운 것을 배우기 어렵다고 말하지만, 나는 AI 덕분에 그 모든 편견을 산산조각 낼 수 있었다.

박사과정에서 후배가 무심코 던진 "인공지능 ChatGPT라는 게 있던데, 써보셨어요?"라는 한마디가 내 삶의 많은 부분을 완전히 바꾸어 놓았다. ChatGPT와의 첫 만남은 그야말로 충격 그 자체였다. 복잡하고 방대한 박사 논문의 내용을 순식간에 정리해 주고, 내가 미처 생각지 못했던 새로운 관점까지 제시하는 AI의 능력을 보며 "이것은 단순한 검색 도구가 아니라 진정한 지적 동반자다"라는 확신이 들었다.

퇴직 후 찾아온 공허함

61세, 퇴직 후 가장 두려웠던 순간은 "이제 뭘 하며 살지?"라는 질문 앞에 섰을 때였다. 34년간 회사가 정해준 일정과 업무에 따라 살다가, 갑자기 찾아온 자유는 막막함으로 다가왔다.

퇴직 후 첫 한 달은 좋았다. 늦잠도 자고, TV도 보고, 친구들도 만나고, 짧은 해외 여행도 다녀왔다. 하지만 2개월이 지나자 공허함이 찾아왔다. 아침에 눈을 떠도 할 일이 없고, 저녁이 되어도 성취감이 없는 날들이 계속되었다. 회사 생활을 하며 익숙했던 루틴이 사라지니, 나는 '할 일 없는 사람'이 되어버렸다.

더 두려웠던 것은 시간이 너무 많다는 것이었다. 회사 다닐 때는 시간이 부족해서 항상 바빴는데, 이제는 하루 24시간이 너무 길게 느껴졌다.

"내가 이렇게 무기력한 사람이었나?" 스스로를 의심하게 되었다.

지피터스 AI 커뮤니티와의 만남

그때 우연히 지피터스라는 AI 커뮤니티를 만났다. AI 학습이라는 키워드로 검색을 하다가 발견한 곳이었다. 처음에는 반신반의했다. "61세에 AI라니... 내가 과연 할 수 있을까?" 하지만 무언가 해야 했고, AI가 그나마 흥미로워 보였다.

지피터스 커뮤니티에 가입하고 첫 온라인 모임에 참여했다. 화면 너머로 20-30대 젊은 분들이 보였다. 순간 "내가 여기 있어도 될까?" 싶었다. 줌 오리엔테이션에서 "저는 대기업에서 정년퇴직하고 박사 학위를 받은 61세입니다"라고 자기소개를 했을 때, 화면 너머로 쏟아진 응원의 메시지들이 얼마나 따뜻했는지 모른다. 나이 차이로 인한 부담감은 곧 사라졌.

그날부터 매주 수요일 저녁 9시는 AI 스터디 시간이 되었다. 2개월에 한 차수가 진행되는데 나는 5차수에 걸쳐 수업을 들었다. 책 쓰기, 영상 만들기, 자동화, 에듀테크 등 내가 원하는 과목을 골라서 수강했고, 열려 있는 다양한 과목을 청강하면서 AI에 푹 빠져들었다.

오히려 내가 가진 34년간의 실무 경험과 학문적 깊이가 AI 학습에 독특한 관점을 더해준다는 것을 발견했다. 젊은 학습자들이 번개처럼 빠르게 새로운 도구를 익히는 모습을 보며 때때로 조급함을 느끼기도 했지만, 나는 곧 알 수 있었다. 속도보다 중요한 것은 깊이와 지속성이었다.

AI는 가장 인내심 있는 선생님

AI는 나에게 가장 인내심 있고 친절한 선생님이었다. 같은 질문을 몇 번 반복해도 지치지 않고 내가 이해할 수 있는 속도로 설명해 주었다. 하나하나 차근차근 배워가며 AI 학습의 진정한 즐거움을 만끽했다.

이는 단순히 새로운 기술을 습득하는 것을 넘어, 끊임없이 변화하는 세상과 소통하는 새로운 언어를 배우는 흥미진진한 모험이었다.

AI가 열어준 자유여행의 새로운 세계

아내와 함께 3월에 11일간 떠난 치앙마이와 5월 27일간 다녀온 조지아 자유여행은 AI가 선사한 가장 달콤하고 감동적인 선물이었다. 예전의 우리는 패키지여행의 틀 안에서만 세상을 바라볼 수 있었다. 정해진 일정, 정해진 식당, 정해진 관광지만을 따라가는 수동적인 여행자였다. 하지만 AI를 만난 후 우리 부부는 완전히 새로운 여행의 차원을 경험하게 되었다.

여행 계획 단계부터 AI는 나의 가장 믿음직한 여행 설계사였다. "60대 부부가 조지아에서 26박 27일 장기 여행을 할 때, 각 도시별로 3~4일씩 머물면서 놓치지 말아야 할 핵심 포인트는 무엇인가요?"라고 질문하면, AI는 우리의 나이와 체력, 관심사를 모두 고려한 세심한 맞춤형 조언을 해주었다. 단순한 관광 정보를 넘어서 각 지역의 문화적 배경, 역사적 의미, 현지 예절까지 상세하게 알려주어 우리의 여행이 단순한 구경이 아닌 깊이 있는 문화 체험이 될 수 있었다.

언어의 장벽은 AI와 스마트폰 번역 앱들이 완전히 허물어주었다. 구글 번역과 파파고는 마치 동시통역사를 항상 곁에 두고 다니는 것 같은 안정감을 주었다. 조지아 식당에서 생소한 메뉴판을 마주했을 때, 카메라로 비추기만 하면 즉시 한국어로 번역되어 나타났다.

조지아 트빌리시의 한 레스토랑에서의 일이다. 메뉴판이 전부 조지아어로 적혀 있었다. 스마트폰 카메라로 메뉴를 찍어 Google Lens로 번역하고, ChatGPT에게 "이 중에서 현지인이 추천하는 음식은 뭐야?"라고 물었다. AI는 "하르초(Kharcho) 수프를 추천합니다. 조지아의 전통 음식이며 관광객보다 현지인들이 더 많이 찾는 메뉴입니다"라고 답했다. 그렇게 주문한 하르초 수프는 내가 조지아에서 먹은 음식 중 가장 맛있었다.

더욱 감동적이었던 것은 여행 중 만난 아름다운 순간들을 AI와 함께 더 깊이 이해할 수 있었다는 점이다. 시오니 대성당의 포도나무 십자가를 보며 "시오니 성당의 십자가에는 어떤 의미가 담겨 있나요?"라고 AI에게 물으면, 전문 가이드 못지않은 상세하고 감동적인 설명을 들을 수 있었다.

27일간의 조지아 여행 동안 단 한 번도 패키지 가이드나 여행사의 도움을 받지 않았다. 모든 일정을 스스로 계획하고, 스스로 실행했다. 나이는 장벽이 아니었다. AI가 그 벽을 허물어줬다.

아내는 처음에 AI 기술에 대해 반신반의하는 시선을 보냈다. "그런 걸로 여행이 제대로 될까?" 하며 걱정 섞인 목소리를 내기도 했다. 하지만 여행이 진행될수록 AI의 편리함과 정확성을 직접 체험하면서 점차 AI의 매력에 빠져들었다.

아들의 취업을 돕는 'AI 코치' 아버지

대기업에서 34년간 근무한 경험과 컨설팅학 박사 학위를 가진 나는 두 아들의 취업 준비를 도울 때 나의 지식과 함께 AI의 힘을 적극적으로 활용했다. 아버지로서 두 아들에게 현실적인 도움을 줄 수 있었고, AI 덕분에 더욱 체계적이고 수월하게 준비할 수 있었다.

큰아들이 설비 분야의 중견업체로 이직을 준비하며 실무자 면접과 임원 면접 준비를 도와달라고 했다. 아들의 자기소개서를 받아 AI에 입력하고, 면접을 보게 될 회사의 전반적인 경영 상황, 역사, 주요 경쟁사 현황 등을 AI를 통해 분석했다. AI는 방대한 데이터를 빠르게 정리하여 면접관이 던질 만한 예상 질문 리스트를 만들었다.

나는 그 질문들을 바탕으로 아들과 세 차례에 걸쳐 실무자 면접을 위한 압박 면접 연습을 진행했다. 이 과정을 통해 아들은 단순히 예상 질문에 대한 답변을 외우는 것이 아니라, 회사와 산업에 대한 깊이 있는 이해를 바탕으로 자신감을 가질 수 있었다. 실무자 면접에 합격한 후, 임원 면접을 준비할 때도 같은 방법으로 AI를 활용했다. 결국 아들은 최종 면접까지 통과하여 원하던 회사에 입사할 수 있었다.

"아빠 덕분이에요. 감사합니다" 아들의 이 말 한마디가 내 마음을 따뜻하게 했다.

둘째 아들이 유명 5성급 호텔인 '포시즌스' 입사를 준비할 때도 AI는 큰 도움이 되었다. 호텔 업계의 트렌드, 포시즌스 호텔의 서비스 철학, 그리고 예상되는 직무 관련 질문들을 AI를 통해 미리 파악했다. 나는 아들과 함께 롤플레잉 형식으로 면접 상황을 반복적으로 연습했고, AI가 제공하는 다양한 질문과 피드백을 통해 아들은 실전과 같은 면접 경험을 할 수 있었다. 결국 둘째 아들 또한 원하는 호텔에 입사하는 기쁨을 맛보았다.

더 이상 '가르치려는 아빠'가 아니라 '함께 고민하는 아빠'가 되었다. AI는 우리 부자 사이의 새로운 대화 주제가 되었고, 서로를 이해하는 통로가 되었다.

강의 준비와 웹사이트 구축, 그리고 책 쓰기까지

AI는 나의 지식 전달 방식을 근본적으로 혁신시켰다. 강의 교안을 준비하는 과정에서 AI는 나의 가장 창의적이고 효율적인 파트너가 되었다. 과거에는 복잡한 내용을 어떻게 쉽게 전달할지 고민하며 밤을 새우곤 했지만, 이제는 AI의 도움으로 청중의 눈높이에 맞는 체계적인 구성과 흥미로운 사례들을 손쉽게 준비할 수 있다.

웹사이트 구축은 또 다른 도전이었다. 코딩에 대한 지식이 전무했던 나에게 웹사이트 만들기는 마치 외계어를 배우는 것 같았다.

복잡한 코딩은 몰랐지만 바이브 코딩, 즉 자연어 명령이나 대화를 통해 코드를 만들었다. 이 과정에서 AI가 친절한 개인 교사가 되어 HTML의 기초부터 웹사이트 설계 원리까지 차근차근 설명해주었다. 리틀리(Litt.ly) 같은 간편한 도구로는 1시간 만에 그간의 내 모든 활동과 성과를 담은 디지털 명함을 완성할 수 있었다.

책 쓰기 영역에서 AI의 역할은 더욱 특별하고 의미 깊었다. 지금까지 여섯 권의 책을 집필하면서 AI는 나의 가장 신뢰할 만한 지적 동반자였다. 『잔소리 심리학』을 쓸 때는 구글의 노트북LM이라는 혁신적인 도구를 발견했다. 방대한 유튜브 영상, 기사, 서적 자료들을 한곳에 모아두면 AI가 그것들을 체계적으로 분석하고 핵심 아이디어를 추출해 주었다.

하지만 가장 중요한 깨달음은 AI가 나를 대신해 글을 써주는 것이 아니라는 점이었다. 초기에는 AI가 생성한 매끄러운 문장들을 보며 "이걸 그대로 쓰면 되겠다"고 생각했다. 하지만 곧 이상함을 느꼈다. 문장은 완벽했지만 그 속에 나의 체온이 느껴지지 않았다. "왜 이게 내 이야기가 아닌 것 같지?"라는 질문을 스스로에게 던지며 수없이 고치고 다시 쓰는 과정에서, 나는 AI와 함께 창작하는 진정한 의미를 깨달았다.

AI는 나에게 아이디어를 주고 문장을 다듬어주는 협력자일 뿐이고, 나만의 경험과 감성을 토대로 진짜로 전달하고 싶은 글을 쓰는 것은 결국 나라는 것이었다. 매일 아침 도서관에서 커피 한 잔과 함께 ChatGPT를 열고 "오늘은 무슨 이야기를 쓸까?" 대화하는 시간이 하루 중 가장 행복한 순간이 되었다.

AI가 준 가장 큰 선물은 용기

AI가 준 가장 큰 선물은 기술 자체가 아니었다. 그것은 "61세에 시작해도 늦지 않다"는 용기였다. ChatGPT는 내 질문을 비웃지 않았고,

실수를 탓하지 않았으며, 나이를 문제 삼지 않았다. "이건 뭘까?", "이거 해보면 어떨까?"라는 질문을 다시 시작할 수 있게 해줬다.

어느 날 지피터스 AI 스터디에서 30대 청년이 물었다. "시니어 입장에서 AI를 배우는 게 어떠세요? 어렵지 않으세요?" 나는 이렇게 답했다.

"어렵죠. 용어도 낯설고, 속도도 빠르고, 젊은 사람들을 따라가기 힘들 때도 있어요. 하지만 재밌어요. 새로운 걸 배운다는 게 설레거든요. 그리고 AI는 나이를 묻지 않아요. 61세든 31세든, 질문하면 똑같이 답해주죠. 그게 좋아요."

그 청년이 웃으며 말했다. "멋있으세요. 저도 자극이 되네요."

그 한마디가 나를 더욱 힘차게 만들었다. 내가 누군가에게 영감을 줄 수 있다는 것, 그것이 AI가 준 큰 선물이었다.

디지털 행복이란 무엇인가

디지털 행복이란 무엇일까? 그것은 스마트폰을 능숙하게 다루는 것도, 최신 AI 도구를 모두 아는 것도 아니다. 진정한 디지털 행복은 기술을 통해 의미 있는 삶을 사는 것이다.

내 경험을 글로 남기고, 일상을 새롭게 가꾸고, 자녀와 더 깊이 대화하고, 세상을 더 넓게 경험하고, 다른 사람에게 용기를 주는 것. 그것이 내가 AI와 함께 찾은 행복이다.

61세에 본격적으로 AI를 시작했지만, 전혀 늦지 않았다. 오히려 60년의 인생 경험이 있기에, AI와의 대화가 더욱 풍성하다. 젊은 사람들이 갖지 못한 깊이와 지혜가 있다.

지금 이 글을 읽는 당신도 할 수 있다. 나이는 숫자일 뿐이다. 중요한 건 "해보고 싶다. 해봐야겠다"는 마음이다. 그 마음만 있다면, AI는 당신의 가장 좋은 동반자가 되어줄 것이다.

5장 자기 경영 워크시트: 평생 성장하는 학습자 삶

● **배움을 성과로 바꾸는 학습 전략**

배움을 멈추는 순간, 성장은 멈추고 삶은 퇴보한다. 이 워크시트는 여러분이 평생 학습자로서 꾸준히 성장하고, 배움을 삶의 변화로 이끌어내는 효과적인 학습 전략을 수립하도록 돕는다. 특히 독서 효과를 10배 높이는 구체적인 방법을 통해 최고의 투자인 책 읽기를 여러분의 것으로 만든다.

Step1. 독서 효과를 10배 높이는 3단계 독서법

책을 그저 눈으로만 읽는 것은 시간 낭비일 수 있다. 목적을 가지고, 질문하며, 실행 계획을 세우는 3단계 독서법을 통해 한 권을 읽더라도 열 권을 읽은 것 같은 효과를 만든다.

● **나만의 독서 노트**

1단계 (읽기 전): 이 책에서 무엇을 얻고 싶은가?

(목표 설정) 책 제목: _____

이 책을 통해 내가 얻고 싶은 것 3가지를 구체적으로 적는다.

1. _____
2. _____
3. _____

2단계 (읽는 중): 무엇을 깨달았는가? (핵심 발견)

이 책에서 가장 인상 깊었거나, 새로운 깨달음을 준 문장 3개를 그대로 옮겨 적는다.

1.(p.____) "_____"

2.(p.____) "_____"

3.(p.____) "_____"

3단계 (읽은 후): 무엇을 실천할 것인가? (행동 계획)

이 책에서 배운 것 중, '당장 오늘부터 실천할 수 있는 가장 작은 행동' 한 가지는 무엇인가?

_____

Step2. 나만의 멘토 네트워크 만들기

배움의 가장 빠른 길은 이미 그 길을 가본 사람에게 직접 배우는 것이다. 여러분의 성장을 도와줄 분야별 멘토(롤모델)를 정하고, 그들에게 배우기 위한 구체적인 계획을 세운다.

● **나의 성장 멘토 지도**

분야: 일/커리어

• 나의 멘토 (롤모델): _____

멘토에게 배우기 위한 구체적인 실행 계획:

1. _____
2. _____
3. _____

분야: 인간관계

• 나의 멘토 (롤모델): _____

멘토에게 배우기 위한 구체적인 실행 계획:

1. _____
2. _____
3. _____

분야: 건강/취미

• 나의 멘토 (롤모델): _____

멘토에게 배우기 위한 구체적인 실행 계획:

1. _____
2. _____
3. _____

Step3. 저자 멘토에게 다가가는 실전 팁

책을 통해 큰 감명을 받았다면, 저자를 여러분의 멘토로 만들 용기를 낸다. 저자 역시 자신의 책을 깊이 읽고 진심으로 소통하려는 독자를 기쁘게 생각한다.

● **1단계: 진심을 담아 이메일 보내기**

책에 있는 저자의 이메일 주소로 메일을 보낸다. 책에 대한 깊은 감명과 여러분의 삶에 어떤 긍정적 영향을 미쳤는지 구체적으로 작성한다. 그리고 책을 읽으며 생긴 의미 있는 질문 한두 가지를 정중하게 여쭌다. 저자는 자신의 책을 정독하고 던지는 깊이 있는 질문에 성심성의껏 답해줄 확률이 높다.

● **2단계: 기억에 남는 독자 되기 (선물 활용법)**

작은 정성을 표현하는 것도 좋은 방법이다. 저자에게 메일을 보낼 때 선물을 하거나 질문한다. 작은 선물은 수많은 독자 속에서 여러분을 기억하게 만드는 특별한 장치가 될 수 있다. 저자도 자신의 책을 정독하고 질문하는 사람을 좋아하고 그 질문에 답을 잘 해준다.

● **실천 과제**

이번 달 안에, 여러분에게 가장 큰 영감을 준 책의 저자에게 감사와 질문을 담은 이메일을 보낸다.

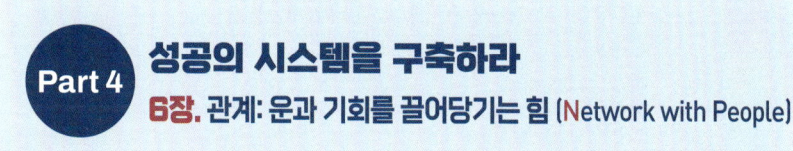

Part 4 성공의 시스템을 구축하라
6장. 관계: 운과 기회를 끌어당기는 힘 (Network with People)

"좋은 관계가 결국 행복의 자산이다."

아무리 큰 성공을 거두어도 나눌 사람이 없다면 무슨 의미가 있을까? 결국 우리 삶의 행복은 얼마나 좋은 관계를 맺고 있느냐에 달려있다.

이 장에서는 눈에 보이지 않지만 가장 중요한 자산인 '관계'를 경영하는 법에 관해 이야기한다. 내가 먼저 행복해야 주변이 행복해진다는 진리, 신뢰를 저축하는 '감정 계좌'의 비밀, 그리고 후회 없는 관계를 위한 소통과 나눔의 지혜를 나의 경험을 통해 나누고자 한다.

1. 내가 먼저 행복해야 주위 사람도 행복해진다

관계의 힘, 인생을 바꾸다

인간은 홀로 살 수 없는 존재다. 어떤 관계 속에서 자라느냐에 따라 한 사람의 인생이 완전히 달라진다. 흥미롭게도 중범죄를 저지르는 사람들에게는 공통점이 하나 있다. 어린 시절 충분한 사랑을 받지 못했다는 것이다. 만약 단 한 사람이라도 진심으로 믿어주고 지지해 주는 존재가 있었다면, 그들의 인생은 전혀 다른 방향으로 흘러갔을 것이다.

대부분 그 '한 사람'은 어머니다. "하나님이 천사를 보낼 수 없을 때, 어머니를 보낸다"라는 말처럼, 어머니의 사랑은 자녀가 세상의 거친 파도를 견디는 가장 큰 힘이 된다. 가정에서 따뜻한 사랑과 신뢰를 받고 자란 아이들은 타인과의 관계에서도 긍정적인 영향을 주고받으며 건강한 사회인으로 성장한다.

'나는 자연인이다'를 보면서 인간관계의 소중함을 새삼 느낀다. 프로그램에 나오는 분들은 한적한 산속에서 "이곳에서 자유를 느끼며 너무 행복하다"고 말한다. 하지만 그분들의 과거를 들어보면 사업 실패나 심각한 질병 등으로 인간관계에서 큰 상처를 받고 세상과 단절하는 선택을 한 경우가 많다. 사람과의 관계에서 행복을 찾기 힘들어지자 자연 속에서 위안을 구한 것이다. 그들에게서 공통으로 발견되는 것은 '내려놓음'이다. 세속적 성공을 포기하고 자연 속에서 평화를 찾지만, 결국 인간관계의 단절 속에서 살아가는 삶이기에 나에게는 쉽게 선택할 수 없는 길로 보인다.

맥도널드 창업자 레이 크록의 이야기도 관계의 중요성을 잘 보여준다. 한 기자가 맥도널드 성공 비결을 묻자, 그는 이렇게 답했다. "많은 사람이 성공의 척도를 돈으로 생각합니다. 하지만 저는 얼마나 많은 사람을 백만장자로 만들었느냐가 진정한 성공의 척도라고 생각합니다." 혼자만의 성공이 아니라 함께 성장하는 것이 진정한 성공이라는 뜻이다.

어떤 리더가 존경받을까? 조직 구성원 2만 명을 대상으로 한 조사에서 88%가 리더의 필수 덕목으로 정직성을 꼽았다. 관계에서 가장 중요한 요소가 신뢰이며, 신뢰를 바탕으로 한 인간관계가 개인과 조직 전체의 성공을 결정짓는다는 의미다. 21세기 리더는 단순한 관리자가 아니라 성직자에 준하는 도덕성과 정직성을 갖춰야 한다. 결국 관계는 우리 삶을 결정짓는 가장 중요한 요소다. 우리가 맺는 관계 속에서 성장하고, 함께 성공하며, 신뢰를 쌓아가는 과정이 행복하고 의미 있는 인생을 만들어준다.

행복은 바이러스처럼 전염된다

행복은 개인의 감정에서 끝나지 않는다. 주변 사람들에게 강력한 전파력을 발휘한다. 연구에 따르면 행복한 사람 주변에는 행복한 사람이 많고, 반대로 불행하다고 느끼는 사람 주변에는 비슷한 감정을 가진 사람이 모이기 쉽다.

서울대 행복연구소장 최인철 교수는 저서 『굿 라이프』에서 "행복은 전염된다"라는 개념을 강조했다. 『커넥티드』라는 책에서도 인간의 사회적 네트워크가 개인의 감정과 행동에 미치는 영향을 분석하며, 행복한 사람 주위에는 행복한 사람이 모이고, 불행하다고 느끼는 사람 곁에는 비슷한 부류의 사람이 모이는 경향이 있다고 설명했다. 불행하다고 생각하는 사람 중 일부는 점점 사회적 관계에서 멀어져 외롭게 살아가는 경우가 많다.

결국 우리가 누구와 함께 시간을 보내느냐에 따라 우리의 감정 상태와 삶의 질이 달라진다는 뜻이다. 이 사실을 깨닫고 나는 내가 먼저 행복해져야 한다고 결심했다. 스스로를 행복한 사람으로 만들면, 그것이 자연스럽게 주변으로 퍼져나갈 것이라 믿었기 때문이다.

그래서 나는 행복한 사람이 되기 위해 적극적으로 노력하고 있다.

가정에서는 아내와 많은 대화를 나누며 서로를 이해하려 하고, 일터에서는 몰입을 통해 보람을 찾으며, 오랜 지인들과의 모임을 주관하면서 지속적인 관계를 유지한다.

고등학교 동창 모임, 군대 동기 모임, 아이들 학부모 모임 등을 운영하면서 나는 행복한 분위기를 만드는 데 신경을 쓴다. 모임에서는 항상 밝고 긍정적인 대화를 이끌어가고, 만남을 촬영한 영상을 편집할 때도 마지막에 "행복은 대단한 성취가 아니라, 지금의 소소함을 놓치지 않는 것이다"와 같은 문구를 포함한다. 행복이 거창한 것이 아니라, 우리가 함께하는 이 순간 속에서 스스로 만들어가는 것임을 알리고 싶기 때문이다.

행복한 삶을 원한다면 행복한 사람들과 함께해야 한다. 그리고 무엇보다 내가 먼저 행복한 사람이 되어야 한다. 내가 행복할 때 그 감정이 자연스럽게 주변으로 확산하며 더 많은 사람이 긍정적인 변화를 경험할 수 있다. 행복은 혼자만의 것이 아니라 함께 나누고 키워나가는 감정이다.

운 좋은 사람과 함께하라

운 좋은 사람이 되려면 운 좋은 사람과 함께해야 한다. 우리가 가까이하는 사람들은 우리의 생각, 행동, 궁극적으로 우리 삶의 방향에 큰 영향을 미친다. "운 좋은 사람과 좋은 파동을 주고받으면 더 큰 운을 불러올 수 있다"는 말처럼, 긍정적인 에너지를 가진 사람과 함께할 때 우리는 더 성장하고 더 많은 기회를 얻을 수 있다.

운이 좋은 사람들에게는 몇 가지 공통점이 있다. 그들은 긍정적으로 사고하고, 뚜렷한 목표를 가지며, 행동하는 사람이다. 또한 호기심이 많고, 배울 것이 많다고 생각하는 태도를 가지고 있다. 이런 사람들은 단순히 행운이 따라오는 것이 아니라, 자신의 태도와 행동을 통해 더 많은 기회를 만들고 그것을 적극적으로 활용한다.

그렇다면 이런 공통점을 가진 사람들을 어떻게 찾을 수 있을까? 사실 쉬운 일은 아니다. 하지만 내가 이미 알고 있는 몇몇 멘토들은 이런 특성을 가지고 있으며, 나는 그분들에게 많은 것을 배우고 있다. 그분들과 만날 때마다 좋은 파동을 느끼고, 더 성장하고 싶다는 자극과 욕구가 생긴다. 이들과의 만남은 단순한 인간관계를 넘어서 내 삶에 긍정적인 영향을 미치는 중요한 요소가 된다.

그렇다면 좋은 운을 가진 사람이 되지 못했다고 느끼는 사람들과의 관계는 어떻게 해야 할까? 나는 내가 먼저 좋은 운을 가진 사람이 되기로 결심했다. 그리고 내 운을 많은 사람에게 전파하고 싶다. 내가 더 큰 운을 가진 사람이 되어 더 큰 파동과 울림을 주고, 기대 이상의 가치를 주는 사람이 되고 싶다. 그래서 책을 쓰고, 강의를 하며, 블로그 등을 통해 나의 경험과 배움을 나누고 있다. 단순히 지식을 전달하는 것이 아니라, 운이 좋은 사람이 되는 법을 함께 공유하고 실천할 수 있도록 돕는 것이 나의 목표다.

결국 운 좋은 사람과 함께하는 것은 단순한 우연이 아니라, 우리가 스스로 만들어가는 선택이다. 나는 운 좋은 사람들과 함께하면서 더 나은 미래를 설계하고, 동시에 나 자신이 운을 퍼뜨리는 사람이 되기를 바란다.

다양한 사람과의 관계 경영

인간관계는 우리가 세상을 바라보는 시야를 넓히고, 삶의 질을 높이는 중요한 요소다. 흔히 직장 내 동료나 가족, 가까운 친구들과의 관계에 집중하지만, 다양한 배경을 가진 사람들과의 교류를 통해 더욱 풍부한 인생을 살아갈 수 있다. 나는 직장 생활을 하면서도 회사 밖에서 새로운 사람들을 만나려는 노력을 지속적으로 해왔다.

내가 다양한 인간관계를 형성하게 된 데에는 총각네 야채가게 이대표님의 영향이 컸다. 나를 꿈과 열정의 멘토로 여기며 그의 생각과 태도를 배우고자 노력했다. 그분이 나에게 만나자고 제안하며 나는 무조건 그 자리에 나간다. 나갈 때마다 그분은 혼자가 아니었다. 나가보면 언제나 다른 사람들과 함께하는 자리였다. 처음에는 그런 낯선 사람들과의 만남이 어색하고 부담스러웠지만, 점차 익숙해지면서 더 많은 사람과 자연스럽게 관계를 맺을 수 있었다.

이런 경험을 바탕으로 나는 회사에서 만난 사람들뿐만 아니라 독서 모임, 행복한 아버지학교, 영어 공부 모임 등을 통해 다양한 사람들과 교류해 왔다. 대학원에 진학하면서는 석사 동기, 박사 선후배들과도 인연을 맺었고, 이들과의 관계를 통해 학문적 성장뿐만 아니라 다양한 삶의 방식과 가치관을 배우게 되었다. 또한 고등학교 동창, 군대 동기, 아이들 학부모 모임, 아내 친구 부부 등 직장 밖에서도 지속적으로 관계를 유지하려 노력하고 있다.

만약 내가 내성적인 성격을 이유로 회사 내 인간관계에만 머물렀다면, 아마도 세상을 바라보는 시야가 좁아지고, 사고의 유연성도 부족했을 것이다. 하지만 다양한 배경과 연령대의 사람들과 교류하면서 새로운 시각을 배우고, 보다 넓은 관점에서 세상을 바라보는 힘을 얻게 되었다.

다양한 환경에서 살아가는 사람들의 경험과 이야기를 듣는 것은 나에게 큰 배움이 되었고, 관계 속에서 더 많은 기회를 발견할 수 있었다. 무엇보다도 직장이 사회생활의 전부가 아니라는 사실을 깨닫게 되었다. 우리는 직장 내에서 많은 시간을 보내지만, 직장 밖에서도 다양한 사람들과 교류하며 더 넓은 세상을 경험해야 한다.

다양한 사람들과의 관계는 단순한 네트워크 형성을 넘어, 우리의 삶을 더욱 풍요롭게 만들어준다. 새로운 만남을 두려워하지 않고 적극적으로 교류할 때, 우리는 더 큰 성장과 발전을 경험할 수 있다.

2. 관계는 감정 계좌에 쌓이는 자산이다

관계 자산을 키워라.

인간관계는 성공과 실패를 좌우하는 중요한 요소이다. 모건 맥콜과 마이클 롬바드는 경영자의 실패 원인 중 85%가 인간관계에서 비롯된다고 분석했다. 반대로 지적 능력이나 기술적 능력이 차지하는 비중은 15%에 불과했다. 결국 사람과의 관계를 어떻게 맺고 관리하느냐가 개인의 성과와 리더십의 성패를 결정짓는 것이다.

실패하는 리더의 공통적인 특징은 사람들에 대한 둔감함과 마찰을 일으키는 태도이다. 무관심, 냉담함, 거만함, 협박이나 괴롭힘 같은 행동이 반복되면 신뢰는 금세 무너지고 관계는 파탄에 이른다. 아무리 능력이 뛰어나더라도 이러한 태도를 보이면 결국 주위의 지지를 잃고 고립된다.

반대로 나폴레온 힐은 성공하는 사람들의 핵심 자질을 인간관계에서 찾았다. 그는 타인을 존중하고, 경청하며, 진심 어린 칭찬과 격려를 아끼지 않는 태도를 강조했다. 또한 상대의 성장을 돕고, 신뢰를 쌓는 행동이야말로 장기적인 성공을 가능하게 한다고 말했다. 인간관계는 금전 계좌와 같아서 꾸준히 예입해야 잔고가 늘어나고, 필요할 때 신뢰라는 자산을 사용할 수 있다.

요컨대, 인간관계는 결코 부수적인 것이 아니다. 실패한 리더는 관계를 소홀히 하고, 성공한 리더는 관계를 자산으로 여긴다. 사람을 존중하고 신뢰를 쌓는 일은 결국 자신의 성과와 행복을 키우는 가장 확실한 투자이다.

감정 계좌란 무엇인가?

인간관계는 눈에 보이지 않는 신뢰와 감정의 흐름으로 유지된다. 이 흐름을 명확하게 설명할 수 있는 개념이 바로 '감정 계좌'다.

스티븐 코비가 『성공하는 사람들의 7가지 습관』에서 소개한 이 개념은 대인관계에서 신뢰를 계좌의 잔고처럼 관리할 수 있다는 의미를 담고 있다.

금전 계좌는 돈을 입금하고 출금하듯 잔고를 관리하는 개념이지만, 감정 계좌는 인간관계에서 '신뢰와 배려'라는 예금을 쌓아가는 과정이다. 우리는 일상에서 상대방과의 모든 상호작용을 통해 감정 계좌에 입금하거나 출금한다.

감정 계좌가 풍족한 사람은 대인관계가 원만하고 신뢰를 받는다. 반대로 감정 계좌가 바닥난 사람은 인간관계에서 갈등과 불화를 자주 경험하게 된다. 이 계좌의 잔고를 늘리려면 지속적으로 긍정적인 행동을 실천해야 한다.

무한대로 늘어나는 특별한 계좌

감정 계좌는 무한대로 존재할 수 있다는 점에서 금전 계좌와 다르다. 우리는 부모님과 한 개, 배우자와 한 개, 친구와 한 개, 직장 동료들과 각각 한 개씩의 감정 계좌를 가진다. 심지어 처음 만난 사람과도 새로운 감정 계좌가 형성된다. 따라서 우리의 대인관계는 우리가 감정 계좌를 어떻게 관리하느냐에 따라 달라진다.

감정 계좌의 입금을 늘리기 위해서는 다음과 같은 행동을 실천해야 한다. 상대방을 진심으로 이해하고 배려한다. 친절과 예의를 다하고 상대방을 존중한다. 약속을 지키며 신뢰를 쌓는다. 기대를 분명히 하고 충족시킨다. 자리에 없는 사람을 험담하지 않는다. 진심으로 사과한다. 격려하고 인정하며 칭찬을 아끼지 않는다.

반대로 감정 계좌에서 출금되는 경우는 다음과 같다. 상대방을 무시하거나 소홀히 한다. 불친절하고 무례한 태도를 보인다. 약속을 어기고 신뢰를 깨뜨린다. 기대를 모호하게 하거나 충족시키지 않는다. 자리에 없는 사람을 험담한다. 자만하고 거만한 태도를 보인다. 남을 비난하고 깎아내린다.

-7점에서 시작한 아내와의 감정 계좌 회복기

'자기 경영'의 핵심은 결국 '관계 경영'이다. 그리고 그 중심에는 눈에 보이지 않는 '감정 계좌'가 있다. 40대 초반, 내 감정 계좌는 파산 직전이었다. 특히 아내와의 계좌는 +10점에서 -10점의 구간 중에 잔고가 -7점에 달했다. 야근과 술자리로 인한 잦은 '출금'만 있었을 뿐, '입금'은 거의 없었다.

당시에는 몰랐다. 내가 무심코 했던 행동들이 얼마나 큰 금액을 인출하는 행위였는지를. 친구들과의 부부 동반 모임 날짜를 아내와 상의 없이 정해버린 것은 '신뢰'를 출금한 것이었고, "바쁘니 그 정도는 이해해 줘야지"라고 말한 것은 '존중'을 출금한 것이었다. 사소한 다툼이 폭발적인 부부싸움으로 번졌던 이유는 잔고가 바닥나 있었기 때문이었다.

'행복한 아버지 학교'를 다니며 나는 '가정 경영자'로서 이 위태로운 계좌를 회복하기로 결심했다. 거창한 이벤트가 아닌, 매일의 작은 '입금'을 시작했다.

'이해'라는 예금: 아내가 좋아하는 TV 프로그램을 함께 보며 그 내용에 대해 진심으로 질문했다. "저 배우는 왜 저렇게 행동하는 거야?" 사소하지만, 아내의 세계에 관심을 보이는 것이었다.

'존중'이라는 예금: 아무리 사소한 결정이라도 "여보, 주말에 이런 계획이 있는데 당신 생각은 어때?"라고 먼저 물었다.

'감사'라는 예금: 가끔 저녁에 아내가 차려준 안주에 술을 마실 때마다 "와~ 이거 너무 맛있다. 당신 덕분에 호강하네"라고 말로 표현했다.

이런 작은 입금들이 쌓이자 놀라운 변화가 일어났다. 계좌 잔고가 플러스로 돌아서자, 가끔 내가 실수를 '출금'해도 관계가 흔들리지 않게 되었다. 이제는 대략 +7~8점의 우량 계좌가 되었고, 이것이 내가 '자기 경영자'로서 이룬 가장 큰 성취라고 자부한다.

강의장에서 발견한 감정 계좌의 비밀

사회적 관계에서 감정 계좌를 쌓는 것은 신뢰와 유대를 강화하는 가장 효과적인 방법이다. 우리는 직장 동료, 친구, 지인들과 지속적인 상호작용을 하면서 감정 계좌를 입금하거나 출금한다. 감정 계좌를 꾸준히 채우는 사람일수록 좋은 인간관계를 형성하며, 더 많은 기회를 얻고 더욱 의미 있는 삶을 살아갈 수 있다.

나는 다양한 사람들과 관계를 맺으며 감정 계좌의 중요성을 실감했다. 특히 칭찬과 인정은 감정 계좌를 예금하는 가장 강력한 방법이다. 내가 진행하는 강의는 단순한 이론 전달이 아니라 내가 실천하고 경험한 내용을 바탕으로 한다. 그러다 보니 강의를 들은 사람들은 더 공감하며, 나의 메시지에 깊은 인상을 받는다.

"제 멘토를 찾았습니다" - 한 지인의 고백

칭찬과 감탄은 감정 계좌를 풍족하게 만드는 중요한 요소다. 나는 한 강의에서 만난 한 지인을 통해 이 점을 더욱 확실히 깨닫게 되었다. 그는 나의 강의를 듣고 "자신의 멘토를 찾았다"라고 말했다. 그는 오랫동안 시간 관리 노트를 쓰려고 시도했지만 번번이 실패했는데, 내가 그것을 꾸준히 실천하는 모습을 보며 깊은 감명을 받았다고 했다.

만날 때마다 작은 선물을 주며 나를 응원해 주었다. 처음에는 그가 나에게 감동을 받았다고 했지만, 시간이 지나면서 나 또한 그에게 감동을 받았다. 나는 이 경험을 통해 알게 되었다. 사람들은 자신을 인정해 주는 사람을 좋아할 수밖에 없다는 것을. 나를 대단한 사람으로 인정해 주고, 선물을 주고, 관심을 보여주니 나 또한 그에게 좋은 인상을 갖게 되었다. 이는 감정 계좌가 쌓이는 중요한 과정이다.

문화심리학자로 유명한 김정운 교수는 "감탄을 많이 하라"고 강조한다.

그는 감탄하면 감탄할 일이 더 많이 생기고, 감탄하면 행복해진다고 말한다. 이는 곧 우리가 상대방의 성과에 대해 감탄하고, 칭찬하고, 축하할 때 감정 계좌가 자연스럽게 예금된다는 뜻이다. 우리는 다른 사람을 감동하게 하려고 노력하기보다 다른 사람의 성과에 감동하고, 이를 표현하는 습관을 길러야 한다.

감정 계좌 입금하는 4가지 방법

그렇다면 사회적 관계에서 감정 계좌를 입금하는 구체적인 방법에는 무엇이 있을까?

첫째, 상대방의 노력을 인정하고 칭찬한다. 사람들은 자신의 성과를 인정받을 때 가장 크게 감동한다. "정말 좋은 아이디어네요", "많은 노력을 하셨군요"처럼 상대방의 공을 인정하는 말 한마디가 큰 차이를 만든다.

둘째, 감탄하는 습관을 기른다. 김정운 교수의 말처럼, 감탄하는 습관을 기르면 우리 주변에는 감탄할 일이 더 많아진다. "어떻게 이런 생각을 하셨나요?", "정말 멋진 성과네요!"라고 표현하는 것만으로도 감정 계좌는 쌓인다.

셋째, 관심과 배려를 실천한다. 관심을 기울이는 것은 감정 계좌의 기본이다. "잘 지내세요?", "그 프로젝트는 잘 진행되고 있나요?" 같은 관심 가득한 작은 메시지 하나가 감정 계좌를 입금하는 효과적인 방법이 된다.

넷째, 격려와 응원을 아끼지 않는다. 때로는 자신이 잘하고 있는지 의문이 들 때가 있다. 이때 "여러분은 충분히 잘하고 있습니다"라는 한마디가 감정 계좌를 크게 예금할 수 있다.

친구와의 감정 계좌는 왜 줄어들까?

좋은 친구 관계는 시간이 지나도 변함없이 지속되기를 바라지만, 현실적으로는 그렇지 않은 경우가 많다. 사회생활을 하면서 각자의 삶에 바빠지고, 연락이 뜸해지다 보면 자연스럽게 멀어지는 경우가 많다. 하지만 친구 관계도 감정 계좌의 원리가 적용된다. 우리가 지속적으로 감정 계좌를 입금하지 않으면 관계는 점차 희미해지고, 결국 연락조차 하지 않는 사이가 될 수도 있다.

친구 관계를 오래 유지하기 위해서는 단순히 한 공간에서 시간을 보내는 것만으로는 부족하다. 진정으로 상대방을 위하고, 관심을 가지며, 필요할 때 도움을 주는 것이 중요하다. 특히 바쁜 일상에서 "연락할 시간이 없었다"라는 것은 변명에 불과하다. 중요한 것은 시간이 아니라 관심이다.

나는 서울에 사는 고교 동창들과는 한 달에 한 번 정도 모임을 갖는다. 세 명에서 다섯 명 정도가 모여 식사도 하고 이야기를 나누며 서로의 안부를 확인한다. 하지만 지방에 사는 친구들은 1년에 한 번 정도밖에 보지 못하는 것이 현실이다. 각자의 사는 모습에 대해 카톡방에 공유하는 경우도 거의 없고, 연락도 잘 하지 않다 보니 점점 멀어지는 기분이 든다.

가끔 내가 먼저 연락해서 안부를 묻곤 하지만, 친구끼리 서로 바쁘다 보니 관심이 줄어드는 듯하다. "모르는 게 약인가?" 하는 생각이 들 때도 있지만, 나는 친구 관계일수록 더 자주 연락하고 관심을 두는 것이 필요하다고 믿는다. 바쁜 일상에서도 짧은 메시지 하나, 안부 전화 한 통이 감정 계좌를 입금하는 강력한 방법이 될 수 있다.

친구 관계 감정 계좌 늘리는 실전 노하우

친구 관계에서 감정 계좌를 입금하는 방법은 다음과 같다.

먼저 연락하는 습관을 들인다. 먼저 연락하는 것이 관계를 유지하는 가장 간단한 방법이다. 단순한 안부 인사라도 먼저 보내는 것이 중요하다.

특별한 날을 챙긴다. 생일이나 기념일을 잊지 않고 축하 메시지를 보내는 것만으로도 감정 계좌는 채워진다.

도움이 필요할 때 적극적으로 돕는다. 친구가 힘들어할 때 작은 관심과 격려 한 마디가 큰 힘이 된다.

공동 관심사를 만들거나 특별한 이벤트를 만들어 함께할 기회를 만든다. 함께할 수 있는 취미나 활동을 만들면 자연스럽게 관계가 지속된다.

가끔은 직접 만나 시간을 보낸다. 아무리 온라인 소통이 많아도, 얼굴을 마주 보고 대화하는 것만큼 감정 계좌를 채우는 방법은 없다.

관심으로 유지되는 진짜 우정

우리는 바쁜 일상을 살아가면서도 가족과 친구를 챙겨야 한다. 하지만 가장 소중한 관계일수록 당연하게 여기거나 소홀해지기 쉽다. 좋은 친구 관계는 시간이 아니라 관심으로 유지된다. 지금 바로 오랜 친구에게 안부를 전해보는 것은 어떨까? 작은 관심과 배려가 쌓여 깊은 우정을 이어가는 힘이 될 것이다.

감정 계좌는 단순한 인간관계 기술이 아니라 사회적 관계를 유지하고 성장시키는 필수 요소다. 나는 앞으로도 내 감정 계좌를 잘 관리하면서, 주변 사람들과의 관계를 더욱 깊고 의미 있게 만들어갈 것이다. 칭찬하고, 감탄하고, 배려하고, 격려하는 작은 행동들이 쌓여 감정 계좌의 예금이 되고, 그 예금이 신뢰와 유대를 형성한다.

궁극적으로 감정 계좌가 풍족한 사람은 더 많은 기회를 얻고, 더욱 행복한 삶을 살게 될 것이다. 감정 계좌를 꾸준히 예금하는 사람만이 오랜 우정과 깊은 신뢰를 간직할 수 있다.

3. 있을 때 잘하자 – 후회 없는 관계 만들기

함께하는 시간은 생명을 나누는 것이다

인간관계에서 가장 중요한 것은 "지금, 이 순간"을 소중히 여기는 태도다. 우리는 종종 현재의 관계를 당연하게 여기거나, 언젠가 더 좋은 기회가 올 거로 생각하며 지금 곁에 있는 사람들을 소홀히 대한다. 하지만 시간은 유한하고, 관계는 그 소중한 시간을 함께 나누는 것이다.

나는 카네기 공부를 하면서 관계의 멘토인 이태성 회장님을 만났다. 이 회장님의 좌우명은 "있을 때 잘해"이다. 우리는 다섯 명이 함께 모임을 하고 있는데, 그분은 모임 때마다 항상 선물을 가져오신다. 책이든, 작은 선물이든 뭐라도 준비해 오셔서 멤버들에게 주신다. 처음에는 감사한 마음으로 받았지만, 몇 번 선물을 받다 보니 자꾸 미안한 마음이 들었다.

그래서 나도 모임에 갈 때 작은 선물을 준비하기 시작했다. 내가 직접 선물을 줘보니 비로소 알게 되었다. 받는 기쁨보다 주는 기쁨이 훨씬 크다는 것을, 그리고 줌으로써 받게 된다는 것을 말이다. 선물을 건네는 순간 상대방의 환한 미소를 보며 느끼는 따뜻함, 그 작은 행동으로 관계가 더욱 돈독해지는 경험은 금전으로 환산할 수 없는 가치였다.

이 회장님은 대전에서 충청지역 카네기 인재개발원장으로 일하고 계시는데, 그분 옆에는 항상 많은 분이 계신다. 그 모습을 볼 때마다 "있을 때 잘해"를 얼마나 잘 실천하고 계시는지 알 수 있다. 그분은 말로만 관계를 이야기하지 않는다. 작은 선물 하나, 따뜻한 말 한마디, 진심 어린 격려 한 번으로 사람들의 마음을 움직인다. 그분의 행동 하나하나가 "지금, 이 순간 당신이 소중하다"라는 메시지를 전달한다. 그렇기에 사람들은 자연스럽게 그분 곁에 모이고, 그분과 함께하는 시간을 소중히 여기게 된다.

나는 다양한 모임을 주관하며 "있을 때 잘하자"라는 말의 진정한 의미를 깨닫게 되었다. 지금 내가 함께하는 사람들은 단순한 인연이 아니라 서로의 시간과 생명을 나누는 소중한 존재들이다. 그러므로 그들과 함께하는 시간을 소홀히 하지 말고, 최대한 의미 있게 보내야 한다.

총각네 이영석 대표의 책 『티켓』에는 사람을 만날 때 감사의 표시로 세 가지를 준비하라는 조언이 나온다. 바로 '선물, 편지, 질문'이다.

선물: 작은 것이라도 상대방에게 선물을 준비하면, 그 사람이 존중받고 있다는 느낌을 받는다. 값비싼 것이 아니어도 좋다. 작은 간식이나 추천하는 책 한 권만으로도 충분히 의미 있는 선물이 된다.

편지: 요즘은 손으로 직접 쓴 편지를 거의 찾아볼 수 없다. 그렇기에 손씨로 쓴 짧은 메모나 감사의 편지는 더욱 특별한 감동을 준다.

질문: 만나는 시간이 의미 없이 흘러가지 않도록 미리 질문을 준비하면 대화가 더욱 깊어진다. 상대방에게 관심을 기울이고, 그의 삶과 가치관에 대해 알고자 하는 자세가 진정한 배려다.

모임을 주관하며 깨달은 것들

나는 고등학교 동창 모임을 주관하고 있다. 매월 정기적으로 만나지만, 연말에는 특별히 1박 2일 부부동반 모임을 진행한다. 전국 각지에 흩어진 친구들이 함께 모이려면 중간 지점을 고려해야 하고, 장소 답사부터 식자재 준비, 숙소 예약, 행사 스케줄까지 모든 것을 세심하게 챙긴다.

2024년 말 모임은 11월에 진행했다. 모든 과정을 하나씩 준비하고 기대감에 부풀어 있었지만, 갑작스럽게 참석하지 못하는 친구들이 생겼다. 안타까웠지만, 모임에 참석한 친구들은 우리 부부에게 진심 어린 감사 인사를 전했다.

"네 덕분에 오랜만에 정말 좋은 시간을 보냈어."

"이렇게까지 준비해 줘서 고마워."

그 순간 나는 작은 노력이 이들에게 얼마나 큰 가치를 주었는지 알게 되었다. 누군가의 작은 노력이 단순한 친목을 넘어 사람과의 관계를 더욱 깊게 만들 수 있다는 것을 배웠다.

우리는 매 순간 이별을 향해 가고 있다. 그렇기에 지금, 이 순간 함께하는 시간을 더 소중히 여겨야 한다. 지금 내 앞에 있는 사람을 위해 조금 더 베풀고, 조금 더 진심을 다하는 것이야말로 관계를 더욱 가치 있게 만드는 방법이다.

가족과의 관계에서도 있을 때 잘하자

가족은 우리가 가장 많은 시간을 함께 보내지만, 오히려 가장 소홀해지기 쉬운 관계다. 특히 가까운 사이일수록 "언제든 다시 잘할 수 있다"라는 생각에 배려와 노력을 게을리한다.

나는 자주 만나는 두 부부가 있다. 우리 세 부부는 함께 해외여행을 하거나 자주 캠핑을 포함한 국내 여행을 한다. 나는 세 부부가 행복한 가정을 만들었으면 좋겠다는 생각에 행복한 가정을 이루기 위해 무엇을 하면 좋을지 고민했다. 그래서 한번은 주말에 남자들만 셋이 중국집에서 만나 이야기를 나눴다. 내가 행복한 아버지 학교에서 배운 내용을 포함해 가정 경영자로 자부하며 실천하고 있는 것들을 말해주었다.

나는 이런 말을 했다. "행복한 삶을 살기 위해서는 자기 자신을 경영하는 것만큼이나 가정을 경영하는 것이 중요합니다. 그리고 가정 경영에서 가장 중요한 것은 부부 관계입니다. 행복한 가정을 만들기 위해서는 가정 CEO인 남편이 배우는 자세가 필요합니다. 많은 남편이 배우자를 변화시키려 하기만 하고, 정작 자기 자신을 바꾸려고 노력하지 않습니다. 배우자를 바꾸려 하지 말고 내가 바뀌어야 합니다. 배우자는 내가 가장 많이 마주하는 거울과 같아서, 배우자가 반복적으로 불평하는 것이 있다면 그것이 내가 변화해야 할 부분일 수도 있습니다." 이런 말과 함께 읽으면 행복한 가정을 만드는 데 도움이 될 책도 추천해 주었다.

관계를 더욱 가치 있게 만드는 법

관계는 단순한 만남이 아니라, 서로에게 가치를 더하는 과정이다. 나는 박사과정을 시작하면서 이 사실을 더욱 절실히 깨닫게 되었다. 같은 학과에서 박사과정을 함께 시작한 동기는 한 명뿐이었고, 연구와 논문에 대한 막연한 두려움이 쌓여갔다.

그러던 중 한 존경할만한 성품과 지식을 갖추신 교수님을 모시고 연구실을 만들게 되었고, 이를 통해 선배들과 자주 교류하며 논문 작성법과 연구 방법을 배울 수 있었다. 한 선배분은 자신의 논문 작성 노하우를 정리해 강의까지 해주셨다. 그 경험을 통해 나는 결심했다. "내가 고학년이 되면, 후배들에게 내가 겪었던 어려움을 겪지 않도록 도와줘야겠다."

4학기 차와 5학기 차에 1학기 차 신입 박사들을 대상으로 박사 생활 가이드와 논문 작성법에 대한 강의를 1시간 반 동안 진행했다. 내가 오랫동안 정리해 온 자료를 아낌없이 공유했다. 후배들의 반응은 기대 이상이었다. 그들은 매우 감사해했고, 강의 후 자료를 공유해 주니 다시 한번 고마움을 표현했다.

진정한 관계는 신뢰와 베풂에서 온다. "이 관계를 통해 내가 얻을 것이 무엇인가?"가 아니라, "이 관계에서 내가 먼저 줄 수 있는 것은 무엇인가?"라는 질문을 던져야 한다.

4. 소통은 인간관계의 핵심이다

소통에서 가장 중요한 것은 존중이다

소통은 인간관계를 유지하는 가장 중요한 요소다. 올바르게 소통하지 못하면 관계는 쉽게 어긋나고 갈등이 발생한다. 나는 살아오면서 소통의 방식에 따라 관계의 질이 크게 달라진다는 것을 여러 번 확인했다.

과거 한 프로젝트에서 함께 일하던 사람과 갈등을 겪은 적이 있다. 나는 그의 의견이 맞지 않다고 생각해 강하게 반대했지만, 지금 돌이켜보면 존중이 부족했던 것이 문제였다. 상대방의 입장을 충분히 고려하지 않은 채 강하게 내 주장을 펼쳤고, 결과적으로 우리는 더 멀어졌다.

이 경험을 통해 소통에서 가장 중요한 것은 상대방을 존중하는 태도라는 것을 알게 되었다. 상대방의 의견을 끝까지 들어주고, 충분히 고민한 뒤 반응해야 한다. 내 생각이 옳다고 해도, 상대방이 왜 그렇게 생각하는지 이해하려 노력해야 한다. 존중이 없는 대화는 갈등을 만들고, 존중이 있는 대화는 신뢰를 쌓는다.

많은 사람이 말하는 능력이 뛰어나야 소통을 잘한다고 생각하지만, 진정한 소통은 말하기보다 듣는 것에서 시작된다. 나는 나름대로 상대방의 말을 잘 들어준다고 생각했지만, 때로는 내 주장을 충분히 전달하려다 보니 말을 더 많이 하게 되는 경우가 있었다. 하지만 경험을 통해 배운 것은, 많이 말하는 것보다 진심으로 듣는 것이 더 강한 설득력이 있다는 것이었다.

인간관계에서 당연한 것은 없다

나는 여러 개의 모임을 주관하며 많은 시간을 들인다. 일정 조율, 장소

섭외, 안내 메시지 작성, 행사 준비까지. 모임 때마다 사진과 동영상을 찍어 추억을 남기거나 참석하지 못한 사람들과 공유하기도 한다. 그런데 이것을 당연한 것으로 여기는 경우가 있어 힘이 빠질 때가 있다.

내가 주말에 서너 시간을 공들여 편집한 3분에서 5분 분량의 모임 영상이 공유되었을 때, 아무런 반응이 없는 경우가 있다. "이 정도는 원래 해야 하는 일 아닌가?", "늘 하던 거니까, 이번에도 한 거겠지" 이런 무관심한 태도나 당연한 것이라는 반응을 보이는 사람들을 보면 마음이 상한다.

그래서 나는 스스로 다짐했다. 모임에서 누군가 수고를 했다면 반드시 감사의 표현을 하자. 누군가 작은 선물이라도 준비했다면 반드시 고마움을 표현하자. 상대방이 한 행동이 당연한 것이 아니라 노력의 결과임을 적극적으로 인정해 주자. 이 책을 읽는 여러분들도 상대방의 노력을 당연한 것으로 생각하지 말고, 적극적으로 칭찬하고 인정해 주길 바란다.

명절 안부, 관계의 끈을 이어주는 소통의 기술

나는 매년 설이나 추석 명절이 오면 특별한 의식을 치른다. 다름 아닌, 그동안 나에게 도움을 주었거나 소중한 인연을 맺어온 이들에게 안부 인사를 전하는 것이다. 그 명단은 무려 200명에 달한다. 아버지와 어머니 양가 친척들부터 처가, 회사 상사와 동료, 영업을 하던 시절 인연을 맺은 거래처 대표님들, 그리고 인생의 방향을 잡아주신 멘토와 꾸준히 교류하는 친구와 지인, 배움을 함께한 분들까지 다양한 이들이 포함되어 있다. 이 리스트는 매년 새롭게 수정되고 추가된다. 보통은 명절 전날에 하며, 카카오톡으로 개인 또는 단체로 안부를 전하는데 2시간 정도 소요된다.

명절은 뜬금없는 연락이 아닌, 자연스럽게 관계를 돈독히 할 수 있는 절호의 기회이다. 평소 자주 만나지 못하더라도, 명절이라는 시기를 통해 서로의 안부를 묻고 소통의 물꼬를 틀 수 있다. 나는 특히 과거에 신세를 졌거나 가르침을 주신 분들, 예를 들면 상사나 선배, 거래선 대표, 멘토들에게 내가 그 고마움을 잊지 않고 있다는 것을 전하기 위해 이 시간을 적극적으로 활용한다.

내 안부 인사는 단순히 '가족과 행복한 명절 보내세요'라는 상투적인 인사말에 그치지 않는다. 나는 카카오톡으로 장문의 메시지를 보낸다. 퇴직 후 올해 추석에는 '퇴직 후 어떤 책을 썼고, 현재 어떤 공부를 하고 있으며, 앞으로 어떤 계획을 갖고 있는지 등' 나의 근황을 상세히 담는다. 이는 상대방이 묻지 않았더라도, 혹시나 궁금해하실 분들을 위한 나의 작은 배려이자 도리라고 생각하기 때문이다. 이러한 진심이 담긴 소통은 형식적인 관계를 넘어, 깊은 유대감과 신뢰를 형성하는 핵심적인 요소가 된다. 진정한 소통은 상대방에 대한 관심과 배려에서 시작되며, 이렇게 공들여 쌓은 관계 자산은 나를 성장시키는 소중한 밑거름이 될 것이다.

5. 관계의 황금률: 대접받고 싶은 대로 대접하라

우리가 살아가는 이 세상은 가족이나 몇몇 친구를 제외하면 대다수의 '타인'으로 구성되어 있다. 이 수많은 타인과 어떻게 관계의 다리를 놓고, 그 다리를 얼마나 튼튼하게 만드느냐가 결국 내 삶의 풍요로움을 결정한다. 그렇다면 이 관계를 다루는 연금술의 핵심 비법은 무엇일까? 질문은 아주 간단한 곳에서 시작한다. "나는 다른 사람에게 어떻게 대접받기를 원하는가?"

사랑은 작은 조각들의 합이다

우리는 종종 관계를 개선하기 위해 거창한 이벤트나 극적인 화해를 꿈꾼다. 하지만 진정한 관계의 변화는 그런 특별한 순간이 아니라 아주 사소한 일상에서 이루어진다. 안젤리나 졸리의 인생을 바꾼 한 마디를 다룬 책에서는 이렇게 말한다. "사랑은 금방 잊히는 작은 입맞춤이나 미소를 안겨주는 자비, 친절한 시선, 마음에서 우러나오는 찬사 그리고 수없이 많은 유쾌하고 온화한 느낌의 작은 조각들로 이루어진다." 이 말처럼, 좋은 관계는 값비싼 선물이 아니라 따뜻한 눈빛, 진심 어린 칭찬, 공감의 한마디 같은 작은 친절들이 모여 완성된다. 앞서 이야기한 '감정계좌'에 매일 입금할 수 있는 가장 확실한 예금이 바로 이런 작은 배려와 관심이다.

모든 관계를 관통하는 단 하나의 법칙

이 모든 작은 실천들을 관통하는 단 하나의 황금률이 있다. 시대를 초월하여 모든 인간관계의 핵심을 짚어내는 진리, 바로 "남에게 대접받고자 하는 대로 너희도 남을 대접하라"는 것이다. 이 법칙은 너무나 단순해서 오히려 그 위대함을 잊고 살 때가 많다.

내가 존중받고 싶다면 먼저 상대를 온전히 존중하고, 나의 이야기에 누가 귀 기울여주길 바란다면 먼저 상대의 말을 경청해야 한다. 내 실수를 이해받고 싶다면, 상대의 허물을 너그럽게 감싸 안는 아량이 필요하다.

내가 박사 과정 후배들을 위해 기꺼이 시간을 내어 논문 작성법을 공유했던 이유도, 과거 내가 선배들에게 받았던 도움에 대한 감사를 되갚고 싶었기 때문이다. 내가 도움받아 성장했듯, 다른 사람의 성장을 돕는 것이 내가 대접받고 싶은 방식이었던 셈이다. 이 황금률은 일방적인 희생을 의미하지 않는다. 오히려 내가 원하는 것을 얻는 가장 지혜로운 방법이다.

'황금률 미러링'을 실천해 보자. 누군가의 행동에 기분이 상하거나 서운함이 느껴질 때, 비난하기 전에 잠시 멈추고 거울을 보듯 스스로에게 질문을 던지는 것이다. "최근 나는 그에게 어떻게 행동했는가? 나는 내가 받고 싶은 만큼 그를 대접했는가?" 이 짧은 성찰이 불필요한 갈등을 막고 관계를 더 깊이 이해하게 만드는 열쇠가 된다.

6. 나눔과 봉사는 더 큰 행복을 만든다

작은 봉사로 시작하는 나눔 – 플로깅

행복에 관한 연구들에서 공통적으로 강조하는 것이 있다. "행복은 나눌 때 커진다"라는 점이다. 실제로 기부하거나 다른 사람을 도울 때 우리는 더 큰 만족감을 느낀다고 한다.

나는 평소에 '언젠가 봉사활동을 해야지'라는 마음을 가지고 있었다. 하지만, 어느 날 문득 생각했다. 왜 나중에 해야 하지? 지금 하면 안 될까?

집 근처 하남 미사 망월호수공원이 1년간의 환경개선 공사를 마쳤다. 그때 생각했다. 하남시가 나를 위해 이렇게 돈과 시간을 들여 환경을 개선해 주었는데, 나는 하남시를 위해 무엇을 할 수 있을까? 그래서 플로깅(줍깅)을 시작했다.

한쪽 손에는 검은색과 흰색 봉투를, 다른 손에는 스테인리스 집게를 들고 망월호수공원을 돈다. 주말이나 재택근무 날에 하는데, 특히 일요일 아침에는 쓰레기가 많다. 플로깅을 하며 헤드폰으로 좋아하는 음악을 듣거나 강의를 듣는다. 집에 돌아와 샤워하면 몸도 가벼워지고 마음도 상쾌해진다. 체중계에 올라가 보면 보통 1kg 정도 감량된 것을 확인하며 더 큰 보람을 느낀다.

단순한 활동이지만 운동도 되고, 내가 사는 공간을 깨끗하게 만들고, 작은 실천이지만 사회에 기여하고 있다는 기분이 든다. 행복은 내가 가진 것을 나눌 때 더 커진다.

추억을 나누는 특별한 봉사 – 사진과 영상 편집

나에게는 남들과 조금 다른 나눔의 방식이 있다. 바로 모임에서 찍은 사진과 동영상을 편집해서 사람들과 공유하는 일이다. 아이들 학부모

3가족 모임, 군대 동기 모임, 고등학교 동창 모임, 박사 모임, 가족 외식이나 여행 등 여러 사람이 모이는 자리에 나는 항상 큰 셀카봉을 들고 간다.

모임을 하면 모두 즐겁게 웃고 떠들며 시간을 보낸다. 하지만 집에 돌아가면 그 순간들은 기억 속으로 서서히 사라져간다. 나는 그 소중한 순간들을 영상으로 남겨 모든 참석자가 언제든 다시 볼 수 있도록 해주고 싶었다.

3분에서 5분 분량의 동영상을 편집하는 데는 보통 3시간에서 4시간이 소요된다. 사진과 동영상에서 각자의 표정과 제스처를 하나하나 살펴보며, 가장 자연스럽고 행복한 순간이 담긴 사진들을 골라낸다. 영상 프로그램에 그 사진을 업로드한다. 거기에 자막을 입힌다. 그리고 적절한 배경음악을 넣는다. 사진과 영상, 자막, 음악을 잘 고르고, 잘 연결되도록 자르고 붙이는 편집하는 일은 완전히 작품 활동이다. 솔직히 말하면 상당히 고된 일이다. 모임이 끝나고 피곤한 몸으로 집에 돌아와 그날 또는 그 다음날 몇 시간을 더 컴퓨터 앞에 앉아 있어야 한다.

하지만 편집을 마치고 카카오톡 단체방에 영상을 올렸을 때 사람들의 반응을 보면 모든 피로가 날아간다. "우와, 정말 멋지게 편집 하셨네요!", "이 영상 보니까 그때가 다시 생각나네요", "가족들에게도 보여줘야겠어요." 와 같은 댓글들이 올라올 때마다 가슴이 따뜻해진다.

특히 오래전 모임 영상을 다시 꺼내 보며 "그때 참 좋았지" 하고 추억에 젖는 사람들을 보면, 내가 한 작은 노력이 얼마나 큰 의미가 있는지 깨닫게 된다. 시간이 지나면 기억은 흐려지지만, 영상은 그 순간의 감정과 분위기를 고스란히 보존해 준다. 나는 사람들이 편집된 영상을 보며 그때의 즐거움을 회상하고 행복을 느끼길 바란다.

이것도 사람들과 좋은 관계를 맺기 위한 나의 노력이고 나눔의 방법이다.

돈이나 물건을 주는 것만이 나눔이 아니다. 내 시간과 정성을 들여 다른 사람들의 행복한 순간을 보존해 주는 것, 그리고 그 기억을 언제든 꺼내서 볼 수 있도록 해주는 것도 충분히 값진 나눔이라고 생각한다.

지식과 경험의 공유

봉사는 물질적인 나눔뿐만 아니라, 지식과 경험을 공유하는 것도 중요한 사회 환원의 방법이다. 나는 다양한 분야에서 많은 경험을 쌓아왔고, 그것이 누군가에게는 매우 가치 있는 정보가 될 수 있음을 알 수 있었다.

오프라인 매장 운영 및 활성화 경험, 전략적 기획 기법, 판매사원 교육 및 육성, 18년간의 바인더 활용 시간 관리, 가정 경영 노하우, 꿈과 비전 설정 방법 등 내가 쌓아온 모든 경험과 노하우는 나만의 소중한 자산이다. 이러한 경험을 체계적으로 정리하여 책을 출간하고, 강의를 통해 공유하며, 컨설팅을 통해 다른 사람들에게 도움을 주고 싶다. 내가 배운 지식을 나누면, 나도 성장하고 다른 사람들도 함께 성장할 수 있을 것이다.

나는 박사 과정에서 후배들에게 논문 작성법 강의를 했고, 시간 관리에 고민이 있는 사람들에게 바인더 활용법을 1:1로 강의해 주기도 했다. 이러한 재능 기부는 단순한 봉사가 아니라, 나의 지식과 경험이 다른 사람의 삶에 변화를 불러올 기회가 되었다.

지식은 나눌수록 더 가치가 커진다. 내가 배운 지식과 경험이 단순히 내 안에서만 머문다면, 그것은 결국 사라지고 만다. 하지만 그것을 정리하고 체계적으로 정립하여 주변 사람들에게 알려주면, 살아있는 지식이 되어 더 많은 사람에게 도움이 될 수 있다.

7. 나의 가치를 드러내는 관계의 기술

내 소득은 내가 만들어낸 가치다

내가 가진 가치는 무엇일까? 그리고 그 가치를 어떻게 활용하여 사회에 기여하고, 더 많은 사람에게 긍정적인 영향을 미칠 수 있을까? 내가 가진 경험과 배움을 혼자만의 것으로 간직하는 것이 아니라, 이를 필요로 하는 사람들과 나누고 확장해 나가는 것이 바로 나의 가치 발휘다.

내가 받는 소득은 내가 만든 가치에 대한 시장의 평가다. 회사에서는 매년 성과 평가를 하고, 이에 따라 등급을 매긴다. 이는 곧 내가 조직에 기여한 가치가 인정받은 만큼의 보상이 주어진다는 뜻이다.

그런데 회사라는 한정된 시스템 안에서는 내가 받을 수 있는 보상의 규모에 한계가 있다. 만약 내 가치를 사회 전체에 제공한다면 어떨까? 더 많은 사람에게 직접적인 영향을 주는 가치를 창출한다면?

성공한 사람들은 자신이 만든 가치를 더 많은 사람에게 제공한다. 그 과정에서 친구와의 만남이나 여가 생활을 포기해야 할 수도 있고, 처음에는 확실한 보장도 없다. 하지만 꾸준한 몰입과 준비가 결국은 사회적으로 인정받는 가치를 만들어낸다.

많은 연구에 따르면, 자신의 능력을 최대한 활용하여 남을 돕는 사람일수록 더 행복하다고 한다. 부자들이 행복할 가능성이 높은 이유도 여기에 있다. 그들은 자신이 만들어낸 가치로 많은 사람들에게 영향을 미치며, 그 과정에서 보람을 느끼고 더 많은 기회를 얻는다.

자신의 가치를 발견하는 과정

사람마다 가진 능력과 재능은 다르다. 하지만 누구나 자신의 강점을 발견하고 그것을 키워 나갈 수 있다. 자신이 가장 좋아하는 일, 잘하는 일, 남들에게 도움이 될 수 있는 일들을 찾아보는 것이 중요하다.

나의 경우, 오랜 직장 생활과 학업을 병행하면서 시간 관리, 자기 경영, 행복한 성공에 대한 관심이 높아졌다. 처음에는 개인적인 실천에 그쳤지만, 점차 이를 체계적으로 정리하고 다른 사람들과 나누기 시작했다.

책을 읽으며 의미 있는 문구를 정리하고, 강의에서 배운 내용을 내 삶에 적용해 보았다. 블로그를 운영하며 꾸준히 글을 쓰기 시작했고, 직장과 연구실에서 자연스럽게 내 경험을 강의와 컨설팅으로 공유하게 되었다.

자신의 가치를 발견하는 가장 좋은 방법은 꾸준한 실천과 기록, 그리고 공유하는 과정에서 나온다. 내가 중요하게 여긴 가치들이 결국 강의와 책, 세미나라는 형태로 발전하게 되었다.

나만의 5가지 강점

나는 내가 가진 강점을 다음과 같이 정리해 보았다.

첫째, 집중력과 끈기

고등학생 때부터 공부를 오래 했고, 책상에 앉아 있는 것이 익숙하다. 석사, 박사 공부를 하면서 하루 종일 논문을 쓰거나 연구하는 과정도 크게 부담스럽지 않다. 집중력이 높고, 한 가지 목표에 몰입하는 것이 자연스러운 습관이 되었다.

둘째, 문제 해결 능력

회사에서 전략 업무를 오랫동안 담당하면서, 문제를 분석하고 해결하는 사고방식을 익혔다. 어떤 문제를 마주했을 때 빠르게 최적의 해결책을 찾아 실행하는 것이 익숙하다. 이는 강의와 컨설팅을 할 때도 중요한 역량이 된다.

셋째, 기획력과 정리 능력

단순히 문제를 해결하는 것에서 끝나지 않고, 그 과정을 체계적으로 정리하여 자료로 만들고, 다른 사람이 쉽게 이해할 수 있도록 정리하는 것에 강점이 있다.

넷째, 새로운 것을 배우고 실행하는 실행력

마술, 드론, 동영상 편집, 칼림바 연주 등 한번 해보고 싶은 것이 생기면 즉시 방법을 찾아 배우고, 빠르게 실천하여 내 것으로 만든다. 전문가 수준까지는 아니더라도, 내가 필요할 때 활용할 수 있는 수준까지는 반드시 익힌다.

다섯째, 강의에 대한 열정

나는 강의를 좋아하고, 자료를 정리하여 남에게 설명하는 것을 즐긴다. 내가 가르쳐 준 내용이 상대방에게 도움이 되고, 그들이 성장하는 모습을 볼 때 큰 보람을 느낀다.

남을 위해 발휘할 때 더욱 행복해진다

행복은 나 자신을 위한 것이 아니라, 다른 사람을 위해 무언가를 할 때 더 커진다. 얼 나이팅게일은 "행복의 비법은 자기 자신이 아닌 다른 대상에 집중하는 것"이라고 말했다. 즉, 타인을 돕는 일이 곧 행복해지는 방법이다.

사랑하는 사람에게 선물을 해본 경험을 떠올려보자. 내가 준비한 선물을 받은 상대가 기뻐하는 모습을 볼 때, 오히려 선물을 준 내가 더 큰 행복을 느낀다. 마찬가지로, 내가 가진 능력을 다른 사람들에게 도움이 되는 방식으로 활용할 때 나는 더욱 행복해진다.

내가 가진 경험과 지식을, 책을 통해 공유하고, 강의를 통해 전달하며, 멘토가 되어 더 많은 사람이 성장하도록 돕는 것. 내 능력을, 남을 위해 발휘할 때, 나는 진정으로 만족스러운 날들을 보낼 수 있다.

지금 해야 할 일을 하면 나중에 하고 싶은 일을 할 수 있다

축구선수 이영표의 강의에서 들은 이야기가 있다. 그는 청소년들을 대상으로 어떻게 축구 연습을 했는지에 대한 이야기를 전했다. 강의 말미에 그는 중요한 메시지를 남겼다.

"자신이 지금 하고 싶은 일만 하면 나중에는 하기 싫은 일을 하게 된다. 하지만 지금 해야 할 일을 하면 나중에는 하고 싶은 일을 할 수 있다."

그가 말하는 '지금 하고 싶은 일'이란 쉽게 유혹받을 수 있는 것들, 즉 놀거나 잠을 자거나 의미 없이 SNS를 하며 시간을 보내는 것들을 뜻한다. 반대로 '지금 해야 할 일'이란 공부, 연습, 훈련과 같이 미래를 위해 투자하는 것들이다.

이영표는 자신의 경험을 예로 들었다. 그는 매일 2단 줄넘기를 1,000번 하겠다고 결심했고, 2년 동안 이를 실천했다. 그 결과, 공중에서 떨어지는 볼을 누구보다 먼저 차지하는 선수가 될 수 있었다. 그는 "노력이 재능을 이긴다"라고 강조하며, 탁월함은 지속적인 습관이 만들어낸다고 확신했다.

끊임없는 성장이 필요하다 – 나비의 교훈

자신의 가치를 발휘하고 사회에 기여하기 위해서는 끊임없는 성장이 필요하다. 자연에서 가장 아름다운 변화의 과정 중 하나인 나비의 탄생 과정을 보면 이를 깨달을 수 있다.

애벌레가 나비가 되기 위해서는 반드시 고치 안에서 힘든 변화의 과정을 거쳐야 한다. 나비가 고치에서 나올 때, 좁은 구멍을 통과하기 위해 온 힘을 다해 날개를 부딪치고 몸부림쳐야 한다. 이 과정은 매우 고통스럽고 힘들어 보인다.

어떤 사람이 나비가 고치에서 나오는 모습을 보고 불쌍히 여겨 나비가 쉽게 나올 수 있도록 고치 입구를 가위로 잘라 도와주었다고 한다. 하지만 그 나비는 고치에서 나와 제대로 날갯짓을 하지 못하고 푸드덕거리다가 결국 죽고 말았고 한다. 왜일까? 고치에서 나오는 힘든 과정이야말로 나비의 날개에 혈액을 공급하고 날 수 있는 힘을 기르는 필수적인 단계였기 때문이다.

우리의 성장도 마찬가지다. 힘든 과정을 피하고 쉬운 길만 택한다면, 진정한 성장을 이룰 수 없다. 어려운 도전과 시행착오를 겪으면서 우리는 비로소 날개 짓을 할 수 있는 힘을 기르게 된다.

성공한 사람들의 공통점

김형석 교수님의 책 『백년을 살아보니』에서 소개된 내용이다. 일본에서 60대 중반 여성들을 대상으로 한 조사에서, 가장 불행한 사람은 아무 일도 없이 세월을 보낸 사람이었다. 반면, 가장 행복한 사람들은 공부를 시작한 사람, 취미 활동을 지속한 사람, 봉사 활동을 하는 사람이었다.

행복한 삶을 위해서는 지속적으로 성장하고, 자신을 즐겁게 하는 활동을 하며, 궁극적으로는 다른 사람에게 도움이 되는 삶을 살아야 한다. 결국, 성공하고 싶다면 봉사해야 한다. 베푸는 사람이 진정한 부자이며, 더 많이 받는 사람이 된다. 나는 앞으로도 더 많이 나누고, 더 많이 배우며, 더 많은 사람에게 긍정적인 영향을 미치는 삶을 살아갈 것이다.

관계는 우리 인생의 가장 큰 자산이다. 돈이나 명예는 잃을 수 있지만, 진심으로 쌓은 관계는 평생의 보물이 된다. 지금 이 순간, 내 곁에 있는 사람들에게 최선을 다하자. 먼저 베풀고, 진심으로 소통하며, 작은 것부터 나누는 삶을 살자. 그것이 후회 없는 인생을 만드는 가장 확실한 방법이다.

8. 행복경영 컨설턴트로서의 나의 길

행복경영 컨설턴트가 되려는 이유

나는 지금 내 카카오톡 프로필과 블로그에서 나를 '행복경영 컨설턴트'라고 소개하고 있다. 내가 추구하는 행복경영(1장 6절 참조)은 단순한 성취를 넘어 행복한 자기, 가정, 일터, 관계, 재정 경영을 아우른다. 행복경영 컨설턴트로서 나는 이 원리를 사람들에게 전파하고 행동을 통해 변화를 만들도록 돕고 싶다. 내가 깨달은 것들, 내가 실천하면서 얻은 경험과 교훈을 공유하여 많은 사람이 더 나은 삶을 살 수 있도록 돕고 싶다. 단순히 이론을 전달하는 것이 아니라, 행동과 실천을 통해 변화를 만들어내도록 돕는 것이 나의 목표다.

최근 박사 과정에서 함께 공부하는 동료들에게 행복한 성공 강의를 했다. 호기심으로 듣기 시작했던 그들이 강의 후반부에 이르러 몰입하는 모습을 보며 확신이 들었다. 강의 후 받은 피드백은 나에게 더 큰 동기부여가 되었다.
"시간이 멈추는 순간을 경험했습니다.", "이번 강의를 통해 시간 관리와 관계의 중요성을 다시 한번 깨닫게 되었습니다.", "인생의 롤모델을 만난 것 같아요." 이런 피드백을 받을 때마다, 나의 작은 노력이 누군가에게 삶을 변화시키는 계기가 될 수 있다는 사실에 감사함을 느낀다. 그래서 내가 실천한 것들을 더 많은 사람에게 알리고, 그들에게 동기부여와 용기를 주고 싶다.

6장 자기 경영 워크시트: 관계 자산 관리하기

● 최고의 자산, 감정 계좌를 쌓는 법

아무리 큰 성공을 거두어도 나눌 사람이 없다면 의미가 없다. 결국 우리 삶의 행복은 좋은 관계에 달려있다. 이 워크시트는 눈에 보이지 않지만 가장 중요한 자산인 '감정 계좌'의 잔고를 점검하고, 신뢰와 배려라는 예금을 꾸준히 쌓아 풍요로운 관계를 만들어가는 구체적인 방법을 안내한다.

Step1. 나의 주요 감정 계좌 점검하기

여러분에게 가장 중요한 관계 5개를 정하고, 각 관계의 신뢰 수준을 '감정 계좌' 잔고로 솔직하게 평가한다. 잔고가 마이너스라면 관계 개선이 시급하다는 신호이다.

평가 기준: +10점: 절대적인 신뢰와 지지가 있는 관계 0점: 평범하고 무난한 관계 −10점: 불신과 갈등이 깊은 관계

● 나의 감정 계좌 현황표

관계 대상 1: _____

현재 잔고 (−10 ~ +10점): _____

최근 '입금' 사례: _____

최근 '출금' 사례: _____

관계 대상 2: _____

현재 잔고 (−10 ~ +10점): _____

최근 '입금' 사례: _____

최근 '출금' 사례: _____

관계 대상 3: _____

현재 잔고 (−10 ~ +10점): _____

최근 '입금' 사례: _____

최근 '출금' 사례: _____

Step2. 집중 '입금' 계획 세우기

Step 1에서 잔고가 가장 낮거나, 개선이 가장 시급하다고 생각되는 관계 하나를 선택한다. 이번 주 안에 그 사람의 감정 계좌에 '입금'하기 위한 구체적인 행동 3가지를 계획하고 실천한다.

작성 예시

• 관계 대상: 배우자

− 실천할 입금 행동 3가지:

1. (이해) 오늘 저녁, 스마트폰을 내려놓고 배우자가 좋아하는 드라마를 함께 보며 진심으로 공감해 주기
2. (존중) 주말 계획을 세울 때, 내 의견을 말하기 전에 "여러분은 뭐 하고 싶어?"라고 먼저 물어보기
3. (감사) "오늘 저녁 맛있게 잘 먹었어. 항상 고마워"라고 말로 표현하기

● **관계 회복 프로젝트: 집중 입금 챌린지**

• 관계 대상: _____

– 실천할 입금 행동 3가지:

1. _____
2. _____
3. _____

Step3. 나눔과 봉사 계획 세우기

행복은 나눌 때 커진다. 여러분이 가진 지식, 경험, 시간, 재능 중 다른 사람이나 사회를 위해 나눌 수 있는 것은 무엇인가. 거창하지 않아도 좋다. 이번 달 안에 실천할 수 있는 작은 나눔 계획을 세운다.

● **AI 꿀팁**

내가 가진 무엇을 나눌 수 있을지, 어떻게 실천해야 할지 막막하시다면 ChatGPT 같은 AI에게 아이디어를 요청해 보자. 여러분의 경험과 재능을 알려주면, AI가 의미 있는 나눔을 실천할 수 있는 구체적인 방법을 찾아줄 것이다.

AI 프롬프트 예시

"나는 '나눔과 봉사'를 실천하고 싶은데, 내가 무엇을 나눌 수 있는지, 그리고 구체적으로 어떤 행동을 할 수 있는지 아이디어를 얻고 싶어."

- **나의 경험/지식:** 여기에 입력.

  예: 30년간의 마케팅 경험, 퇴직 후 여행 작가로 활동 중

- **나의 재능/취미:** 여기에 입력.

  예: 기타 연주, 사진 촬영, 사람들과 대화하기

"이 내용들을 바탕으로, 이번 달 안에 내가 실천할 수 있는 '작고 구체적인 나눔 계획' 3가지를 추천해 줘."

작성 예시

- **내가 나눌 수 있는 것:** 30년간의 마케팅 실무 경험
- **나눔 실천 계획:** 취업을 준비하는 후배에게 연락해, 자소서 컨설팅을 1시간 동안 무료로 해주기

● **나의 작은 나눔 실천 계획1**

내가 나눌 수 있는 것 (지식, 경험, 시간, 재능 등):
_____

이번 달 안에 실천할 구체적인 행동:
_____

● **나의 작은 나눔 실천 계획2**

내가 나눌 수 있는 것 (지식, 경험, 시간, 재능 등):
_____

이번 달 안에 실천할 구체적인 행동:
_____

7장. 습관: 인생을 자동 조종하는 힘
(Organize Your Day)

"성공은 습관의 다른 이름이다"

　인생이라는 거대한 건물은 '하루'라는 벽돌이 하나씩 쌓여 만들어진다. 그리고 그 벽돌을 만드는 것이 바로 '습관'이다. 우리는 우리가 반복적으로 행하는 것의 결과물이다.
　이 장에서는 의지력에만 기대는 대신, 좋은 행동을 자동으로 실행하게 만드는 '습관 시스템'을 설계하는 법에 관해 이야기한다. 시간을 지배하는 구체적인 기술부터 걱정 대신 생산적인 생각을 하는 법, 건강을 지키는 작은 실천까지, 내 인생을 극적으로 변화시킨 작은 습관의 기적을 공유하고자 한다.

1. 좋은 습관이 성공의 기반을 만든다

습관이라는 이중성의 지배자

"나는 위대한 사람들의 하인이며, 또한 모든 실패한 사람들의 하인이기도 하다."

이 문장을 읽는 순간 우리는 자연스럽게 '습관'이라는 단어를 떠올리게 된다. 습관은 마치 양날의 검과 같다. 우리를 위대하게 만들 수도 있고, 실패하게 만들 수도 있다. 성공한 사람들의 공통점을 살펴보면, 모두가 좋은 습관을 지니고 있다. 반면 실패한 사람들은 나쁜 습관에 길든 경우가 많다.

습관은 기계처럼 단순하지 않다. 내가 습관을 어떻게 대하느냐에 따라 그것이 나를 돕는 도구가 될 수도 있고, 나를 망치는 족쇄가 될 수도 있다. 좋은 습관을 만들고 유지하려면, 습관을 존중하고 엄격하게 다루어야 한다. 습관을 쉽게 여긴다면, 오히려 습관이 나를 지배할 수도 있다.

철학자 아리스토텔레스는 이미 2천 년 전에 이 진리를 꿰뚫어 보았다. "우리는 우리가 반복적으로 행하는 바로 그것이 된다. 중요한 것은 행동이 아니라 습관이다." 우리가 매일 하는 행동이 모여 결국 우리의 인생을 결정한다. 성공한 사람과 그렇지 못한 사람의 차이는 한순간의 선택이 아니라, 반복된 습관에서 비롯된다. 오늘의 나는 어제의 습관이 만든 결과이며, 10년 후의 나는 지금의 습관이 결정할 것이다.

하루를 경영하라: 인생 변화의 시작점

하루하루를 의미 있게 보내기 위해 가장 중요한 것은 '즐기는 습관'을 갖는 것이다. 삶은 한 방향으로 직진하며, 되돌릴 수 없다. 한 번 지나간 시간은 다시 돌아오지 않기 때문에 우리는 하루를 헛되이 보내서는 안

된다. 하루를 충실하게 보내는 것은 곧 인생을 충실하게 사는 것과 같다.

'즐긴다'라는 개념이 거창한 것은 아니다. 돈이 많이 필요하지도 않으며, 단순한 일상에서도 즐거움을 찾을 수 있다. 오늘을 즐기는 습관을 지니는 것은 결국 삶을 더욱 풍요롭게 만드는 과정이기도 하다. 아침에 일어나 하루를 어떻게 보낼 것인지 기대하며 시작하는 습관이야말로 진정한 행복을 위한 첫걸음이다.

아인슈타인의 날카로운 통찰이 있다. "어제와 똑같이 살면서 다른 미래를 기대하는 것은 정신병 초기 증세이다." 나는 또 이런 말을 좋아한다. "하루하루의 일상이 변하지 않으면 인생이 변하지 않는다." 사람들은 종종 인생을 바꾸고 싶다고 말하지만, 정작 하루의 습관을 바꾸려 하지 않는다. 하루가 바뀌지 않는데 어떻게 인생이 바뀔 수 있겠는가?

하루는 24시간, 1,440분, 86,400초로 정해져 있으며, 모든 사람에게 공평하게 주어진다. 하지만 그 시간을 어떻게 활용하는지에 따라 인생이 달라진다.

워렌 버핏이 한 대학생과의 대화에서 던진 경고는 오늘날에도 유효하다. "습관의 족쇄란 너무도 가벼워 처음에는 느껴지지 않지만, 시간이 흐를수록 점점 무거워져 결국에는 다리를 절단내고 만다."

이 말처럼 습관은 처음에는 별것 아닌 것처럼 보이지만, 시간이 지나면 강력한 영향을 미친다. 특히 나쁜 습관은 점점 우리를 지배하며, 한 번 굳어진 습관은 바꾸기가 쉽지 않다.

좋은 습관 만들기의 실전 전략

우리는 흔히 나쁜 습관을 고치려 할 때, 그것이 단순히 의지력의 문제라고 생각한다. 하지만 실제로는 환경, 반복적인 행동, 그리고 작은 선택들이 모여 습관을 형성한다. 따라서 습관을 바꾸려면 단순한 결심이 아니라, 시스템을 변화시켜야 한다.

좋은 습관을 만들기 위해서는 다음과 같은 방법을 활용할 수 있다.

즉시 실행 가능하도록 환경을 조성하라 - 예를 들어, 독서를 습관화하려면 책을 잘 보이는 곳에 두고, 스마트폰을 멀리 두는 것이 효과적이다.

작은 목표부터 시작하라 - 한 번에 큰 변화를 시도하는 것보다, 매일 조금씩 실천하는 것이 지속 가능하다.

반복하라 - 습관은 반복을 통해 형성된다. 꾸준히 실천하는 것이 가장 중요하다.

관성의 법칙을 뛰어넘는 두 가지 방법

새로운 습관을 만들고 유지하는 것은 결코 쉬운 일이 아니다. 인간은 기존의 습관과 패턴을 유지하려는 경향이 있으며, 이를 흔히 '관성'이라고 부른다.

관성(慣性)은 원래 물리학에서 사용되는 개념으로, 외부에서 힘이 가해지지 않는 한 물체가 현재의 운동 상태를 유지하려는 성질을 뜻한다. 예를 들어, 버스가 출발할 때 승객이 뒤로 쏠리거나, 급정거할 때 앞으로 쏠리는 현상도 관성 때문이다. 흥미로운 점은, 이 개념이 단순히 물체에만 적용되는 것이 아니라 인간의 행동과 습관에도 그대로 적용된다는 것이다.

우리는 기존에 해오던 행동을 지속하려는 성향이 강하다. 아침에 일찍 일어나려 노력하지만, 몇 날 며칠이 지나면 다시 늦잠을 자고, 다이어트를 결심해도 결국 다시 예전의 식습관으로 돌아가는 경우가 많다. 이를 두고 '작심삼일'이라는 말까지 생겼다. 결국, 새로운 습관을 만들기 위해서는 기존의 관성을 깨는 방법을 찾아야 한다.

책 『티켓』에서는 관성을 없애는 두 가지 방법을 소개한다.

1) 환경을 바꾸어라

환경은 우리의 습관 형성에 매우 중요한 역할을 한다. 인간은 본능적으로 환경에 적응하려는 성향이 있기 때문에, 새로운 습관을 만들려면 환경을 조성하는 것이 효과적이다.

아침 일찍 일어나고 싶다면? 알람 시계를 여러 개 배치하여 일어나지 않으면 안 되는 상황을 만든다. 더 나아가 침대에서 멀리 떨어진 곳에 알람을 두고, 일어나서 끄는 동안 몸을 깨울 수 있도록 한다.

운동 습관을 들이고 싶다면? 운동복을 눈에 잘 띄는 곳에 두거나, 헬스장 회원권을 결제하고 비용이 아까워서라도 꾸준히 가도록 유도하는 것이 효과적이다.

새로운 스타일을 시도하고 싶다면? 기존에 입던 옷을 모두 정리하고, 전문가가 추천하는 스타일의 옷을 구매해 입어본다. 자신의 기존 스타일을 바꾸기 위해서는 아예 새로운 환경을 조성하는 것이 중요하다.

나도 이 방법을 활용해 습관을 개선한 경험이 있다. 새벽 기상을 실천하기 위해 기존의 지하철 타는 시간을 6시 43분에서 첫차인 5시 38분으로 앞당겼다. 이를 통해 자연스럽게 기상 시간이 조정되었고, 새벽 시간을 활용하는 습관을 들일 수 있었다. 이처럼 환경을 변화시키면 의지력에 의존하지 않고도 새로운 습관을 자연스럽게 형성할 수 있다.

2) 교육을 활용하라

두 번째 방법은 반복적인 교육을 통해 마음을 바꾸는 것이다. 인간은 새로운 정보를 지속적으로 접하면 사고방식이 변하고, 행동도 서서히 바뀐다.

꾸준한 학습을 통해 습관을 내재화하라 - 책을 읽거나 강연을 듣는 것만으로도 변화가 시작될 수 있다. 예를 들어, '성공한 사람들의 아침 루틴'을 다룬 책을 읽으면 자연스럽게 아침을 더 의미 있게 보내고 싶어진다.

반복 교육을 하라 - 조직이나 단체에서 새로운 문화를 정착시키기 위해서는 반복적인 교육이 필수적이다. 예를 들어, 기업에서 '긍정적인 사고'를 강조하는 문화가 필요하다면, 지속적인 교육을 통해 직원들에게 새로운 사고방식을 주입해야 한다.

나는 학습을 습관화하기 위해 매일 출근길에 유튜브 강의를 듣는다. 출퇴근 시간을 학습 시간으로 활용함으로써 새로운 지식을 지속적으로 습득할 수 있으며, 이를 통해 나의 사고방식과 습관도 점진적으로 변화하고 있다.

나의 작은 습관 실험실

나는 매일 반복하는 작은 습관들을 가지고 있다. 비록 거창해 보이지 않지만, 이러한 작은 습관들이 모여 결국 나의 삶을 형성하고 나의 경쟁력을 만들어가고 있다고 믿는다.

- 계단 2칸씩 오르기 - 250개 계단의 기적

나는 매일 출근할 때 여의나루역의 계단을 걸어서 올라가는 습관을 지니고 있다. 여의나루역은 여의도역과 마포역 사이에 위치해 있으며, 지하 5층의 깊은 곳에 자리 잡고 있다. 이는 한강 하저터널을 지나기 위해 구조적으로 깊어진 것이며, 실제로 확인해 보니 우리나라에서 가장 깊은 곳에 있는 지하철역이라고 한다.

이곳에는 250개가 넘는 계단이 있다. 나는 이 계단을 한 칸씩 오르는 것이 아니라 두 칸씩 올라가는 습관을 들였다. 헬스클럽에서 PT를 받을 때, 계단을 두 칸씩 올라가면 허벅지 근육을 효과적으로 단련할 수 있다는 조언을 들었기 때문이다. 이 습관을 지속한 결과, 이제 웬만한 지하철역에서는 계단을 이용하는 것이 어렵지 않게 되었고, 일부러 지하철에서 이동할 때는 계단을 이용한다. 작은 습관이 몸을 변화시키고, 결국 건강한 삶을 유지하는 데 큰 역할을 하고 있음을 실감하고 있다.

- 매일 글쓰기 – 740일의 성장 기록

나는 매일 한 꼭지의 글을 쓰는 습관을 가지고 있다. 유튜버 단희쌤의 독서혁명 프로젝트에 참여한 이후, 매일 글쓰기를 실천했다. 글쓰기의 내용은 주로 책을 읽고 마음에 끌린 문장을 따로 정리한 후, 그 문장에 대한 나의 소감과 소회를 작성하는 것이다. 100일간의 프로젝트 후로 2년, 740일 동안 지속했다.

매일 글을 쓰면서 가장 크게 느낀 점은 '기록하는 사람이 성장한다'는 것이다. 같은 주제라도 시간이 지나고 다시 보면 새로운 시각에서 바라볼 수 있으며, 나 자신이 어떻게 변화하고 성장하는지를 확인할 수 있다.

- 새벽 5시 기상 – 하루를 길게 활용하는 법

나는 매일 새벽 5시에 기상하는 습관을 지니고 있다. 첫 지하철을 타고 출근하기 위해 알람을 맞춰놓고 일어나며, 이를 위해 보통 밤 11시 이전에 잠을 청하려고 노력한다. 새벽 기상을 실천한 이후로 나는 하루를 더욱 길고 알차게 활용할 수 있게 되었다. 출근 후 아침 시간이 길어지면서 악기 연습을 하거나, 책을 읽거나, 하루 목표를 정리하는 시간을 만들 수 있었다.

주말에는 아내의 요청으로 조금 더 자지만, 그래도 7~8시경에는 일어나 하루를 시작한다.

나는 아침 일찍 일어나 하루를 시작하고, 건강을 위해 계단을 오르고, 매일 글을 쓰는 이런 작은 좋은 습관들이 결국 나의 경쟁력이 될 것으로 생각한다. 습관은 단순한 반복이 아니다. 그것은 나 자신을 만들어가는 과정이며, 시간이 지나면 그것이 나의 정체성이 되고 경쟁력이 된다.

한계를 뛰어넘어 좋은 습관으로 경쟁력을 만들자

우리는 종종 "나는 원래 이런 사람이야"라며 변화를 포기한다. 하지만 이는 착각이다. 벼룩은 자기 몸 크기의 100배인 30cm까지 뛸 수 있다. 그런데 뚜껑 있는 상자에 넣어두면 점점 낮게 뛰는 것에 익숙해진다. 나중에 뚜껑을 열어도 더 이상 높이 뛰지 못한다.

우리도 마찬가지다. 자신이 설정한 한계에 길들여 있을 뿐, 진짜 능력과 잠재력은 훨씬 크다. 생각의 한계를 뛰어넘으려면 다음을 실천해 보자.

새로운 도전을 두려워하지 말라.

"나는 할 수 있다"라는 긍정적 자기 암시를 활용하라.

성공한 사람들의 습관을 벤치마킹하라.

작은 습관이 모여 나의 경쟁력이 된다. 아침 일찍 일어나고, 계단을 오르고, 매일 글을 쓰는 이런 소박한 실천들이 결국 나를 만들어간다. 습관은 나 자신을 조각해 가는 과정이며, 시간이 지나면 그것이 나의 정체성이 되고 차별화된 경쟁력이 된다.

미래는 우리의 습관이 만든다. 오늘 어떤 습관을 선택할 것인가? 지금 당장 좋은 습관 하나를 시작해 보자. 작은 변화가 모여 결국 인생을 바꾸는 놀라운 힘이 될 것이다.

2. 시간을 관리하면 인생이 바뀐다

죽음 앞에서 깨달은 시간의 소중함

스티브 잡스는 2005년 스탠퍼드 대학 졸업식에서 이렇게 말했다. "삶의 최고 발명품은 죽음이다. 죽음은 인생을 변화시키고, 새로움이 낡은 것을 버릴 수 있게 한다. 그러니 제한된 인생을 다른 사람의 생각으로 낭비하지 마라."

그는 췌장암 수술을 받은 후 죽음을 가까이에서 경험하며 시간이 유한함을 더욱 절실히 깨달았다. 우리는 마치 영원히 살 것처럼 행동하지만, 사실 우리의 인생은 한정되어 있다. 만약 내가 시한부 인생을 선고받고 앞으로 6개월밖에 남지 않았다면, 하루하루를 얼마나 소중히 여길까?

인생은 시간으로 이루어져 있다. 그 시간은 유한하므로 결국 우리가 매일 하는 일은 우리의 생명과 맞바꾸는 일이다. 돈을 벌기 위해 일하고, 사람을 만나고, 출퇴근하며 보내는 모든 시간은 우리 삶의 일부를 소모하는 과정이다. 그렇기에 시간을 어떻게 사용할 것인지 신중히 선택해야 한다.

혹시 지금 이 글을 읽으면서도 '나는 저자처럼 빡빡하게 살 시간이 없어'라고 생각하나요? 그렇다면 잠시 책을 덮고 내가 어떻게 생활하고 있는지 생각해 보세요. 지난주 유튜브와 SNS, 인터넷 뉴스 또는 TV나 넷플릭스에 몇 시간을 쓰셨습니까? 어쩌면 하루 서너 시간이 그 안에 숨어있을지 모른다. 문제는 시간이 없는 것이 아니라, 인생의 우선순위가 없는 것이다. 여러분은 여러분의 미래 대신, 일시적인 재미를 선택하고 있을 뿐이다. 변명을 멈추고 선택을 시작해야 한다.

나폴레옹도 이런 말을 했다. "지금 내가 겪고 있는 불행과 고통은 헛되이 흘러보낸 시간이 나에게 하는 복수이자 응징이다." 우리는 시험공부를 미리 하지 않고 벼락치기를 하듯이 인생을 살아서는 안 된다. 중요한 일을 미리 준비하고, 긴급하지 않지만 중요한 일들을 우선적으로 배치해야 한다.

성공한 사람들의 시간 관리 비밀

대기업 임원들의 업무 일정을 보면 시간 관리의 중요성이 더 두드러진다. 과거에는 신입사원부터 출근하고 높은 직급의 사람이 가장 늦게 출근하는 문화였지만, 요즘은 임원들이 가장 먼저 출근하고 아침에 집중적으로 자기 일을 한다. 직급이 올라갈수록 시간의 가치를 알고, 그것을 철저히 관리하는 것이 중요하다는 것을 깨닫기 때문이다.

임원들은 하루를 30분 또는 1시간 단위로 계획하며, 회의, 보고, 피드백 등을 소화한다. 그들은 살인적인 스케줄 속에서도 건강을 관리하고, 여가 시간을 활용하며, 효율적으로 시간을 쪼개어 사용한다.

하버드 대학에서는 1학년 때부터 시간 관리 수업을 한다고 한다. 이는 학생들이 학업과 다양한 동아리 활동을 효율적으로 병행할 수 있도록 기초 체력을 길러주기 위함이다. 시간은 늘릴 수 있는 것이 아니다. 결국 시간 관리를 통해 하루 24시간을 25시간처럼 활용하는 방법을 터득하는 것이 필요하다.

시간 관리의 3가지 황금 법칙
첫 번째 법칙: 시간을 기록하라

세계적인 석학 피터 드러커는 시간 관리를 위한 첫 단계로 "너의 시간을 알라"라고 말했다. 성과를 올리는 사람은 일에서 출발하지 않고, 시간으로부터 출발한다. 우리는 종종 시간이 어디로 사라지는지 모른 채 하루를 마감한다. 어떤 일에 시간을 많이 쓰는지 기록하고 파악하면 불필요한 시간 낭비를 줄이고, 중요한 일에 집중할 수 있다.

앞서 이야기했듯 하버드 학생들이 수많은 강의와 과외활동 속에서 가장 먼저 배우는 중요한 기술 중 하나가 바로 시간 관리다. 이들은 해야 할 일과 하고 싶은 일을 균형 있게 배분하는 법을 배우며, 과제나 독서에 드는 시간을 예측하여 효과적으로 시간을 활용하는 방법을 익힌다.

하버드의 시간 관리법 중 대표적인 것이 '10일의 법칙'이다. 이것은 하버드 우등생과 성공한 CEO들이 실제로 활용하는 시간 관리 비법으로, 마감일보다 10일 먼저 일을 끝내서 심리적인 압박감을 줄이고, 남은 기간 동안 결과물을 다듬어 완성도를 높이는 것이다. 이러한 습관을 통해 다음과 같은 이점을 얻을 수 있다. 먼저, 스트레스가 감소한다. 마감에 쫓기지 않아 마음의 여유가 생긴다. 둘째, 결과물의 질이 향상된다. 미리 일을 끝내고 검토할 시간이 충분하여 완성도를 높일 수 있다. 셋째, 문제 대처 능력이 향상된다. 예상치 못한 일이 발생해도 여유 시간이 있어 당황하지 않고 대처할 수 있다. 넷째, 개인 시간이 확보된다. 일과 삶의 균형을 맞추는 데 도움이 된다.

자기가 쓴 시간을 기록해 보면 단순한 일정 관리 이상의 효과를 얻을 수 있다. 나의 가장 에너지가 높은 시간대는 언제인지, 어떤 업무가 예상보다 많은 시간을 차지하는지, 효율적으로 시간을 활용하기 위해 무엇을 조정해야 하는지 등 다양한 통찰을 얻을 수 있다.

두 번째 법칙: 중요한 일을 먼저 하라

많은 사람이 중요한 일을 미루고 긴급한 일에 쫓겨 하루를 보낸다. 하지만 장기적인 성공을 이루는 사람들은 긴급한 일을 처리하기보다는 중요한 일에 시간을 투자하는 사람이다.

미국 대통령 아이젠하워가 고안한 시간 관리 방법에 따르면, 일은 중요성과 긴급성에 따라 4가지 영역으로 나뉜다.
- 1분면(중요 + 긴급): 기한이 촉박한 업무나 가족의 응급 상황 같은 일
- 2분면(중요 + 긴급하지 않음): 독서, 건강관리, 안부 인사, 영어 공부, 미래 계획 등 장기적으로 나를 성장시키는 일들
- 3분면(긴급 + 중요하지 않음): 불필요한 전화나 급한 회의 참석 같은 일들
- 4분면(긴급하지도 않고 중요하지도 않음): TV 시청이나 SNS 과몰입처럼 시간을 낭비하게 만드는 활동

성공한 기업들은 2분면(긴급하지 않지만 중요한 일)에 65~80%의 시간을 투자한다. 반면 일반 사람들은 1, 3, 4분면의 일에 집중하며, 장기적으로 중요한 일을 소홀히 한다. 하루의 우선순위를 정할 때 2분면을 먼저 계획하고, 1분면을 적절히 조절하는 방식으로 시간을 배분하는 것이 중요하다.

세 번째 법칙: 새벽 시간을 활용하라

많은 성공한 사람이 공통으로 실천하는 습관 중 하나가 바로 '새벽 시간 활용'이다. 새벽 시간을 활용하면 남들보다 하루 3시간을 더 얻을 수 있으며, 이 시간이 장기적으로 9배의 효과를 가져온다.

새벽 기상의 가장 큰 장점은 집중력이 극대화된다는 것이다. 방해 요소가 적어 가장 생산적인 시간을 가질 수 있으며, 자기 계발에 최적화된 환경을 만들 수 있다. 아침 시간을 독서, 운동, 글쓰기, 학습 등으로 활용하면 하루를 더욱 효과적으로 시작할 수 있다.

이를 실천하기 위해서는 몇 가지 전략이 필요하다. 첫째, 취침 습관을

조정하여 늦어도 11시 이전에는 잠자리에 드는 것이 좋다. 둘째, 강제적 환경을 조성하여 알람을 멀리 두거나, 아침에 할 일을 미리 정해두는 것이 효과적이다. 셋째, 새벽 루틴을 확립하여 운동, 독서, 명상, 글쓰기 등의 아침 습관을 계획하는 것이 중요하다.

시간은 돈보다 더 귀중한 자산이다. 그것은 몇 가지 중요한 특성이 있기 때문이다. 첫째, 시간은 한 번 지나가면 되돌릴 수 없다. 화살처럼 일직선으로 흐르며, 재방송도 없고 저장할 수도 없다. 둘째, 시간은 빌리거나 늘릴 수 없다. 남이 사용하지 않는다고 해서 그 시간을 대신 사용할 수도 없다.

건강과 마찬가지로, 시간도 있을 때 잘 관리해야 한다. 건강을 잃고 나면 되돌릴 수 없듯이, 낭비한 시간은 결코 다시 돌아오지 않는다.

시간 기록의 힘

시간은 누구에게나 주어진 가장 공평하면서도 소중한 자원이다. 하지만, 이 똑같은 시간을 어떻게 사용하느냐에 따라 인생의 결과는 천차만별로 달라진다. 이런 시간의 특성을 깨달은 나는 2008년부터 지금까지 17년째 매일 내가 사용한 시간을 꼼꼼하게 기록하는 습관을 유지하고 있다.

나의 시간 기록 도구는 3P 바인더다. 처음, 이 바인더를 알게 된 것은 강규형 저자의 책 『성공을 바인딩하라』를 읽고 나서부터다. 실제 사용해 보니 3P 바인더는 단순해 보이지만 놀랍도록 정교한 시스템이었다. 하루를 30분 단위로 나누어 새벽 5시부터 밤 12시까지 총 38개의 시간 블록으로 구성되어 있다. 나는 매일 아침 일어나자마자 그날의 계획을 세우며 각 시간대에 할 일들을 화살표로 표시한다. 이것이 사전 계획이다.

예를 들어, 오전 9시부터 11시까지는 업무 회의, 오후 1시부터 2시까지는 점심 식사, 오후 7시부터 8시까지는 독서 시간 이런 식으로 미리 계획을 세운다. 그런데 여기서 끝이 아니다. 하루가 끝나면 실제로 내가 무엇을 했는지 화살표로 다시 표시한다. 이것이 사후 기록이다.

처음에는 이 작업이 번거롭고 귀찮았다. 하루 종일 바쁘게 일하고 나서 또 시간을 써서 기록을 남겨야 하다니. 하지만 며칠만 해보니 놀라운 사실들이 드러나기 시작했다. 내가 생각했던 것과 실제로 시간을 사용한 방식 사이에는 많은 차이가 있었고, 인지하지 못하는 사이에 낭비되는 시간이 많이 보였다.

계획과 현실의 간격을 좁혀가는 과정

3P 바인더에 기록된 사전 계획과 사후 기록을 비교해 보니 처음에는 거의 맞아떨어지는 시간이 30%도 되지 않았다. 대부분의 일들이 예상보다 오래 걸리거나, 중간에 예상하지 못한 일들이 끼어들어 계획이 밀리는 경우가 허다했다.

하지만 포기하지 않고 꾸준히 기록을 이어갔다. 매일 저녁 시간 기록을 점검하면서 "오늘은 어떤 부분에서 시간을 낭비했는가?", "내일은 어떻게 하면 더 효율적으로 시간을 사용할 수 있을까?"를 스스로에게 질문했다. 그리고 그 답을 다음 날의 계획에 반영했다.

예를 들어, 회의가 항상 예정 시간보다 길어진다는 것을 깨달았을 때는 회의 시간을 처음부터 여유 있게 잡기 시작했다. 스마트폰 때문에 시간을 자주 허비한다는 것을 알았을 때는 집중이 필요한 시간에는 아예 스마트폰을 다른 방에 두는 습관을 만들었다.

시간 기록이 가져다준 놀라운 선물들

17년째 시간 기록을 유지하면서 얻은 가장 큰 선물은 '시간 주권 의식'이다. 예전에는 하루가 어떻게 갔는지도 모르게 시간에 끌려다니는 느낌이었다면, 이제는 내가 시간의 주인이 되어 의도적으로 하루를 설계하고 살아간다는 느낌을 받는다.

두 번째 선물은 '우선순위 명확화'다. 하루 24시간이라는 한정된 자원 안에서 무엇을 할지 선택해야 하다 보니, 자연스럽게 정말 중요한 것과 그렇지 않은 것을 구분하는 능력이 향상되었다. 스티븐 코비가 말한 '긴급하지는 않지만 중요한 일'에 더 많은 시간을 투자할 수 있게 되었다.

세 번째 선물은 '성취감 증대'다. 매일 시간 기록을 통해 내가 무엇을 했는지 구체적으로 확인할 수 있다 보니, 작은 성과라도 놓치지 않고 인정하게 되었다. 예전에는 "오늘 하루도 별것 없이 지나갔네" 하고 넘어갔을 일들도 이제는 "오늘 독서 1시간, 운동 30분, 가족 대화 1시간을 알차게 보냈구나" 하고 구체적으로 확인할 수 있다.

작은 시간 블록들이 만들어내는 기적

오랫동안 시간을 기록하며 깨달은 가장 중요한 통찰은 '작은 시간의 힘'이다. 하루 30분씩 독서를 한다면 1년이면 183시간, 매일 20분씩 운동을 한다면 1년에 121시간 투자하는 셈이 된다.

이런 작은 시간의 누적 효과를 눈으로 확인할 수 있다 보니, 자투리 시간도 함부로 흘려보내지 않게 되었다. 지하철에서 15분이 남으면 오디오북을 듣고, 약속 시간까지 10분이 남으면 일부러 계단을 오르내리며 운동을 하고, 저녁 식사 후 30분 이상 걷기를 하는 식으로 시간의 밀도를 높여갔다.

특히 새벽 시간의 소중함을 깨닫게 된 것도 시간 기록 덕분이다. 새벽 5시에 일어나서 일찍 출근하여 사무실에서 갖는 1시간 반 동안은 그 누구도 나를 방해하지 않는 온전한 내 시간이다. 이 시간을 독서, 글쓰기, 운동, 명상 등에 투자하니 하루 전체의 질이 달라졌다.

시간 기록, 인생 기록이 되다

이제 3P 바인더는 단순한 시간 관리 도구를 넘어서 나의 인생 기록서가 되었다. 매년 연말이 되면 한 해 동안의 시간 기록을 정리하면서 내가 어떤 것에 가장 많은 시간을 투자했는지, 어떤 변화가 있었는지 되돌아본다.

또한 특별한 순간들도 시간 기록을 통해 생생하게 기억할 수 있다. 아이가 첫걸음을 뗀 날, 아내와 첫 해외여행을 간 날, 박사 학위를 받은 날 등이 모두 3P 바인더 안에 시간과 함께 기록되어 있다. 이런 기록을 보면서 '시간은 흘러가는 것이 아니라 쌓여가는 것'이라는 생각이 든다.

시간 기록의 힘은 단순히 효율성을 높이는 것이 아니다. 그것은 내 인생을 의식적으로 설계하고, 하루하루를 의미 있게 채워가는 삶의 기술이다. 매일 자기 전에 시간 기록을 정리하면서 "오늘 하루도 내가 원하는 방향으로 한 걸음 더 나아갔구나" 하는 만족감을 느낄 수 있다면, 그보다 큰 행복이 또 있을까?

멀티태스킹의 지혜

시간을 효과적으로 활용하기 위해 한 번에 여러 가지 일을 병행하는 경우가 많다. 예를 들어, 밥을 먹으면서 유튜브 강의를 듣거나, 운동을 하면서 음악을 듣는다. 플로깅(조깅을 하면서 쓰레기를 줍는 활동) 할 때도 헤드폰을 끼고 좋아하는 노래를 들으며 힐링한다.

출퇴근 시간을 활용하는 것도 중요한 시간 관리 습관 중 하나다. 출근할 때 일부러 지하철 계단을 이용해 종아리와 허벅지 근육을 단련한다. 또한, 점심시간을 활용하여 운동한다. 식사를 빨리 마친 후 3,000 내지 5,000보를 걷는다. 여름과 겨울에는 회사 인근 백화점 실내를 돌며 걷거나, 지하철의 지하 통로를 걸어 왕복한다. 이렇게 출퇴근,

점심시간, 주말의 자투리 시간을 활용하여 운동과 음악 감상, 유튜브 강의 청취를 병행하며 시간을 최대한 가치 있게 사용했다.

매일 아침 10분 동안 하루의 계획을 수립한다. 하루의 목표와 중요한 일을 먼저 정리하고, 업무의 우선순위를 조정한다. 하루를 마무리할 때는 하루 동안의 성과를 돌아보고, 개선할 점을 기록하며 보다 나은 방향으로 루틴을 조정해 나간다.

아이젠하워 매트릭스를 활용하여 시간을 분류하고 우선순위를 정하는 것도 오랜 습관 중 하나다. 급한 일과 중요한 일을 분류하고, 중요하지만 급하지 않은 일을 미리 계획하여 장기적인 성장을 도모한다.

시간 관리가 바꾸는 인생의 기적

인생을 바꾸고 싶다면, 하루를 바꾸어야 한다. 그리고 하루를 바꾸는 가장 강력한 방법은 시간을 효과적으로 관리하는 습관을 만드는 것이다.

시간을 기록하며 의미 있는 방향으로 활용하고, 긴급한 일이 아니라 중요한 일에 먼저 시간을 투자하며, 새벽 시간을 활용해 하루를 더 길게 활용해야 한다. 또한, 시간 관리 습관을 지속적으로 개선하고 발전시켜야 한다.

시간은 누구에게나 공평하게 주어진 최고의 자원이므로 그 시간을 어떻게 관리하고 활용하느냐에 따라 인생이 달라질 것이다. 나는 앞으로도 꾸준히 나의 시간을 기록하고, 보다 가치 있는 방향으로 활용하며, 목표를 향해 한 걸음씩 나아갈 것이다.

3. 다양한 취미 생활은 시간 관리가 관건이다

"시간이 없어서"라는 변명을 버려라

많은 사람이 "시간이 부족해서 취미를 즐길 시간이 없다"라고 말한다. 하지만 정말 시간이 없는 것일까? 시간을 관리하지 않기 때문에 취미를 실행하지 못하는 것은 아닐까? 우리는 종종 하고 싶은 것들을 떠올리지만, 막상 실천하지 못하고 미루기만 한다. 그리고 시간이 지나면서 "아, 그때 시작할 걸"하는 후회를 한다.

하루 동안 스마트폰을 얼마나 들여다보는지, TV 드라마를 보거나 쓸데없는 인터넷 검색에 얼마나 많은 시간을 소비하는지, 불필요한 걱정으로 시간을 허비하는지를 생각해 보자.

시간은 없어진 것이 아니라, 우리가 낭비한 것이다. 제대로 된 시간 관리 습관을 갖춘다면, 하고 싶은 일들을 모두 실행할 수 있다. 중요한 것은 "언젠가 하고 싶다"가 아니라, "지금 당장 실행하는 것"이다.

앞서 말했듯 나는 많은 취미에 도전하여 즐기고 있다. 캠핑, 차박, 등산, 피라미와 꺽지 낚시, 송어 낚시, 붕어 낚시 같은 야외 활동부터 볼링, 골프, 당구 같은 스포츠까지. 그리고 마술, 드론 날리기, 동영상 촬영과 편집하기, 독서, 음악 감상은 물론, 야구 관람도 즐긴다. 회사에 일찍 출근해서 칼림바라는 작은 악기를 연습하기도 했다. 이렇게 15개가 넘는 취미가 있다. 이것은 하고 싶은 것이 생기면 그것을 할 시간을 정해서 바로 실천한 시간 관리의 결과라고 생각한다.

내가 즐기고 있는 취미 몇 가지를 소개한다.
- **영상 제작과 촬영**: 여행을 다니면서 드론을 활용해 풍경 영상을 촬영하며, 이를 편집한다. 주 1편씩 영상을 편집하여 정리하는 습관을

들였으며, 카메라와 액션캠을 활용해 여행, 가족 모임, 자연 속 순간을 담아낸다. 시간이 지나면서 이런 영상들이 추억으로 남아 더욱 가치 있는 취미가 되고 있다.

- **음악과 감성 충전**: 틈날 때마다 기타와 칼림바를 연주하며 감성을 충전한다. 또한 50개 이상의 LP를 보유하고 있으며, 클래식과 재즈를 감상하며 음악적 영감을 얻는다. 단순한 감상에 그치지 않고, 유튜브 강의를 통해 음악 이론과 연주법을 배우며 자기 계발에도 힘쓰고 있다.

- **자연과 함께하는 시간**: 캠핑과 차박을 통해 국내외 다양한 장소를 여행하며 자연 속에서 힐링하는 시간을 갖는다. 하루 1만 보 이상 걷는 것을 목표로 삼고 있으며, 이를 통해 체력 증진과 동시에 자연을 즐기는 습관을 들였다. 낚시는 붕어 대낚시, 계곡 피라미 낚시, 꺽지 루어낚시, 겨울철 송어낚시 등 다양한 형태로 즐기며, 자연과 더욱 가까워지는 경험을 쌓아가고 있다.

- **남에게 즐거움을 주는 마술**: 나는 취미로 마술을 배워 타인에게 즐거움을 주고, 나 또한 즐거움을 느끼고 있다. 마술로 인해 처음 보는 사람들과 빠르게 친해질 수 있었고, 어떤 자리에서든 돋보일 수 있어 자신감이 생겼다. 한번 배워두면 평생 활용할 수 있고, 언제 어디서든 즐거움을 선사할 수 있는 마술. 이것이야말로 최고의 취미가 아닐까?

- **취미에 대한 미래 계획**: 추가로 체력 강화를 위해 수영과 자전거 타기도 계획하고 있고, 커피에 대한 관심을 바탕으로 바리스타 자격증을 취득하려는 목표를 가지고 있으며, 장기적으로는 작은 텃밭을 가꾸며 농산물 자급자족을 실천하려 한다.

시간관리가 곧 행복 관리이다

다음 내용은 서울대학교에서 행복학을 가르치는 최인철 교수가 한 강연에서 강조한 핵심 내용이다.

가장 좋은 행복 비법은 바로 여행이다. 여행은 우리를 지루한 일상에서 벗어나게 해주는 특별한 경험을 제공한다. 게다가 여행은 걷고, 맛있는 것을 먹고, 재미있게 이야기하고, 신나게 노는 등 즐겁고 의미 있는 모든 활동이 한데 모여 있는 '행복 종합 선물 세트'와 같다. 하지만 여행을 하려면 돈도 필요하지만, 무엇보다 시간이 꼭 필요하다.

여기서 문제가 생긴다. 그 시간을 어디서 만들까? 우리는 사실 행복감을 별로 주지 않는데도 시간을 많이 쓰는 활동이 있다. 대표적으로 TV를 계속 보거나, 의미 없이 SNS를 들여다보거나, 별 내용 없는 문자를 주고받는 것들이다. 이런 활동들은 우리에게 큰 재미도, 의미도 주지 않는다. 오히려 행복감이 높은 '운동' 같은 활동보다 이런 활동에 시간을 훨씬 더 많이 쓰고 있는 것이 우리의 현실이다.

그러므로 행복해지려면, 우리가 쓰는 시간을 용감하게 다시 바꿔야 한다. 별로 행복하지 않은 일에 낭비하는 시간을 과감하게 줄여야 한다. 그렇게 아낀 시간을 모아서 여행이나 운동처럼 우리에게 큰 즐거움과 의미를 주는 활동에 투자해야 한다. 내 시간을 똑똑하게 나누어 쓰는 이 행동이 바로 행복을 쫓는 가장 확실한 방법이다. 결국 행복한 삶은 우리가 매일 하는 활동들을 스스로 계획하고 조절하는, 철저한 자기경영과 같다.

행복한 삶을 사는 비결은 아주 가까이에 있다. 많은 연구 결과들이 말해주는 행복의 가장 중요한 핵심은 바로 내 시간을 어떻게 사용할지에 달린 것이다. 즉, 시간을 잘 관리하는 것이 행복을 관리하는 것이다.

시간 관리를 잘하면 누구나 하고 싶은 취미를 모두 실행할 수 있다.

중요한 것은 "시간이 없어서 못 한다"라는 변명을 버리고, "시간을 만들어서 지금 당장 실행한다"라는 태도를 갖는 것이다. 작은 목표를 세우고, 하루 10~15분이라도 실천해 보자. 그렇게 꾸준히 실행하면, 어느새 원하는 취미가 삶의 일부가 되어 있을 것이다.

4. 걱정을 멈추고 생산적인 생각을 하라

걱정의 94%는 일어나지 않는다

사람들은 하루에도 수십 번씩 걱정한다. 하지만 연구에 따르면, 우리가 걱정하는 일의 94%는 실제로 일어나지 않거나, 일어나더라도 사소한 일이다. 정말 큰일이 발생하는 경우는 6%에 불과하며, 이것 마저도 실제 상황이 닥친 후에 해결하면 되는 문제들이다. 그런데도 많은 사람이 '만약에'라는 가정 속에서 불안에 휩싸여 산다.

우리는 타인의 말이나 행동에 너무 쉽게 영향을 받는다. 누군가가 나를 비난하거나 부정적인 말을 하면 쉽게 상처받고, 그것을 계속 곱씹으며 걱정한다. 하지만 이런 걱정도 결국은 습관이다. 걱정하는 것이 몸에 배어 있기 때문에 불필요한 감정 소모를 반복하는 것이다. 중요한 것은 내가 통제할 수 없는 것에 에너지를 낭비하지 않는 것이다.

영향력의 원: 통제할 수 있는 것에 집중하라

스티븐 코비의 『성공하는 사람들의 7가지 습관』에서는 "영향력의 원" 개념을 소개한다. 이는 우리가 자신이 통제할 수 있는 것에 집중하고, 통제할 수 없는 것은 내려놓아야 한다는 원칙이다. 빅터 프랭클도 『죽음의 수용소에서』에서 같은 의미의 말을 했다. "인간에게 있어 최후의 자유는 어떤 상황에서도 자신의 행동을 선택할 수 있다는 것이다."

예를 들어, 나는 정년이 정해져 있어 원하는 만큼 오래 일할 수 없고, 임금피크제로 인해 급여가 줄어드는 현실에 불만을 가졌다. 하지만 이런 상황을 바꿀 수는 없다. 그렇다면 내가 할 수 있는 것은 이런 변화를 예측하고 미리 준비하는 것이다. 나의 영향력 범위 안에서 할 수 있는 것에 집중하는 것이야말로 걱정을 줄이고, 보다 실질적인 해결책을 찾는 길이다.

5. 건강한 몸과 마음을 만드는 루틴

50세의 선택이 80세를 결정한다

하버드 의과대학의 정신과 의사 조지 베일런트는 신체적, 정신적으로 건강한 노화를 예측하는 일곱 가지 조건을 제시했다. 고통에 대응하는 성숙한 방어기제, 교육, 안정된 결혼생활, 금연, 금주, 운동, 알맞은 체중이 그것이다.

놀라운 사실은 이것이다. 50세에 이 조건 중 5~6가지를 충족한 사람들의 절반은 80세에도 여전히 건강하고 행복한 삶을 살고 있었다. 반면, 50세에 3가지 미만의 조건을 충족한 사람 중 80세에 건강하고 행복한 삶을 유지한 사람은 단 한 명도 없었다.

이 조건들을 내 삶에 적용해 보니, 금주와 체중 관리가 개선이 필요한 부분이었다. 현재 61세인 나는 점점 건강에 적신호가 켜진 친구들을 보며 건강 관리의 중요성을 더욱 절실하게 느낀다. 100세 시대에 건강하지 않다면 장수는 축복이 아니라 오히려 재앙이고 부담이 될 수 있다. 그러니 지금부터라도 꾸준한 관리가 필요하다.

"건강은 건강할 때 지키세요"

연구에 따르면, 50세 이전의 습관이 70세 이후의 건강과 행복을 예측하는 중요한 요소가 된다. 안정적인 결혼 생활과 어려움을 대처하는 태도는 정신적 건강에 영향을 미치고, 금연과 적절한 음주, 규칙적인 운동과 체중 관리는 신체 건강에 영향을 준다.

40대 이후 나는 보다 건강한 삶을 위해 노력해 왔다. 20년간 피웠던 담배를 40세에 끊었고, 운동을 습관화하며 하루 1만 보 걷기를 목표로 하고 있다. 퇴직 전에는 점심시간과 퇴근 후, 주말을 활용해 부족한 운동량을 채우고, 출근길에는 계단 걷기를 실천했다. 그러나 체중 관리가 완벽하지 않아 73kg을 유지하고 싶지만, 실제로는 78kg 정도를 유지하고 있는 것이 현실이다.

오랫동안 만나온 5명의 지인과의 모임이 있었다. 오랜만에 다시 만났을 때, 한 분은 편도암 2기 진단을 받고 항암 치료를 받았으며, 치료 후 4년이 지나 완치 판정을 기다리고 있다고 했다. 그분은 건강을 유지하기 위해 어싱(맨발 걷기), 효소 섭취 등 다양한 방법을 실천하고 있었다.

모임이 끝나갈 무렵, 그는 모든 사람들을 바라보며 진지하게 말했다. "건강은 건강할 때 지키세요." 그의 말은 단순한 조언이 아니라, 자신이 겪은 현실에서 나온 진심 어린 충고였다.

그날 집에 돌아와 나는 건강을 위해 실천할 다짐을 적었다. 혼자 술을 마시지 않겠다. 치아 건강을 위해 가글을 생활화하겠다. 매일 1만 보 걷기를 실천하겠다. 이런 작은 습관들이 나의 건강을 지켜줄 것이라는 생각한다.

세계 최고 부자들이 깨달은 건강의 가치

애플의 창업자 스티브 잡스는 생의 마지막 순간에 건강의 소중함을 깨닫고 이런 말을 했다고 한다. "이 세상에서 제일 비싼 침대는 병든 사람이 누워있는 침대다.", "너는 차를 운전해 줄 사람을 고용할 수 있고, 돈을 벌어줄 사람을 구할 수도 있다. 하지만 너 대신 아파줄 사람은 없다.", "한 사람이 수술대에 들어가며 끝까지 읽지 않은 유일한 책이 있다는 걸 깨닫는데, 그 책은 '건강한 삶'이라는 책'이다."

삼성의 창업주 이병철 회장 또한 생의 마지막 순간, 삶과 건강에 대한 깊은 질문을 남겼다. 그는 신과 인간의 생로병사에 대한 24개의 질문을 남겼고, "병 없이 살 수는 없는가?"라는 질문을 던졌다. 엄청난 부와 영향력을 가졌지만, 결국 건강 앞에서는 평범한 인간일 수밖에 없었다. 이건희 회장 또한 삼성이라는 글로벌 기업을 이끌었지만, 심장마비 이후 건강이 악화되면서 경영에서 손을 놓아야 했다.

미국의 억만장자 투자자 워런 버핏 역시 수십억 달러의 자산을 축적했지만, "돈을 다 내놓아도 다시 20대로 돌아갈 수는 없다"라는 점을 인정하며, 건강과 시간이 무엇보다도 중요한 자산임을 강조한 바 있다.

건강은 남이 대신해 줄 수 없는 영역

최근 "재테크보다 중요한 것은 근테크"라는 글을 읽었다. 건강한 신체가 없으면 돈을 많이 벌어도 무슨 소용이 있겠는가? 우리는 종종 열심히 일하고 목표를 이루는 것이 인생에서 가장 중요하다고 생각한다. 하지만 건강이 없다면 그 모든 것이 무의미해진다.

건강은 한 번 잃으면 되돌리기 어렵고, 돈으로도 살 수 없는 영역이다. 아무리 부유하고 성공한 사람이라도 건강을 잃으면 모든 것을 잃는 것과 마찬가지다. 비만은 모든 질병의 근원이며, 나이가 들수록 체중 관리는 더욱 중요해진다. 만성 성인병을 예방하고, 건강한 삶을 유지하기 위해서는 운동과 식습관 개선을 지속적으로 실천해야 한다.

지금 내가 하는 모든 선택이 미래의 건강을 결정한다. 우리가 건강을 관리하는 것은 단순히 오래 살기 위해서가 아니다. 보다 행복하고 의미 있는 삶을 살기 위해서다. 아무리 목표를 이루고, 꿈을 실현한다 해도 건강하지 않다면 그것을 누릴 수 없다.

결국, 건강이야말로 인생에서 가장 중요한 자산이며, 우리가 가장 먼저 투자해야 할 대상이다. 건강한 몸에 건강한 정신이 깃든다는 말처럼, 몸이 건강해야 꿈도 이루고, 행복도 느낄 수 있다. 하루하루 작은 건강 습관을 실천하는 것이 바로 미래의 나에게 주는 최고의 선물이 될 것이다.

7장 자기 경영 워크시트: 시간과 습관 구조조정

● **인생을 바꾸는 하루 경영 시스템**

인생이라는 건물은 '하루'라는 벽돌이 쌓여 만들어지고, 그 벽돌을 만드는 것이 '습관'이다. 이 워크시트는 여러분의 24시간을 명확하게 파악하고, 불필요한 시간 낭비를 줄이며, 좋은 습관을 자동으로 실행하게 만드는 '하루 경영 시스템'을 설계하도록 돕는다. 하루를 지배하는 사람이 인생의 주인이 될 수 있다.

Step1. 나의 시간 사용 설명서 만들기

성과를 올리는 사람은 시간으로부터 출발한다. 어제 하루 동안 여러분의 시간을 어디에 썼는지 1시간 단위로 기록한다. 잠자는 시간, 일하는 시간뿐만 아니라 스마트폰을 보거나 멍하니 보낸 시간까지 솔직하게 적는 것이 중요하다.

작성 예시

- 07:00 ~ 08:00 : 기상 및 출근 준비 (유튜브 시청) – 낭비
- 12:00 ~ 13:00 : 점심 식사 및 동료와 잡담 – 휴식
- 21:00 ~ 23:00 : TV 시청 및 인터넷 서핑 – 낭비

● **나의 24시간 타임 로그**

06:00-07:00 | 활동 내용: _____ | 평가: _____

07:00-08:00 | 활동 내용: _____ | 평가: _____

(이하 24시간까지 기록)

23:00-24:00 | 활동 내용: _____ | 평가: _____

분석: 기록을 바탕으로, 내가 불필요하게 낭비하고 있는 '시간 도둑'은 무엇인가? 그 시간을 어떻게 생산적으로 바꿀 수 있는가를 작성한다.

_____

_____

_____

Step2. 아이젠하워 매트릭스로 우선순위 정하기

성공하는 사람은 긴급한 일이 아닌 '중요한 일'에 시간을 투자한다. 여러분의 할 일 목록을 '중요도'와 '긴급도'에 따라 4가지 영역으로 분류한다. 그리고 '중요하지만 긴급하지 않은 일'에 더 많은 시간을 투자하기 위한 구체적인 계획을 세운다.

● **나의 일 우선순위 정하기**

제1사분면 (중요함 & 긴급함): 위기 & 급한 문제

_____

제2사분면 (중요함 & 긴급하지 않음): 예방 & 성장 활동
(예: 운동, 독서, 미래 계획)

제3사분면 (중요하지 않음 & 긴급함): 방해 & 타인의 일

제4사분면 (중요하지 않음 & 긴급하지 않음): 시간 낭비

실행 계획: 제2사분면(성장 활동)을 위해, 다음 주 동안에 4분면의 표에 '반드시 확보할 시간'을 먼저 배정한다. (예: 매주 수요일 저녁 8-9시는 '독서 시간'으로 고정)

Step3. 21일 습관 만들기 프로젝트 설계하기

새로운 습관은 21일간 반복하면 뇌에 새로운 길이 생겨 자연스러워진다. 여러분의 인생을 가장 긍정적으로 바꿔 줄 '단 하나의 습관'을 정하고, 21일 동안 성공적으로 실천하기 위한 구체적인 계획을 세운다.

● **AI 꿀팁**

여러분의 인생을 바꿀 '21일 습관 챌린지'를 설계하는 것이 막막하다면 ChatGPT 같은 AI에게 컨설팅을 받아보자. 어떤 습관을 만들지 정했다면, AI가 성공적인 챌린지를 위한 구체적인 실행 계획과 동기 부여 아이디어를 제공해 줄 것이다.

AI 프롬프트 예시

"나는 21일 동안 '[만들고 싶은 습관 입력. 예: 매일 아침 30분 운동하기]' 습관을 만들고 싶어. 이 챌린지를 성공적으로 설계할 수 있도록 도와줘.

- **첫 행동:** 이 습관을 오늘 당장 시작할 수 있는, 아주 작고 구체적인 '첫 행동'은 무엇일까? 3가지 아이디어를 줘.
- **기록 방법:** 매일의 실천을 재미있게 기록할 수 있는 '기록 방법' 3가지를 추천해 줘.
- **최종 보상:** 21일 챌린지에 성공했을 때, 나에게 큰 동기부여가 될 만한 '최종 보상' 3가지를 제안해 줘."

작성 예시

- **내가 만들고 싶은 습관:** 매일 아침 30분 운동하기
- **오늘 당장 시작할 가장 작고 구체적인 첫 행동:** 오늘 밤 자기 전에, 운동복과 운동화를 침대 옆에 미리 준비해 둔다.
- **매일의 실천을 어떻게 기록할 것인가?:** 달력에 운동한 날마다 스마일 스티커를 붙인다.
- **21일 챌린지 성공 시, 나에게 줄 선물은?:** 평소 갖고 싶었던 브랜드의 운동화를 산다.

● **나의 21일 습관 챌린지**

내가 만들고 싶은 단 하나의 습관:
_____

오늘 당장 시작할 가장 작고 구체적인 첫 행동:
_____

매일의 실천을 어떻게 기록할 것인가?:
_____

21일 챌린지 성공 시, 나에게 줄 선물은?:
_____

8장. 실행: 아이디어를 현실로 만드는 유일한 길
(Walk the Talk)

"생각은 이제 그만, 지금 바로 실행하라"

많은 사람이 새해 목표를 세우고, 새로운 계획에 가슴 설레지만, 생각과 현실 사이의 간극을 좁히지 못해 좌절한다. 진정한 변화는 머릿속의 계획을 뛰어넘어, 두 발로 굳건히 내딛는 '실행'에서 시작된다. 이 장은 당신의 꿈을 현실로 만드는 강력한 힘, 즉 행동의 중요성에 대해 이야기한다.

이 책에서 제시한 모든 여정은 결국 'Walk the Talk'라는 하나의 메시지로 귀결된다. 이는 '말한 것을 행동으로 옮겨라'는 뜻으로, 계획이나 다짐에만 머무르지 않고 반드시 실천으로 옮기는 것을 의미한다. 지금 이 순간, 행동으로 증명하는 삶을 시작하라.

1. 실행하라 - 행동하는 사람이 성공한다

실행하는 사람만이 성공한다

많은 사람이 새로운 취미를 생각해 보지만, 정작 시작하는 사람은 드물다. "나도 기타를 배워보고 싶어", "나도 마라톤 한번 뛰어 봐야지", "나도 여행을 자주 다녀야 하는데…" 같은 말은 누구나 한다. 하지만 이런 생각을 하는 것만으로는 아무것도 바뀌지 않는다. 성공하는 사람은 생각만 하는 것이 아니라, 바로 실행하는 사람이다.

나는 예전부터 마술에 관심이 많았다. 하지만 바쁘다는 이유로 미루다가, 어느 날 작은 목표를 세웠다. "하루에 한 개씩 마술을 익히고, 1년 후 송년회에서 공연해 보자." 이렇게 구체적인 목표를 설정하니, 하루 10~15분씩 연습하는 시간이 생겼고, 결국 회사 송년회에서 10개 이상의 마술을 성공적으로 선보일 수 있었다.

취미를 실행하는 방법은 어렵지 않다. 가장 중요한 것은 "지금 바로 시작하는 것"이다. 시간을 관리하면서 일정에 작은 목표를 추가하면, 점점 더 많은 취미를 실천할 수 있다.

실행하는 사람이 변화한다

생각만 하고 행동하지 않으면 아무 일도 일어나지 않는다. 그렇다면 무엇이 우리의 발목을 그토록 단단히 붙잡는 것일까? 내가 인생의 전환점에서 만난 '성공 스쿨'에서는 그 가장 큰 원인을 '두려움'이라고 가르친다. 낯선 상황과 결과에 대한 두려움, 실패와 상실에 대한 두려움, 그리고 과정에서 겪을 고통과 무지에 대한 두려움이 바로 그것이다.

나는 이 두려움의 실체를 깨달은 후, 목표를 세우면 곧바로 실천하는 습관으로 두려움이 끼어들 틈을 주지 않으려 노력하고 있다. 예를 들어,

해 뜨는 사진을 찍고 싶다는 생각이 들었을 때, "언젠가 찍어야지"라며 미루었다면 아직도 실행하지 못했을 것이다. 하지만 나는 바로 실행에 옮겼다. 마침, 재택근무 하는 날 새벽에 일어나 양평 두물머리로 향했다. 그곳에는 이미 여러 전문가가 삼각대를 세워놓고 있었고, 나 또한 그들과 함께 멋진 해돋이를 촬영하는 기쁨을 누렸다. 100일간 새벽 5시 이전에 기상하는 프로젝트도 "할까 말까?" 고민하는 대신 곧바로 알람을 맞추고 다음 날부터 시작했고, 플로깅 역시 퇴직 후로 미루지 않고 생각이 든 바로 그 주말 아침에 쓰레기봉투와 집게를 들고 공원으로 나갔다.

걱정보다 행동이 먼저다

"이걸 하면 실패하지 않을까?", "준비가 덜 된 것 같은데 좀 더 공부하고 시작해야 하지 않을까?". 이런 걱정은 행동을 마비시키는 독과 같다. 하지만 걱정만으로는 아무것도 얻을 수 없다. '성공 스쿨'에서는 바로 이 지점에서 '위험을 감수하라'고 강조한다. 한 번도 가져보지 못한 것을 가지려면, 지금껏 한 번도 해보지 않은 일을 해야만 하기 때문이다.

드론을 날려보고 싶었을 때, 주변에서는 "날릴 곳이 있나?", "자격증은?", "비싸지 않은가?"라며 걱정부터 했다. 하지만 나는 걱정으로 시간을 보내는 대신, 위험을 감수하고 행동했다. 인터넷으로 정보를 찾고, 6시간 온라인 강의를 들은 후 테스트를 보고 자격증을 취득하고, 적당한 가격의 드론을 구입해서 한강에 가서 직접 날려보았다. 행동하니 새로운 기회가 생겼고, 걱정했던 것보다 훨씬 많은 것을 배울 수 있었다.

실행하는 사람만이 기회를 잡는다

나는 회사 생활을 하면서 실행력이 얼마나 중요한지를 수없이 경험했다. 한번은 본부장님이 판촉물 배포와 관련해 보고를 받는데, 담당자가

"모든 매장에 전달되었습니다"라고 보고했다. 하지만 본부장님은 그 자리에서 즉시 대리점 사장에게 전화를 걸어 확인했다. 결과는 어땠을까? 판촉물은 창고에 도착했을 뿐, 매장에는 비치되지 않은 상태였다.

그때 본부장님이 하신 말씀은 내게 큰 가르침이 되었다. "보냈다고 끝난 것이 아니다. 받고 나서 매장에 설치해야 일이 다 끝난 것이다. 앞으로는 실행 결과를 반드시 확인하라."

이것이 바로 '성공 스쿨'에서 배운 '결승점 앞에서 넘어지지 마라'는 가르침과 맞닿아 있다. 미국 애리조나의 인디언들은 기우제를 드리면 반드시 비가 온다고 하는데, 그 비결은 비가 내릴 때까지 기우제를 멈추지 않기 때문이다. 실행이란 시작하는 것만큼이나 끝까지 완수하는 것이 중요하다. 그리고 그 완수는 '무수히 작은 성공들의 합'으로 이루어진다.

자, 여러분은 지금 이 책의 마지막을 향해 가고 있다. 고개를 끄덕이며 영감을 얻었을지도 모른다. 하지만 영감은 행동하지 않으면 사라지는 감정일 뿐이다. 그래서 여러분에게 임무를 하나 드리겠다. 지금 당장, 이 책을 덮으십시오. 딱 1분 만이라도 좋다. 그동안 미뤄왔던 일 한 가지를 떠올려 보세요. 안부 전화, 책상 정리, 10분 산책. 무엇이든 좋다. 그리고 다음 페이지를 넘기기 전에, 그것을 하십시오. 어제의 여러분과 오늘의 여러분을 가르는 차이는 바로 이 '1분의 실행'에 있다. 중요한 것은 "언젠가"가 아니라, "지금"이다. 변화는 실행하는 사람에게만 찾아온다.

'5-4-3-2-1 실행 카운트다운'을 활용해 보자. 행동해야 할 일을 앞두고 망설여질 때, 마음속으로 '5, 4, 3, 2, 1, 시작!'을 외치고 카운트다운이 끝나자마자 로켓처럼 몸을 움직이는 것이다. 이 간단한 의식은 생각의 개입을 차단하고 즉각적인 행동을 유도하는 강력한 심리적 스위치가 되어준다.

2. 퇴직 후 새로운 삶을 계획하라

작별 강단에서 전한 인생의 마지막 수업

회사마다 정년 퇴임식의 풍경은 다르다. 대강당에서 성대하게 치르는 곳이 있는가 하면, 소회의실에서 조촐하게 마무리하는 곳도 있다. 그런데 내가 30여 년간 몸담았던 대기업에는 정식적인 정년 퇴임식이라는 것이 존재하지 않았다. 아마도 정년까지 버텨내는 직원의 수가 그리 많지 않았기 때문일 것이다. 대부분 명예퇴직이나 조기퇴직으로 회사를 떠나는 상황에서, 정년퇴임은 오히려 예외적인 경우였다.

그런 회사 분위기 속에서도 드디어 나의 정년 퇴임 시점이 다가왔다. 회사에서는 나를 위한 조촐한 자리를 마련한다고 했다. 그때 나는 주저 없이 제안했다. "퇴임식을 대신해서 제가 강의를 하겠습니다." 1시간 30분 정도의 강의 후 간단한 퇴임식을 진행하면 어떨까 하는 의견을 전했다. 동료들은 조금 의외라는 표정이었지만, 흔쾌히 동의해 주었다.

평생 품어온 후배 사랑의 결실

내가 마지막 강의를 자처한 이유는 분명했다. 선배로서 후배들에게 평소 해주고 싶었던 말들이 있었지만, 적절한 기회를 찾지 못했기 때문이었다. 팀장으로 일할 때는 별도의 회의 시간을 마련해 팀원들을 대상으로 때때로 강의할 수 있었다. 업무 노하우부터 인생철학까지, 내가 쌓아온 경험과 지혜를 나누는 소중한 시간이었다.

하지만 퇴임을 앞둔 시점에서 나는 더 이상 팀장이 아닌 일반 직원이었다. 후배들에게 전하고 싶은 이야기가 가슴 속에 가득했지만, 그것을 꺼낼 명분도 기회도 없었다. 그래서 퇴임식이라는 특별한 순간을 빌어서라도 그 마음을 전하고 싶었다. 이것이 회사를 떠나는 나 자신이

후배들에게 줄 수 있는 마지막 선물이기도 했다.

모래시계에 담은 인생의 진리

강의 내용은 이 책의 핵심 메시지였다. '행복한 성공을 위해서는 무엇보다 자기 경영이 우선되어야 한다'라는 것, 그리고 '내일을 위해 오늘을 희생하지 말고, 오늘을 충실히 즐기며 살라'는 것이었다. 30여 년간 직장 생활을 하면서 깨달은 가장 소중한 진리들을 후배들과 나누는 시간이었다.

특히 시간 관리의 중요성을 강조했다. 그리고 그 의미를 구체적으로 전달하기 위해 후배 각자에게 작은 모래시계를 선물로 준비했다. "인생은 시간으로 이루어져 있습니다. 시간을 어떻게 관리하느냐가 여러분의 인생을 좌우합니다."

그 작은 모래시계가 후배들의 책상 위에서 매일매일 시간의 소중함을 일깨워 주기를, 바쁜 일상 속에서도 잠시 멈춰 서서 자신의 삶을 돌아보는 계기가 되기를 간절히 바랐다. 모래가 떨어지는 것을 보며 '지금, 이 순간을 어떻게 보내고 있는가?'를 스스로에게 묻는 습관을 기르기를 바랐다. 이것이 정년을 맞아 회사를 떠나는 내가 후배들에게 남길 수 있는 가장 값진 유산이라고 생각했다.

퇴직 후, 나는 무엇을 할 것인가?

나는 27세에 한 회사에 입사하여 34년 동안 근무한 후, 이제 퇴직한 상태다. 현재 퇴직한 지 10개월이 지났고, 새로운 삶을 설계하며 이 책을 집필하고 있다. 오랜 시간 직장 생활을 하며 많은 것을 배우고 성장해 왔지만, 이제는 나만의 길을 개척해야 할 때다.

흔히 '능력 질량 보존의 법칙'이라는 말이 있다. 우리가 쌓아온 경험과 능력은 절대 사라지지 않고, 새로운 곳에서도 발휘될 수 있다는 뜻이다. 나는 이 법칙이 사실 이길 바란다. 지금까지 쌓아온 실력과 경험이 퇴직 후에도 유용하게 쓰일 수 있다면, 그것만큼 다행스러운 일은 없을 것이다.

성공한 사람들을 통해 내가 할 일을 찾다

세상에는 많은 부자가 있다. 특히 한국의 부자 중에서도 단기간에 큰 성공을 이루고 억만장자가 된 사람이 있다. 카카오를 창업한 김범수 의장, 미래에셋을 설립한 박현주 회장, BTS를 만들어낸 방시혁 대표가 대표적이다.

이들의 성공 과정을 살펴보면 몇 가지 공통된 원칙이 보인다. 먼저, 그들은 자신이 이루고 싶은 모습을 명확하게 시각화하고 영상화했다. 이들은 또한 자신의 꿈을 실체화할 수 있다는 강한 목적의식과 신념을 매일 반복해서 머리에 각인시켰다. 그들은 이미 성공한 모습을 상상하며 자신을 믿고 강력하게 밀어붙였다.

이들을 성공할 수 있게 한 또 하나의 요소는 전문성이다. 자신의 꿈을 실현하기 위해서는 그 분야에 대한 깊이 있는 지식이 필요하다. 이들의 사례를 보며 나는 내 분야에서 어떤 방식으로 성공을 이끌어낼 수 있을지를 고민하게 되었다.

나는 사람들이 행복한 성공을 이루도록 돕는 것이 내 사명이라고 생각한다. 단순히 개인의 성공이 아니라, 누구나 쉽게 행복한 성공에 다다를 수 있도록 구체적인 프로세스와 방법을 제공해야 한다. 나는 지금 그것을 만들고 있다.

나는 왜 월급쟁이로 살아온 시간을 후회하는가?

30년 넘게 한 직장에서 일하며 남들이 보기에는 안정적인 삶을 살아왔다. 많은 사람이 "정년까지 안정적으로 근무한 것이 부럽다"라고 말한다. 하지만 나는 가끔 후회한다. 20세 이상 인생의 85%의 시간을 직장에서 보냈다는 것 때문이다.

월급쟁이로 살아오면서 나는 세 가지 후회하는 것이 있다. 아내에게 샤넬 백을 선물하지 못했고, 회사 업무로 인해 많은 스트레스를 받았으며, 내가 원하는 시간에 쉬거나 하고 싶은 일을 자유롭게 할 수 없었다. 물론 직장 생활을 하면서 보람 있는 순간도 많았고, 매월 받은 급여를 통해 비교적 안정적인 생활을 했지만 말이다.

그래서 나는 퇴직 후에는 시간을 온전히 나를 위해 사용하고 싶다. 내가 원하는 일을 하며, 나의 성장을 위해 시간을 쓰고, 나의 부를 통해 사회에 기여하는 인생 2막을 만들고 싶다.

부자가 되어야 좋은 일을 할 수 있다

윌리스 D. 와틀즈는 『부자가 되는 과학적 방법』에서 이렇게 말했다. "좋은 일을 하고 싶다면 먼저 부자가 되어라." 이 말은 단순히 돈을 벌라는 의미가 아니다. 자신이 기본적인 필요를 충족해야 남을 도울 여유가 생긴다. 경제적인 안정이 있어야 장기적으로 사회에 이바지할 수 있다.

하지만 중요한 것은 어떻게 부를 쌓느냐이다. 나는 나눔을 통해 부를 창출하는 방식을 선택하고 싶다. 내가 가진 경험과 지식을 나누고, 책, 강의, 블로그 등을 통해 정보를 공유하고, 많은 사람이 쉽게 배울 수 있도록 다양한 콘텐츠를 제공하는 것. 이 모든 과정에서 경제적 가치를 창출하고, 그것을 다시 사회에 환원하는 것이 내가 원하는 모델이다.

퇴직 후, 나의 역할은 무엇인가?

나는 오랜 직장 생활 동안 매장 활성화, 기획력, 전략 수립, 행복한 성공, 시간 관리 등의 분야에서 꾸준히 공부하고 경험을 쌓아왔다. 이러한 주제들을 체계적으로 정리하여 다른 사람이 시행착오를 줄이고 효과적으로 배울 수 있도록 돕는 것은 내가 사회에 기여할 수 있는 현실적인 방법이다.

종종 사람들과 경험을 나누거나 강의할 때마다 내가 알고 있는 것들이 다른 사람들에게는 새롭고 유용하다는 사실을 발견하곤 했다. 나는 늘 책을 읽고, 유튜브를 보고, 강연을 들으며 학습해 왔다. 그래서 당연히 다른 사람들도 내가 알고 있는 것들을 알고 있을 것으로 생각했지만, 실제로는 그렇지 않았다.

그렇다면 내가 가진 경험과 지식을 단순히 말로만 전하는 것이 아니라, 보다 쉽게 습득할 수 있도록 정리하고 전달하는 것이 필요하다. 이를 위해 책을 출판하고, 세미나를 열고, 코칭 프로그램을 운영하는 방안을 고려하고 지금 구축하고 있다.

퇴직은 단순히 직장을 그만두는 것이 아니라, 새로운 삶의 방향을 정하는 중요한 전환점이다. 이제는 내 경험과 지식을 더 많은 사람과 나누고, 그들이 더 나은 삶을 살 수 있도록 돕는 것이 나의 역할이다.

3. 인생 2막을 설계하는 실천 로드맵

행복한 성공을 현실로 만드는 구체적인 실행 안내서

　많은 사람이 행복하고 성공적인 삶을 원하지만, 막연한 희망만으로는 목표를 이룰 수 없다. 이 책은 1장 6절에서 정의한 나의 '행복한 성공' 정의 "행복한 자기 경영의 토대 아래에서 행복한 가정과 행복한 일터를 만들고, 행복한 관계, 재정 경영을 통해 나와 함께하는 사람들을 행복하도록 만드는 것"을 독자들의 삶 속에서 실현하기 위한 구체적인 실행 안내서로 쓰였다. 독자들에게 내가 40대 이후 실천한 것을 드러내어 보여줌으로써 인생 2막을 설계하는 실천 로드맵을 제시하고 싶었다.

　우리는 살면서 후회 없는 삶을 살기를 바라지만, 정작 중요한 준비를 미루는 경우가 많다. 회사에서 50대 직원을 대상으로 진행된 퇴직 준비 교육에 참여한 후, 나를 포함한 대부분의 참석자는 "이런 교육을 조금 더 일찍 들었더라면 얼마나 좋았을까?"라고 공통으로 아쉬워했다. 노후 준비는 퇴직 직전에 하는 것이 아니라, 젊은 시절부터 미리미리 자금 관리와 자격증 취득 등을 계획하고 실행해야 한다는 사실을 절실히 깨달았다.

　하지만 변화를 결심하고 행동하는 것은 쉽지 않다. 내가 '행복한 성공'을 주제로 시간 관리법과 삶의 방향에 대한 강의를 만들고 친구들과 지인들에게 공유했을 때, 아무도 듣겠다고 말하지 않았다. 이는 많은 사람이 인생을 바꿔야 한다고 말하지만, 실제로 변화를 결심하고 행동하는 사람은 극히 드물다는 현실을 보여준다.

　나는 단순히 '행복과 성공이 중요하다'라는 추상적인 이야기를 반복하고 싶지 않다. 나는 독자들이 시행착오를 줄이고 원하는 성공을 이룰 수 있도록, 내가 34년간 직장 생활과 독서와 배움을 통해 체득하고 실천했던 모든 노하우를 실질적인 행동 프로세스로 정리하여 전달하고 싶다.

과거 대기업 상무를 거쳐 퇴직 후 작은 계열사 사장으로 일하신 한 선배님은 65세가 되어 자신의 인생을 돌아보며 "가족과 함께 여행을 더 많이 해봤어야 했는데 못 했어. 이제 다리가 아프니까 여행하기가 더 어렵겠지"라고 후회를 이야기했다. 이처럼 인생에서 가장 후회되는 것은 '더 많이 벌지 못한 것'이 아니라, '더 많이 누리지 못한 것'이다. 은퇴한 임원들이 가장 많이 후회한 것들 역시 "▲내가 하고 싶은 것을 많이 할 걸 ▲좀 더 일찍 목표를 설정할 걸 ▲건강을 더 잘 관리할 걸 ▲가족과 더 많은 시간을 보낼 걸"이었다.

나는 독자들이 이러한 후회를 남기지 않고 스스로 삶의 주인이 되어 후회 없는 생애를 설계할 수 있도록 돕고 싶다. 이 책을 쓰는 궁극적인 이유는 교학상장(敎學相長)의 정신을 실천하는 데 있다. 서로 가르치고 배워 함께 성장하는 모습. 나의 경험과 지식을 나누어 독자들의 성장을 돕고, 그 과정에서 나 또한 독자들과 함께 배우고 성장하고 싶다.

8장 자기 경영 워크시트: 첫걸음을 위한 실행 선언

● 행동하는 여러분을 위한 마지막 메시지

이 책의 모든 여정은 결국 '실행'이라는 단 하나의 단어로 귀결된다. 영감은 행동하지 않으면 사라지는 감정일 뿐이다. 이 책을 덮기 전, 여러분이 배운 모든 것을 응축하여 '행복한 자기 경영자'로서의 삶을 살아가겠다는 구체적인 약속을 스스로에게, 그리고 세상에 선언한다.

Step1. 나의 '행복한 성공' 한 문장으로 요약하기

지금까지 작성한 모든 워크시트를 바탕으로, 여러분이 앞으로 살아갈 '행복한 성공'의 삶을 한 문장으로 정의하고 선언한다. 이 문장이 여러분의 인생 나침반이 될 것이다.

● AI 꿀팁

이 책의 여정을 통해 발견한 여러분의 모든 것을 하나의 문장으로 응축하는 것이 막막하다면 ChatGPT 같은 AI에게 도움을 청해보자. 지금까지 워크시트에 작성한 여러분의 핵심 가치, 사명, 비전 등을 알려주면, AI가 여러분의 인생 나침반이 될 강력한 선언문을 만드는 데 훌륭한 조력자가 되어줄 것이다.

AI 프롬프트 예시

"나는 이 책의 워크시트를 통해 발견한 나의 가치, 사명, 비전 등을 모두 종합해서, 내 인생의 나침반이 될 '행복한 성공 선언문'을 만들고 싶어.

핵심 가치: (1장 워크시트 내용 입력)
나의 사명: (2장 워크시트 내용 입력)
나만의 직함: (3장 워크시트 내용 입력)
내가 나누고 싶은 것: (6장 워크시트 내용 입력)

이 모든 내용을 하나의 문장으로 응축해서, '나는 OOO을 하며, OOO게 OOO 삶을 살아갈 것을 선언한다'라는 형식으로, 힘 있고 감동적인 선언문을 만들어 줘."

작성 예시

"나는 매일 배우고 성장하며 얻은 지혜를 나누어, 나와 세상을 함께 행복하게 만드는 '행복경영 컨설턴트'로 살아갈 것을 선언합니다."

● **나의 행복한 성공 선언문**

"나는 _____ (무엇을) 하며,

_____ (어떻게)

_____ (어떤 삶) 을/를

살아갈 것을 선언한다."

Step2. '1분의 실행' 약속하기

어제의 여러분과 오늘의 여러분을 가르는 차이는 '1분의 실행'에 있다. 이 책을 통해 얻은 영감을 바탕으로, '지금 당장 1분 안에 할 수 있는 가장 작은 행동' 한 가지를 정하고 즉시 실천한다.

실행 완료 후, 다음에 체크(V) 한다 : [   ]

작성 예시

1분의 실행: 그동안 미뤄왔던 친구에게 "잘 지내?" 안부 문자 보내기
실행 완료 시간: 2025년 O월 O일 OO시 OO분

● 나의 첫걸음, 1분 실행 챌린지

• 지금 당장 1분 안에 실천할 행동:

―――――――――――――――――――――――――――

실행 완료 후, 다음에 체크(V) 한다 : [   ]

Step3. 이 책을 덮고, 여러분의 이야기를 시작한다

이 워크시트는 끝이 아니라 시작이다. 이제 여러분은 여러분만의 '행복한 성공' 이야기를 써 내려갈 준비가 되었다. 꾸준히 워크시트를 다시 펼쳐보고, 여러분의 성장 과정을 기록하며, 흔들림 없이 여러분의 길을 걸어가기 바란다.

여러분의 인생 후반전이 지금까지와는 완전히 다른 차원의 행복과 성공으로 가득 차기를 진심으로 응원한다.

에필로그. 오늘, 당신이 바로 자기 경영자다.

"지금 이 순간의 내가 바로 내 인생의 경영자다"

이제 긴 여정의 마지막 페이지에 이르렀다. 우리는 성공의 정의를 새로 내리고, 비전을 세웠으며, 긍정과 열정, 학습과 관계, 그리고 습관의 중요성을 함께 나누었다. 하지만, 이 모든 지식보다 더 중요한 마지막 한 가지가 남아있다.

이 에필로그에서는 '죽음을 기억하라(메멘토 모리, Memento Mori)', '현재를 즐겨라(카르페 디엠, Carpe Diem)' 그리고 '네 운명을 사랑하라 (아모르 파티, Amor Fati)'라는 세 가지 메시지를 통해, 이 책의 모든 이야기를 관통하는 최종적인 지혜를 전하고자 한다. 여러분의 행복한 성공은 바로 '지금, 여기'에서 시작된다.

1. 현재를 즐겨라 - 지금 이 순간이 가장 소중하다

현재를 살아야 하는 이유

우리는 흔히 죽음을 두려워하며 피하고 싶어 한다. 하지만 스티브 잡스는 "죽음은 삶의 가장 위대한 발명품"이라고 말했다. 왜 그럴까? 인간이 영원히 산다면 어떤 목표도 절실하지 않을 것이고, 오늘을 소중하게 여기지 않을지도 모른다. 하지만 우리는 유한한 생명을 가지고 있기 때문에 매 순간을 의미 있게 살아야 한다는 사실을 깨닫는다.

나는 군대 동기 8명 중에서 두 명을 사고로 떠나 보냈다. 제주도에 사는 동기가 있어 제주도에서 모임을 하기로 했다. 몇 달 동안 기대했지만 모임 1주일 전에 제주도 동기는 교통사고로 세상을 떠났다. 장례식장에서 만난 그의 아내는 "남편이 친구들을 곧 본다고 얼마나 들떠 있었는지 모른다"고 말했다. 또 다른 친구는 비오는 날 회사 창고 지붕을 점검하다가 낙상 사고로 목숨을 잃었다. 나는 그들의 죽음을 통해 삶의 불확실성과 덧없음을 절감했고, 먼저 간 그 친구들을 대신해서라도 지금, 이 순간을 열심히 살아야겠다고 다짐했다.

"오늘은 어제 세상을 떠난 이들이 그토록 살고 싶었던 내일이다." 이 말처럼, 우리는 매일 주어진 하루를 감사하며 살아가야 한다.

시간을 천천히 흐르게 하는 방법

나이가 들수록 시간이 더 빨리 흐르는 것처럼 느껴지는 이유는 무엇일까? 심리학자들은 이에 대한 몇 가지 흥미로운 설명을 제시한다.

첫째, 변화의 빈도가 줄어든다. 어릴 때는 초등학교에서 중학교로, 중학교에서 고등학교로 올라가면서 학교가 바뀌고, 선생님이 바뀌고, 교실도 바뀌고, 친구도 바뀐다. 하지만 성인이 되면 같은 회사에서 오래 근무하고, 같은 친구, 같은 동료를 지속적으로 만나게 된다. 변화의 마디가 줄어들기 때문에 시간의 흐름이 단조로워지고, 결과적으로 시간이 밋밋하게 빠르게 지나가는 것처럼 느껴진다.

둘째, 기억의 방식이 달라서 이다. 어릴 때는 머리가 총명하고 기억력이 좋아 순간순간을 세밀하게 기억한다. 마치 슬로우 비디오처럼 세분화해서 기억하기 때문에 시간이 천천히 흐르는 것처럼 느껴진다. 반면 나이가 들면서 새로운 경험이 줄어들고, 머리의 총명함도 떨어지니 순간을 세세하게 기억하지 못한다. 1년 단위로 뭉쳐서 기억한다.

셋째, 상대적 시간의 개념이다. 한 해의 길이는 우리가 살아온 전체 시간과 비교된다. 열 살 어린이에게 1년은 그의 삶의 10분의 1에 해당하므로 매우 길게 느껴진다. 하지만 60세 성인에게 1년은 그의 삶의 60분의 1에 불과하므로 상대적으로 짧게 느껴진다. 오래 살수록 분모가 커지므로 같은 1년이라도 짧게 느껴지는 것이다.

그렇다면 우리는 어떻게 해야 시간을 천천히 흐르게 할 수 있을까? 답은 간단하다. 변화와 새로운 경험을 많이 만드는 것이다. 같은 환경, 같은 일상의 반복에서 벗어나 새롭고 신선한 자극을 받을 수 있는 활동을 적극적으로 계획하는 것이 중요하다. 그렇게 해서 삶의 순간순간 기억할만한 대나무의 마디와 같은 추억들을 많이 만들어야 한다.

나는 세월을 천천히 흐르게 하려고 몇 가지를 실천하고 있다. 첫째, 매년 새로운 여행지를 방문하고 새로운 경험을 쌓는다. 둘째, 끊임없이 배운다. 석사, 박사 과정을 밟으며 새로운 사람들을 만나고, 새로운 지식을 습득한다. 셋째, 새로운 취미를 시도한다. 넷째, 매일의 작은 일상을 기록한다. 간단하게라도 일기나 감사 일기를 쓰면 하루하루를 더 세밀하게 기억할 수 있어 시간의 흐름을 보다 생생하게 인식할 수 있다.

행복은 작은 순간에서 온다

우리는 종종 목표를 이루면 행복할 거라고 생각한다. 하지만 목표를 이루고 나면 더 큰 목표가 생기고, 행복은 다시 멀어진다. 연구에 따르면, 우리가 큰 성취를 이뤄서 느끼는 행복감은 3개월을 넘기지 못한다고 한다. 결국 인간은 끊임없이 더 많은 것을 원하기 때문에, 목표를 달성하는 것만으로는 영원한 행복을 얻을 수 없다.

그렇다면 행복은 어디서 오는가? 행복은 작은 순간에서 온다. 내가 느끼는 행복의 순간을 돌아보면 대부분 일상의 작은 것들에서 비롯되었다. 아내와 함께 걷는 저녁 산책, 맛있는 커피 한 잔을 마시는 순간, 친구들과 유쾌한 대화를 나누는 시간, 처음 가보는 여행지에 갈 준비를 하며 설레는 순간이 그렇다.

결국 행복은 강도가 아니라 빈도다. 한 번의 큰 성취보다는 일상의 작은 행복을 지속적으로 느끼는 것이 중요하다. 나는 이런 깨달음을 얻은 후, 행복을 매일의 삶 속에서 찾기로 했다.

오늘, 지금을 경영하라

많은 사람이 "지금보다 더 좋은 미래를 위해 현재를 희생해야 한다"라고 생각한다. 하지만 우리는 종종 더 나은 내일을 위해 오늘을 희생하면서도 정작 그 내일이 오면 또다시 다음 목표를 향해 달려가느라 현재를 즐기지 못한다.

인간은 왜 만족하지 못하고 행복이 오래가지 못할까? 우리가 기쁘고 즐겁고 행복하다고 느끼는 것은 도파민 때문이다. 인간은 좋은 결과나 성과를 내면 도파민이 분비되어 행복감을 느낀다. 그러나 도파민으로 인해 발생한 감정은 오래 유지되지 않는다. 좋은 대학에 합격하고, 연봉이 오르고, 복권에 당첨되는 등 큰 성취를 이뤘을 때 느끼는 행복감도 결국 3개월을 넘지 못한다.

　이러한 일시적인 행복의 한계를 극복하고자, 나는 '지금'을 경영하는 삶의 중요성을 깨닫고 실천에 옮겼다. 나는 시간 관리를 철저히 하며 하루를 계획적으로 보내기 시작했다. 아내와 매일 산책을 하며 소소한 대화를 나누고, 맛있는 음식을 함께 즐기며 행복을 공유했다. 수시로 1박 2일 여행을 떠나거나, 매년 해외여행을 계획하면서 우리의 추억을 쌓아 나갔다.

　우리는 매일, 매시간을 즐겁게 살아야 한다. 우리에게 주어진 유일한 시간이 바로 현재이기 때문이다. 하루를 잘 경영하는 것이야말로 인생을 성공적으로 만드는 첫걸음이다.

2. 메멘토 모리, 카르페 디엠, 아모르 파티

행복은 결과가 아니라 과정이다. 우리는 종종 목표를 이루면 행복할 것으로 생각하지만, 행복은 먼 미래가 아닌 지금 이 순간 속에 있다. 강렬한 단 한 번의 기쁨이 아니라, 작은 행복이 자주 찾아오는 것이 더 중요하다. 나는 더 이상 미래의 행복을 기다리지 않는다. 지금을 충실히 살아가며, 매 순간을 소중히 여기기로 했다.

메멘토 모리(Memento Mori) - 죽음을 기억하라

죽음을 떠올리는 것은 두려운 일이지만, 삶을 더욱 값지게 만드는 중요한 철학이다. 나도 중년을 지나며 자연스럽게 죽음을 생각하게 되었다. 아버지를 일찍, 친구들을 먼저 보내면서 사람은 영원히 살 수 없다는 것을 뼈저리게 느꼈고, 남겨진 사람들에게 무엇을 남길 것인지 고민하게 되었다.

죽음을 기억하면 현재를 더 소중히 여기게 된다. 사랑하는 이들에게 따뜻한 말을 더 건네고, 하루를 더욱 의미 있게 살아가게 된다.

카르페 디엠(Carpe Diem) - 현재를 즐겨라

우리는 종종 미래를 위해 현재를 희생한다. 하지만 가장 행복했던 순간들은 언제나 지금을 온전히 즐겼던 순간이었다. 나는 이제 작은 순간들을 놓치지 않으려 한다. 가족과 함께하는 저녁 식사, 아침 햇살을 맞으며 마시는 커피 한 잔, 좋아하는 음악을 들으며 걷는 시간. 이 모든 것이 행복이다.

행복은 거창한 것이 아니다. 지금 이 순간을 충분히 음미하는 것이 행복이다.

아모르 파티(Amor Fati) – 네 운명을 사랑하라

삶은 우리가 원하는 대로만 흘러가지 않는다. 예상치 못한 실패와 시련이 찾아오기도 한다. 하지만 나는 이제 운명을 원망하지 않기로 했다. 내가 겪는 모든 일이 결국 나를 성장시키고 있다는 것을 알기 때문이다. 과거를 후회하지 않고, 미래를 두려워하지 않으며, 지금 내게 주어진 운명을 긍정적으로 받아들이며 사랑하기로 했다.

행복은 작은 순간 속에 있다

행복은 강렬한 한 번의 경험이 아니라, 자주 찾아오는 작은 기쁨 속에 있다. 나는 일상에서 행복의 작은 폭죽을 심어두기로 했다. 사랑하는 사람과의 대화, 좋은 책 한 권, 몸을 움직이며 느끼는 활력, 소소한 성취의 기쁨. 이러한 작은 순간들이 모여 내 삶을 더욱 빛나게 만든다. 그러니 지금, 이 순간을 살겠다. 나는 더 이상 먼 미래를 기다리지 않는다.

메멘토 모리, 죽음을 기억하며, 카르페 디엠, 현재를 즐기며, 아모르 파티, 내 운명을 사랑하며, 현재, 오늘, 지금 이 순간을 충실히 살아갈 것이다.

나는 '자기 경영을 통한 행복한 성공'에 대한 강의를 할 때 마지막에 이 말을 당부하고 마친다. 내 책의 마지막도 이 말로 마치고자 한다.

"행복은 '결과'가 아니고 '과정'입니다. '강도'가 아니라 '빈도'입니다. 일상 속, 여기저기에 즐거움의 작은 폭죽들을 심어두고, 그것이 수시로 불쑥불쑥 터져서, 나, 그리고 우리의 삶이 보다 빛나게 만드시기 바랍니다."

이 긴 여정을 마치며, 내 모든 철학을 단 한 문장으로 요약해달라고 한다면 이렇게 답하겠습니다. '자기 경영의 목적지는 성공이 아니라 행복입니다.' 여러분의 삶 곳곳에 심어둔 즐거움의 작은 폭죽들이야말로, 그 행복 경영이 성공했음을 증명하는 가장 확실한 증거가 될 것입니다.

【 감사의 글 】

책의 마지막 페이지를 덮으며, 이 책이 탄생하기까지 저와 함께해 주신 많은 분께 진심으로 감사의 말씀을 전합니다. 이 책은 저 혼자만의 이야기가 아닌, 수많은 인연 속에서 얻은 깨달음과 사랑의 기록입니다.

가장 먼저, 이 책이 세상에 나올 수 있도록 저를 키워주신 어머니께 깊은 존경과 사랑을 표합니다. 40대 초반 남편을 잃고 홀로 4남매를 훌륭하게 키워내신 어머니의 강인한 삶의 태도는 제 인생의 가장 큰 가르침이었습니다. 어머니의 헌신과 희생이 없었다면 지금의 저는 없었을 것입니다. 그리고 늘 저를 믿고 든든한 지원자가 되어주신 장모님께 감사드립니다. 또한, 항상 제 편에서 응원해 주는 누나와 처남 식구들, 그리고 사랑하는 두 아들 기욱과 성욱에게 고맙다고 말하고 싶습니다. 밝고 건강하게 잘 자라준 너희가 있어 아버지는 매일 행복하단다.

제가 28년 넘게 행복한 삶을 살 수 있도록 곁에서 함께해준 사랑하는 아내 박선미님에게는 특히 더 미안하고 고마운 마음을 전하고 싶습니다. 26살의 어린 나이에 저에게 시집와서 저의 삶의 버팀목이 되어준 당신이 있었기에 이 모든 것이 가능했습니다. 술을 좋아해 늦게까지 술을 마시거나 실수해서 속상하게 했던 지난날들이 떠오릅니다. 그런데도 늘 저를 이해하고 사랑해 준 당신이 있었기에 제가 이 자리까지 올 수 있었습니다. 진심으로 미안하고, 늘 감사하고, 사랑합니다.

이 책의 지적 토대가 되어주신 한성대학교 L&D Lab의 이형용 교수님과 조찬희 박사, 정양범 박사, 김종민 박사, 이종구 박사 등 박사 선후배분들께도 감사의 마음을 전합니다. 또한, 프랜차이즈 석사 공부 시절 많은 가르침을 주신 서민교 교수님, 김문명 교수님께도 깊이 감사드립니다.

34년간 LG전자에서 근무하는 동안 저를 이끌어 주시고 성장시켜 주신 훌륭한 리더분들이 계셨기에 오늘의 제가 있습니다. 이영환 단장님, 황우현 상무님, 이상규 사장님, 강계웅 대표님, 김정태 전무님, 김영락 사장님께 깊이 감사드립니다. 특히 전문점 혁신팀장 시절, 저와 함께 동고동락하며 서로의 성장을 응원했던 한재현 사장님, 박덕래 사장님, 이원일 사장님을 비롯한 LG 전문점 대표님들, 그리고 20년간 팀장으로 일할 때 저를 믿고 따라준 한국영업 유통전략팀, 전문점혁신팀, B2C육성팀을 포함한 여러 팀원들께도 이 자리를 빌려 감사하다는 말씀을 드립니다. 해외 영업에서 함께 고생했던 신석홍 전무님, 송남조 상무님, 허인권 상무님, 이범섭 상무님, 송민선실장님과 팀장님들, 그리고 브랜드샵팀에서 함께 근무했던 안병렬 책임을 포함한 팀원과 추진단 선배님들에게도 감사를 전합니다. 그리고 해외에서 브랜드샵을 만드는데 힘쓴 최영환 팀장, 조성수 팀장 등 브랜드샵 멤버들 여러분 덕분에 저의 34년 직장 생활이 더욱 의미 있었습니다.

　　또한, 오랫동안 끈끈한 우정을 나눠온 고등학교 모임인 '한심회' 친구들과 그 가족들, 그리고 친구 종철이가 건강을 빨리 되찾아 웃는 모습으로 오랫동안 우리 곁에 있기를 바랍니다. 언제나 든든한 버팀목이 되어주는 군대 동기들과 그 가족들, 그리고 LG전자 회사 동기 친구들에게도 고마운 마음을 전합니다. 특히 2006년부터 둘째 아이의 학부모로 만나 함께 동유럽, 이탈리아 여행을 다녔고, 캠핑과 맛집 투어 등으로 수시로 만나 즐거움을 나눈 찬우네, 우혁이네 부부에게도 특별히 감사드립니다. 여러분 덕분에 저의 인생이 더욱 풍요롭고 즐겁습니다.

마지막으로, 제가 이 책을 쓸 수 있도록 수많은 지식과 영감을 주신 모든 책의 저자님들께 감사드립니다. 특히 행복한 성공의 길을 열어주신 멘토이신 이영석 대표님, 이수경 회장님, 이태성 회장님, 조성희 대표님, 강규형 대표님, 송수용 대표님, 권귀헌 저자님, 이종연 대표님, 이춘재 저자님, 삼성전자 최초 CS명장 김철성 지점장님께도 깊이 감사드립니다. 그리고 퇴직 후 새로운 도전을 할 수 있도록 이끌어준 국내 최대의 AI 커뮤니티 지피터스 송아영 스터디장님, 작가와 대표님, 그 외 스터디장님들의 가르침에도 감사드립니다. 스터디장님들의 도움으로 진정한 디지털 시니어로 자리매김할 수 있었습니다.

그리고 이책의 출간을 위해 수고하신 (주)디지털콘텐츠그룹의 이종구 대표님, 김인란 본부장님께 진심으로 감사드립니다.

저자님들과 멘토들의 가르침이 저의 삶을 바꾼 것처럼, 이 책 또한 자기경영을 잘 하고자 희망하는 많은 분들에게 인사이트와 용기, 그리고 삶의 지혜를 전하는 작은 씨앗이 되기를 진심으로 바랍니다.

감사합니다.

참고 문헌

- 간다 마사노리(2010). 『비상식적 성공법칙』. 생각지도
- 강규형(2008). 『성공을 바인딩하라』. 지식의날개
- 김승호(2015). 『생각의 비밀』. 황금사자
- 김영한(2003). 『총각네 야채가게』. 거름
- 김형석(2016). 『백년을 살아보니』. 덴스토리
- 니컬러스 크리스태키스. 제임스 파울러(2010). 『커넥티드 행복은 전염된다』. 김영사
- 단희쌤(2020). 『마흔의 돈 공부』. 다산북스.
- 로버트 키요사키(2000). 『부자 아빠 가난한 아빠』. 민음인.
- 류근모(2016). 『상추 CEO』. 지식공간
- 마사루 에모토(2008). 『물은 답을 알고 있다』. 더난출판사.
- 모치즈키 도시타카(2004). 『보물지도』. 나라원
- 박형미(2004). 『벼랑 끝에 나를 세워라』. 맑은소리
- 밥프로터(2022). 『밥프록터의 위대한 확언』. 페이지2북스
- 빅터 프랑클(2005). 『죽음의 수용소에서』. 청아출판사
- 서은국(2023). 『행복의 기원』. 21세기북스
- 석지영(2013). 『내가 보고 싶었던 세계』. 북하우스
- 송수용(2009). 『DID로 세상을 이겨라』. 성공신화
- 스티븐 코비(2003). 『성공하는 사람들의 7가지 습관』. 김영사

- 오마에 겐이치(2012). 『난문쾌답』. 흐름출판
- 월리스 와틀스(2013). 『부자가 되는 과학적 방법』. 이담북스.
- 이영석(2024). 『티켓』. 차선책
- 이지성(2006). 『18시간 몰입의 법칙』. 맑은소리
- 자청(2022). 『역행자』. 웅진지식하우스.
- 제임스 클리어(2019). 『아주 작은 습관의 힘』. 비즈니스북스
- 조성희(2021). 『뜨겁게 나를 응원한다』. 생각지도
- 존 아사라프(2022). 『부의 해답』. 알에이치코리아
- 존 아사라프(2022). 『해빙 잇 올』. 부커
- 최인철(2020). 『굿 라이프』. 북스톤
- 토마스J. 스텐리(2007). 『백만장자 마인드』. 북하우스
- 하버드 경영대 교수 15인(2008). 『하버드 졸업생은 마지막 수업에서 만들어진다』. 세종서적
- 하브 에커(2020). 『백만장자 시크릿』. 알에이치코리아
- 하와이 대저택(2023). 『더 마인드』. 웅진지식하우스
- MBN 제작팀(2014). 『나는 자연인이다』. 다온북스컴퍼니

자기경영자

인생 2막을 바꾸는 4050 행복한 성공 가이드
내 인생을 경영하는 START NOW 8단계
마흔의 징계 앞에서 배운 것들, 나는 나를 경영하기로 했다.

초판 1쇄 발행	2025년 12월 5일
발행인	이종구
저자	정호선
펴낸 곳	(주)디지털콘텐츠그룹
주소	서울특별시 종로구 대학로12길 63 석마빌딩 3층
출판등록	2023년 8월 25일(제 2023-000094호)
홈페이지	디지털콘텐츠그룹	www.digitalcontentgroup.com
	SNS소통연구소	blog.naver.com/urisesang71
	디지털콘텐츠플랫폼	www.dcgplatform.com
책 문의	02-747-3265 / 010-9967-6654
팩스	0504-249-6654
이메일	snsforyou@gmail.com
ISBN	979-11-94642-40-4(03320)
판매가	17,800 원

• 이 책 내용의 전부 또는 일부를 재사용하려면 반드시 저작권자의 서면 동의를 받아야 합니다.